Graalens Gåta

ISBN:
978-91-986275-0-3   Paperback
978-91-986275-1-0   Hardcover
978-91-986275-2-7   E-book

Engelsk titel: *The Bible Bluff – Jesus and Mary Magdalene from another perspective*

Andra böcker på svenska av Mariana Stjerna:
På Änglavingar
Tidsresa till Ursprunget och Framtiden
Det Osynliga Folket – I naturens magiska värld
Agartha – Jordens inre värld
På Uppdrag i Rymden

Other books in English by Mariana Stjerna:
On Angels' Wings
Time Journey to the Origin and the Future
The Invisible People
Agartha – The Earth's Inner World
Mission Space

SoulLink Publisher
www.SoulLink.se
info@Soullink.se

Mariana Stjerna

Graalens Gåta

**Jesus och Maria Magdalena
ur ett nytt perspektiv**

SoulLink Publisher

Innehåll

Kartor:

Förord

För en del år sedan besökte min make och jag Glastonbury. Det var i maj, när hela England visade en nyutsprucken blomsterprakt av sällan skådad skönhet. Jag var mycket nyfiken på Graalens historia, den har alltid legat nedbäddad i ett sagoskimmer i mitt hjärta. Nu ville jag komma den närmare.

"The Tor". *Utgrävningar har visat en spiralformad labyrint runt the Tor, som härleder sig från den yngre stenåldern, ca 6 000 - 1 800 f.Kr.*

Det går en smal stig med trappsteg för varje avsats från dalen upp till den världsberömda källan där Graalen sägs vara gömd. När vi kom upp till den högsta punkten hade vi en underbar utsikt över det sköna landskapet. Men det mest intressanta var "Chalice Well", Graalens källa. Den var övertäckt av ett underbart vackert lock i trä, se bild på nästa sida. Från den rann vattnet stegvis ner i dalen.

Däruppe gick en äldre dam och pysslade med blommorna som prydde platsen. Hon såg ut som om hon var klippt ur en engelsk trädgårdsbok från 1800-talet. Hon bar en vidbrättad halmhatt, en korg på armen och tunna handskar. Hon hade ett finskuret, vänligt ansikte och hon frågade oss om vi var turister.

Chalice Well. *Locket över vad som ofta kallas för druidernas källa visar en förkristen symbol som de första kristna ansåg representera Fiskens tecken. Den har också betytt sammansmältningen av det manliga och det kvinnliga och mötet mellan den medvetna och den omedvetna världen.*

Jag kunde förstås inte låta bli att fråga henne om Graalen. Jag berättade att jag hade läst att den skulle finnas häruppe någonstans i närheten av källan eller kanske till och med under den. Hon smålog och berättade att hon hade sett Graalen. Den fanns verkligen här, i Glastonbury. Den var hittad och gömd igen för främmande ögon, men den var ett helt fysiskt föremål, en utsökt vackert skulpterad bägare. Vi hade ett långt, intressant samtal som jag tyvärr inte minns mycket av. Hon verkade ytterst kultiverad och väl bevandrad i historien. Sedan vandrade vi omkring i området där denna magiska källa fanns. Vi såg det yppiga hagtornsträd som vuxit upp när Josef av Arimatea planterade sin stav på platsen. Det var naturligtvis inte det ursprungliga hagtornsträdet, eftersom hagtorn knappast blir nästan 2000 år, men i alla fall kan det härledas från den gamla käppen som växte till ett träd.

Man har givit olika symboler åt Graalen. Man har liknat den vid än det ena, än det andra. Man har påpekat olika konstnärers sätt att uttrycka den magiska bägaren och gjort det till historia. Den berättelse om Graalen som finns i den här boken anser jag för helt trovärdig. Dock ber jag läsaren att bilda sig en egen uppfattning.

En yppig ättling till det hagtornsträd om växte upp där Josef av Arimatea planterade sin käpp.

Inledning

Ända sen jag konfirmerades har jag haft svårt att förstå mig på bibeln. Jag tycker att den är väldigt ologisk. Jag har försökt tala med präster, men de tycks svälja allt som står där utan att ifrågasätta. Jag har läst apokryferna och massor av evangelier utom de fyra i bibeln. Jag har läst om biskopsmötet i Nicaea och blivit förskräckt över hur nonchalant och godtyckligt man behandlade den kristendom man skulle förkunna.

Ända sedan jag var barn har jag haft svårt att förstå det där med att sätta någon på en piedestal. Är kungligheter, statsmän, skådespelare eller andra kändisar märkvärdigare än oss andra? Redan som barn tänkte jag: "Dom måste allihop gå på toaletten", och det har varit en nödvändighet i alla tiders tider. Ingen kan heller leva i evighet, det är också en gemensam nämnare. Visst finns det olika grader av kunskap och visdom, men det hindrar inte människor från att vara människor. Det är just den människan jag vill skildra, det mänskliga i allt det stora, märkvärdiga som vi omger Nya Testamentet (ja, hela bibeln) med. Det mänskliga är också den röda tråden i mitt sanningssökande.

Jesus var en sanningssökare som du och jag. Han hade övernaturliga krafter på grund av att sådana finns - om man söker så finner man dem. Han sökte och fann dem på sina resor. Men han hade också fru och barn och han var familjekär. Jag har faktiskt läst att han tyckte att fasta var onödigt. Man har fått en kropp för att sköta om den, ansåg han, inte för att medvetet låta den lida.

Om du känner dig stött eller chockerad över Jans besök i den bibliska historien, så lägg ifrån dig boken. Men låt mig först förklara att den förmedlar kärlek till Sanningen och Skönheten i det som verkligen skedde. "Sanningen ska göra er fria", är ett Jesusord. Men det är inte alltid Sanningen vi vill se. Vi skapar gärna vår egen Sanning och tar sedan på skygglapparna.

Följ gärna med på en ovanlig resa. Försök att känna befrielse i stället för förskräckelse. Det är dags att Sanningen utom och inom människorna uppenbaras sådan den har förmedlats till dem som velat lyssna.

Den här boken är skriven i jag-form eftersom jag nu

överlämnar ordet till min angeliske vän Jan. Men, kära läsare, lyssna framför allt till din egen Sanning! Den finns förborgad i ditt hjärta.

Mariana Stjerna

Meddelande från en Ängel

Mitt namn är Jan Fridegård. Jag vill presentera mig för att förklara hur och varför den här boken skrevs.

När jag levde på jorden under min senaste inkarnation blev jag en ganska berömd svensk författare. Min far jobbade på bondgård. Vi var väldigt fattiga och jag hade en tuff barndom. Jag skrev om min ungdom och folk gillade det och plötsligt, efter mycket hårt arbete, blev jag populär. Innan jag dog sa jag till en vän att jag inte hade för avsikt att sluta skriva "där uppe." Jag har hittat ett välutvecklat medium, Mariana Stjerna, och jag kan nu berätta om mina äventyr i andra världar.

Jag tillhör nu Änglariket. Jag har varit här sedan 1968 och jag har njutit varje sekund (även om det inte finns någon tid här!). I två tidigare böcker har jag beskrivit mina resor i kosmos. I den här boken har jag gjort utflykter till tiden för det Nya Testamentet, och det var en spännande upplevelse. Du kanske inte känner till namnen på mina vänner och kamrater, så här är lite bakgrundsinformation.

Mästaren Melchizedek är ganska välkänd och finns med i Bibeln. Han tillhör vad som kallas "Det Stora Vita Brödraskapet" och är en underbar, ödmjuk man, en vacker ande. Jag träffade honom under min inskolning till att bli en skötsam ängel. (Jag gillar att skoja och skämta, och då och då kan jag vara lite fräck.)

Oshio var min ledare på en planet där den Centrala Rasen håller till. (Du kan läsa om den Centrala Rasen och Vingmakarna (WingMakers) på *www.wingmakers.com* och *www.wingmakers.se*). Jag bodde där (som ängel) när jag fick order om att resa tillbaka till Änglariket och skriva den här boken.

Kualli är en slags General för "Ängla-armén". Han var indian när han senast levde på jorden och en mycket bra ledare för sin stam. Han organiserar nu mina resor mellan världarna. Han är en mycket intressant och underbar ande.

Zar är min bästa vän och följeslagare bland änglarna. Han är en av Mästarna och följer ofta med på mina resor. Han och Kualli stöder mitt sökande efter sanningen, och inget annat än sanningen.

Och nu, kära läsare, kan denna resa till det förflutna börja!

1. Hemresa från Centrala Rasen

Hallå jorden! Sanningssökaren Jan från Änglarnas rike anropar sitt medium på jorden. Jag har en hel del att berätta för dig. Jag har gjort de mest fantastiska resor in i gamla tider som bibeln berättar om. Jag ville veta vad som verkligen skedde och det fick jag, ibland på det mest drastiska sätt. När jag kallades till dessa resor befann jag mig i en annan verklighet, hos den Centrala Rasen, i ett annat universum. Den Mästare som ledde mina förehavanden där kallade på mig. Hans namn är Melchizedek.

Melchizedek väntade mig i kartrummet i den stora samlingskatedralen. Han är den av de Höga Mästarna som jag tycker mest om. Han är stor och stark och vacker och full av värme och humor. Kartrummet är det vackra rummet där vi träffade Oshio första gången vi var hos den Centrala Rasen. (Om min vistelse där kan du läsa i *Tidsresa till ursprunget och framtiden*, som är en fristående fortsättning till *På änglavingar*). Oshio är en av de kosmiska vägledarna och nu kom han till min stora förvåning emot mig redan när jag kom in i katedralen. När vi hälsat tog han min hand och förde mig till kartrummet. Jag vågade inte fråga vad som skulle hända, men antagligen skulle jag få ett nytt uppdrag. Melchizedek stod vid det stora bordet med de märkliga skulpterade benen. Han omfamnade mig och kysste mina kinder. Därefter satte vi oss alla tre i en bekväm soffa vid rummets ena kortsida.

"Käre Jan", började den store Mästaren och jag ryste av både spänning och nyfikenhet.

"Jag har kallat dig hit i dag på grund av din längtan", sa han och spände ögonen i mig samtidigt som han log ett vänligt leende. "Tror du inte att vi vet att du längtar tillbaka till änglarna? Du har fullgjort de arbetsuppgifter du har fått här till vår tillfredsställelse. Jag har ingenting att förebrå dig, jag vill endast belöna dig. Vi tänker skicka dig tillbaka till Änglarnas rike. Kualli (den indianske generalen) och jag har bestämt det eftersom du har nya uppgifter som väntar på dig där, och din grupp behöver dig. Vad säger du om det?"

"När får jag åka?" frågade jag och förmodligen strålade mina ögon. Tänk att få komma hem igen! Jag skulle komma närmare min älskade jord. Bara det var underbart.

"Snart", lovade Melchizedek och utväxlade en blick av samförstånd med Oshio. Mitt inre jublade. Man ville ha mig tillbaka där borta. Jag skulle få bli mig själv igen! Åtminstone kände jag det så.

Jag har inget minne av färden till Änglarnas rike och det var väl inte heller meningen att jag skulle ha det. Vad som på jorden kallas för trolleri är vardagsmat på den här nivån. När jag vaknade till kände jag mjukt dun under ryggen och rutschade genast utför den välbekanta kanan, som bestod av ängeln Joliths vinge. Min vän Oshio var försvunnen, likaså Melchizedek. I stället flög jag faktiskt in i en välbekant famn: Zar, en kär vän och ledare. Den grönskande äng vi landat på kände jag väl igen. Bakom Zar fanns hela min änglagrupp och de sjöng så det skallade och kastade blommor på mig. Jag kände mig alldeles väldigt välkommen.

"Du behöver vila en stund", sa Zar och så fördes jag direkt till mitt eget hus, som stod kvar i det skick jag lämnat det. Jag vill inte säga någon tid, jag vet egentligen inte hur länge jag hade varit i det förlovade landet hos den Centrala Rasen. Förresten betyder tiden ingenting och det skulle jag snart få lära mig på ett mer handgripligt sätt. Det var ändå skönt att komma hem och jag lade mig genast på min säng och föll i dvala - hur länge vet jag inte.

Zar väckte mig.

"Nu har du sovit dig redo för de nya uppgifterna", smålog han. "Vi behöver dig nämligen för ett stort och spännande uppdrag. Jag tror nog du gillar det, eftersom det inbegriper äventyr och samtidigt stannar du kvar i Änglariket. Här har du din utgångspunkt."

Nu var min nyfikenhet väckt och medan jag gjorde mig i ordning för det förestående besöket hos general Kualli rann frågorna i en strid ström ur min mun. Zar bara skrattade och vägrade att svara. Jag måste vänta, för det var inte han som skulle ge mig uppdraget, det var Kualli. Han var visserligen högste general för änglahärarna, men han var en oerhört levnadsvis och intressant person och dessutom indian. Så det blev ytterligare ett kärt återseende. Kuallis rum var bekvämt och ombonat inrett och Zar och jag slog oss ner i den vackra, gröna sammetssoffan. Åtminstone liknade den en grön sammetssoffa, men eftersom vi var av så lätt material var möblerna det också. Vi tyngde inte ner dem.

"Nu är det dags för ett fantastiskt avslöjande", började generalen. Jag böjde mig framåt med öronen på helspänn.

2. Uppdraget

"Moder Jord är inte alls i någon god form", fortsatte Kualli. "Mänskligheten lever på en lögn och den lögnen börjar få återverkningar på jordens alla folk. Det är därför dags att avslöja den lögnen och det ska vi göra i den här boken. Men det kommer att ta tid för många människor att acceptera vad vi har att berätta. Vi tänker ta reda på Sanningen genom att dra bort det förhänge som döljer ursprungets hemligheter och uppenbarar vad som egentligen hände. Hemligheterna har legat i träda under ett par tusen år. Nu ska de uppenbaras. 'Sanningen ska göra er fria', sa Jesus. Det beror på ifall människorna kan acceptera den, säger jag."

"Jag förstår ingenting", sa jag och tittade Kualli djupt i ögonen. Hans ögon var mörka, nästan svarta, men de hade en gyllene punkt som lyste klar nära pupillen. Hans svarta hår räckte till axlarna och ansiktet vilade i samma outgrundliga, ädla skönhet som vi ofta ser hos indianerna. Den ljusbruna huden kontrasterade vackert mot hans syrenfärgade mantel. "Ska jag ändra på det som står skrivet i bibeln?", fortsatte jag. "Det vet jag inte om jag vill. Det förekommer tillräckligt mycket bråk om den gamla boken på jorden utan att vi behöver lägga oss i härifrån också."

"Ta det inte så bokstavligt, Jan", smålog Kualli och jag såg att Zar myste och njöt av det här samtalet. "Det gäller ord som du ska förmedla genom ditt medium på jorden. Det är ord och inga visor."

"Stackars Mariana", suckade jag. "Det är hon som får bära hundhuvudet."

"Jag tror att hon ser det som en ära", inflikade Zar. "Vänta tills du får veta vad det rör sig om."

"Gamla Testamentet är en judisk saga, byggd på verkliga händelser i historien, en del upptecknade, en del muntliga myter och sägner", fortsatte Kualli lugnt. "Detta har tillsammans med Nya Testamentet blivit sammanvävt till ett imposant epos som författats av skickliga män, mest munkar. Bakom eposet står till en början en mäktig man: den romerske kejsaren Konstantin den store (ca 272-337). Hans vilja är de lerfötter som hela Bibelkolossen vilar på. Makt och fantasi ingår som en röd tråd i verket.

"Konstantin var en egendomlig, motsägelsefull härskare. Han

var inte kristen, men hans sinne för ordning och reda gjorde att han beundrade kristendomens organisation. Så ville han ha det omkring sig och därför uppmuntrade han prästerna. Inte förrän på sin dödsbädd blev han kristen. Nu kommer vi till något viktigt. Konstantin sammankallade år 325 ett allmänt kyrkomöte i den lilla staden Nicaea i dåvarande Bitynien (nuvarande Turkiet). Dit kom över 300 biskopar och en mängd andra andligt intresserade och verksamma personer. Det tog hela två månader att enas om vad som nu kallas för den nicaenska trosbekännelsen."

"Kualli, min vän, är det här en historielektion?" skämtade jag. "Jag vet mycket väl att bibeln är vår religiösa urkund. Jag har aldrig intresserat mig så mycket för den, eftersom den kördes upp i halsen på en när man var liten."

"Nej Jan, det här är ingen historielektion, bara en påminnelse för att du ska förstå din uppgift från grunden." Nu var Kualli mycket allvarlig. "Jag vill bara tala om att det var mycket folk och mycket bråk och ändlösa diskussioner om bibelns innehåll på det där mötet, som varade väldigt länge. De som nedtecknade den ursprungliga texten var som sagt mestadels munkar men också goda sagoförtäljare. Gamla Testamentet hade ju funnits både i skrift och muntlig tradition hos judarna under århundraden. Nya Testamentet är en hopblandning av fyra evangelier och några andra berättelser. Dessa evangelier består av ett urval som gjordes på biskopsmötet. Det fanns nämligen över 80 evangelier att välja på och bibelns innehåll måste begränsas.

Det finns mycket att berätta om detta, om sökandet som inte gällde Sanningen utan vad som kunde ge prästerna mest makt över människorna. Sanningen finns inte i de fyra kända evangelierna utan i några helt andra, skrivna både under Jesu tid och kort tid efteråt. De flesta har man inte funnit ännu - och då talar jag om nutiden på jorden. Stora delar av jordens befolkning lever alltså på en lögn. De är lurade, grundlurade. Dagens präster tror förmodligen på vad de predikar, men de vet inte hur blind deras tro är. Det finns naturligtvis bra saker också i er bibel, det var både Konstantin och biskoparna angelägna om. Men när det gäller Jesus så har både bibeln och all möjlig forskning under den tid som förflutit sedan den skrevs kommit på villovägar och man har blandat ihop fakta på ett skrämmande sätt."

"Men var inte Jesus en Mästare och Guds son?" avbröt jag förskräckt.

"Jovisst var han en mästerlig profet", smålog Kualli. "Guds son var han i den bemärkelsen att alla människor är Guds söner och döttrar. Alla människor bär en bit av Gud inom sig, mer eller mindre använd. Det var det han försökte förmedla, han satte inte sig själv i särställning som Guds favorit eller Guds enfödde son. Det var det andra som gjorde. Eftersom han dog nästan 150 år innan biskopsmötet ägde rum och korsfästelsen skedde 300 år tidigare, så kunde man fritt fabulera fram regler för att säkerställa lydnad, vördnad och absolut hängivenhet gentemot den religion man skapade. Man kunde också stryka ett streck över vissa saker som är mycket viktiga.

I snart tvåtusen år har man lyckats knyta bindlar för människors ögon och sätta proppar i deras öron. Där kommer du in, Jan!"

"Jag?", utropade jag förskräckt." Vad kan jag göra åt människornas tro, än mindre åt religionerna på jorden?"

"Du kan berätta Sanningen", svarade Kualli lugnt. "Mer kan du förstås inte göra. Men du kan inte berätta Sanningen utan att vara väl hemmastadd med den. Vi har tänkt oss att du ska få resa igen, men den här gången ska du resa till olika epoker i jordens historia och undersöka de ursprungliga skrifter och händelser som finns förborgade där. Det blir resor utanför änglakroppen, Janne! Du ska få materialisera dig i olika länder, bibelns länder och några andra. Du ska få uppleva de rätta evangelierna och några av dem som skrivit dem. Du kommer att uppleva dig själv som 'vanlig' människa så länge du befinner dig på en plats, men samtidigt vet du vilken din uppgift är."

"Ska jag gå ner i olika tidsåldrar på platser som har med kristendomen att göra?" frågade jag häpen. "Ska vi gå efter bibeln, och i så fall efter Gamla eller Nya Testamentet?"

"Det är riktigt. Du ska ta reda på Sanningen genom att få vara med om hemliga händelser, det vill säga sådant som er bibel inte ville (eller kunde) förmedla. Gamla Testamentet bryr vi oss inte om, för det är judarnas egen historia."

3. Första chocken:
Det fanns två Jesus

"Det finns dock en Sanning", fortsatte Kualli, "som du ska ta med dig på resan och som är oerhört viktig. Hör mycket noga på nu Jan, det fanns inte bara en Jesus. Det fanns två profeter med namnet Jesus under det första århundradet i vår tideräkning!"

Jag stirrade på den gamle välkände vännen Kualli och på min trofasta vän och ledare Zar. Båda satt tysta och såg intensivt på mig.

"Två Jesus!" skrek jag, "Två stycken! Det här är inte klokt. Säg att ni skojar med mig? Det är lite fräckt av er att skämta om sådant, men det kan väl ändå inte ha funnits två likadana profeter?"

"Inte likadana", svarade Zar. "Namnet Jesus var inte ovanligt på den tiden. Den andre Jesus föddes medan den förste Jesus var en halvvuxen pojke och deras liv har blivit hopblandade på många sätt. Du ska ta reda på Sanningen."

Jag blev betänksam. Två profeter med samma namn kunde säkert ge upphov till förvirring och sammanblandning. Om så verkligen var fallet måste det bli väldiga förändringar i bibeltolkningarna. Jag kände mig som en pionjär. Jag trivdes med att känna mig som en pionjär.

"Det behövs", svarade jag till slut. "Jag åtar mig gärna projektet. Detta låter oerhört spännande. Får jag träffa båda två?"

"Jadå", lovade Kualli. "Din bibelversion av delar av Nya Testamentet kommer att kullkasta det mesta. Du har rätt i att det behövs. Så här kan det inte fortsätta. Ständiga bråk, strider, krig, våld och gemen ondska, allt i Guds och Kristi namn."

"Men varför?" frågade jag. "Varför har detta inte framkommit tidigare?"

"Det har det", svarade Kualli. "Men vem vill kullkasta tvåtusen års tro på en enda Guds son? Den uppgiften tror vi att du klarar. Du är tillräckligt jordisk, tillräckligt skeptisk och tillräckligt nyfiken för att ta reda på Sanningen. Vi kan inte tänka oss någon lämpligare person för den uppgiften."

Jag kände mig både smickrad, upprymd och rädd. Att fara omkring till olika ursprungsstammar i andra verkligheter var en barnlek jämfört med den här uppgiften. Dels måste jag ha ett gediget kunnande, dels måste jag veta vart jag skulle, dels måste jag få reda på hur det skulle ske. Det verkade som om min gamle vän Zar anade vad som rörde sig bakom min just nu skrynkliga änglapanna, för han lade sin hand på min.

"Oroa dig inte, det praktiska sköts härifrån", försäkrade han. "Den sakkunskap du har räcker bra, resten står vi för. Du behöver inte kunna så mycket, däremot ska du inhämta desto mer."

"Men två Jesus", protesterade jag, "och båda i Jerusalem, eller hur?"

Kualli och Zar nickade.

"De var inte verksamma på samma gång", sa Kualli. "Jesus nummer två var ungefär tolv år yngre än Jesus nummer ett. Men vi ska inte numrera dem, det låter alltför blasfemiskt. Vi kallar den förste för Jesus och den andre för Issa, så blir det lättare att förstå. Issa är det namn som den yngre Jesus levde under när han vistades i landsflykt i Kashmir."

"Blev han också förföljd?" frågade jag. "Han blev väl inte korsfäst, han också?"

"Nej, men han blev tvungen att fly från Palestina just på grund av sammanblandningen med och förföljelsen av Jesus. Issa fick verkligen lida för Jesu gärningar, men han såg det inte så. Han var en mycket klok och god människa och en skicklig healer."

"Men hur ska jag komma dit?" undrade jag. "Jag menar till forntiden? Hur når man den?"

"Tid finns inte", svarade Kualli lugnt. "Det vet du. Forntiden, eller den tid som fanns före jordens nuvarande, finns kvar som ett slags avtryck i universum. Kalla det hologram om du vill. Vi sänder dig till de olika platserna medan din änglakropp sover här. Det blir alltså som en slags drömmar för dig, fastän du blir helt medveten om vad du ser och hör, och du upplever dig själv som fysisk. Det är inte hypnos. Det är vår egen uppfinning. Det gör också att vi kan pratas vid efter varje 'dröm'. Det blir säkert mycket att diskutera."

"Då sätter vi i gång!" utropade jag entusiastiskt. "Det här ska bli riktigt roligt!"

Zar visade mig till ett rum i Änglaskolan. Där fanns en bekväm bädd och likaså ett par fåtöljer och ett bord med en inspelningsmaskin. Jag fick lägga mig ner på sängen och efter en kort stund kom en kvinna in i rummet. En ängel förstås, tänkte jag. Hon hade ett behagligt, förresten ganska förtjusande utseende med långt, krusigt, ljusbrunt hår, stora mörkblå ögon och ett ganska smalt ansikte med finmejslade drag.

"Jag ska vara din ledare och kamrat under de här färderna", sa hon och lade sin hand på min. "Jag heter Lydia och finns osynlig vid din sida."

"Jag har ingenting emot att du är synlig", kommenterade jag och såg leende på henne. Hon smålog tillbaka och så försvann hon.

"Hon är religionshistoriker", förklarade Zar. "Hon är med andra ord både kunnig och intresserad av de religionshistoriska händelser som du ska undersöka. Hon ska se till att allt är bra med dig och hjälpa dig om du råkar illa ut. Vi känner vår Janne och äventyret står alltid redo i din närhet. Du kan och får inte ändra på historien även om du deltar i den.

Då börjar vi. Lägg dig ner på bädden."

Det gjorde jag. Zar bredde ett lätt täcke över mig. Jag vet inte om han gjorde något trolleri med mig, för jag somnade genast.

4. Ännu oupptäckta pergamentrullar

När jag tittade ner på min kropp var jag iförd en snusbrun burnus (fotsid klädnad) och på mina nakna fötter hade jag sandaler. Jag höjde blicken och upptäckte att runt omkring mig fanns bara öken. Kanske inte bara, eftersom det längre bort reste sig några gråa klippblock som flockades kring en större klippa.

"Är du där, Lydia?" väste jag. Strax tonade hon fram, den förtjusande, småleende kvinnan jag träffade för en stund sedan.

"Var säker på att jag är här, hela tiden vid din sida", sa hon lågt. "Men kalla inte på mig i onödan är du snäll. Jag kommer när jag känner att du behöver mig."

Jag bestämde mig för att ta mig till klipporna. Inte för att jag var van att gå i ökensand, klädd i arabiska kläder, men det gick förvånansvärt lätt fastän jag antagit mänskliga former. Strax stod jag framför en grottliknande ingång i det granitgrå berget. En ung pojke, iklädd en löst hängande lång skjorta som såg åtskilligt nersmutsad och trasig ut, kröp baklänges ut genom den ganska smala ingången och hamnade mitt framför mig. Han stirrade förskräckt på mig. I famnen höll han flera pergamentrullar.

"Jag hittade dem här", utropade han och till min förvåning förstod jag honom. "Jag har inte stulit dem. De fanns därinne i en gammal lerkruka med lock på. Jag tänkte ta dem till vår vise byäldste. Vem är du, främling?"

"Jag kommer från en annan by och jag kan läsa", svarade jag. Han skulle säkert bli rädd om han trodde att jag var en främling från en annan tid. "Får jag titta på dem där?"

Han slängde rullarna framför mig och sprang. Förfärad glodde han på något vid min sida. Jag vände mig om. Där stod Lydia och skrattade.

"Jag blev tvungen att uppenbara mig för pojken", sa hon. "Annars hade han inte släppt rullarna och vi måste ta oss en titt på dem."

"Kan det vara Dödahavsrullarna?" undrade jag med bävan i mage och knän. Framför mig låg urgamla pergamentskrifter som jag säkert inte skulle kunna läsa. De var gulbruna och såg ganska ankomna ut i kanterna. Försiktigt tog jag upp en av dem, lossade och rullade ut den. Skriften såg ut att ha bevarats väl, den var ganska tydlig och prydligt skriven.

"Nej, det är inte Dödahavsrullarna", försäkrade Lydia småleende. "Visserligen kom Dödahavsrullarna från den här öknen, men de här kan vara äldre. Jag tror att du har letts hit just för att de här rullarna har förblivit oupptäckta till den här dagen."

"Men den där arabpojken hittade dem ju?" invände jag irriterat. "Det verkar precis som det är antingen Dödahavsrullarna eller de andra, som hittades i Qumran."

"Här finns väldigt mycket berg och väldigt mycket grottor", fortsatte mitt förtjusande sällskap, som fortfarande var synlig och verkade påtagligt fysisk. "Tror du att alla pojkar i smutsiga skjortor hittar Dödahavsrullar i grottorna?"

"Neej", svarade jag en aning generad. "Men vi befinner oss väl i en öken?"

"På en högplatå, ja", sa Lydia. "Se dig omkring lite mer ordentligt!"

Jag insåg att jag bara hade tittat åt ett håll. Jag stod på sand, men runt omkring mig, så långt jag såg, fanns det små berg och höga kullar. Växtligheten var gles, men det fanns buskar och gräs överallt.

"Du befinner dig i en öken som ligger nära den plats där Qumranklostret var beläget", fortsatte Lydia. "Rullarna hamnade i den här grottan kanske för att författaren själv lade dit dem. Som du ser är öppningen till grottan väldigt låg och det måste vara en mager man eller ett barn som kan slingra sig in genom den. Dessa rullar är ännu inte hittade, Jan, inte ens i den moderna tid du kommer ifrån. De väntar på sin upptäckare. Vi ville visa dig var de förvarades och nu ska vi fortsätta med att visa dig när de skrevs. Sedan måste de tillbaka hit, eftersom de är historia."

"Varför är jag klädd i arabisk burnus och vad händer med pojken? Finns det fler rullar därinne?" Jag kände mig verkligen konfunderad.

"Du är inte klädd i burnus, Jan. Kan du inte se skillnad på arabiska kläder och en enkel munkkåpa?" skrattade Lydia. "Pojken kommer tillbaka med män från stammen och då ska vi inte vara kvar här. Ja, det finns fler rullar därinne, men det räcker för oss med de här. Vi har början på vår historia i de här rullarna och fortsättningen kommer du att få från författaren själv. Men först måste dessa läsas. De innehåller den för många chockerande sanningen om den andre Jesus, den andre profeten."

"Vem ska tyda dem?" undrade jag. Men Lydia tecknade åt mig att plocka upp dem. Jag fick famnen full. Samtidigt hördes rop och skrik. Långt borta såg vi ett tåg av män beväpnade med påkar och något slags svärd som lyste i solskenet. Lydia tog min hand och så försvann vi båda - med rullarna. Jag vet inte hur det gick till, men jag slog upp mina ögon i rummet där jag dåsat till och drömt ...? Drömmer änglar?

"Det var ingen dröm, käre Jan", sa Kualli och tog min hand. "Både du och Lydia har skött er bra. Tack för rullarna, de ska omedelbart tydas så vi kan läsa dem. Det som står där ska leda våra steg vidare. Du får vänja dig vid munkkåpan, den är användbar i många situationer. Jag tror att vi får en intressant läsning snart och vägledning inför nästa steg."

På ena väggen i rummet kom det fram text. Den såg ut ungefär som skrift på en bioduk. Och vad som stod där kom mig att ännu en gång häpna över människornas okunnighet - eller hur de hållits utanför sanningen. Jag ska försöka återge texten med ett modernt språk, med lite färre slingerbultar. Språket var nämligen mycket gammalmodigt och krångligt.

5. Ett okänt evangelium

Femtio år efter vår älskade Mästares, Jesus Christos, korsfästelse, skriver jag, Simon Zebedeus, denna skildring av ett märkligt människoöde, starkt förknippat med Mästarens liv. Såsom skriftlärd och nära vän till Josef av Arimatea vill jag med bestämdhet förklara att min berättelse är hel och obetingad sanning. Jag är nu en gammal man, men mitt minne är obefläckat och tillförlitligt. Jag har under årens lopp gjort mina anteckningar som varit till stor hjälp för denna skrift. Den handlar om den yngre Jesus, Issa, som tillika var en stor profet, om också icke i sitt hemland. Han var som en son för mig.

Jesus (Issa) föddes i Jerusalem vid den tid då även den äldre Jesus befann sig i Jerusalem tillsammans med sina föräldrar. Denne var då tolv år. Det var brukligt att pojkar i den åldern besökte templet i Jerusalem vid påskhögtiden för att prövas av de gamle och vise. I en vacker byggnad mitt inne i staden låg samtidigt en kvinna, också hon vid namn Maria (som Jesu moder), i födslovåndor. Hennes make var köpman och nazaren, han tillhörde således icke den judiska tron. Nazarenerna var de ursprungliga kristna och de stod inte högt i gunst hos judarna.

Köpmannen Judas Immanuel var vördad av de flesta i Jerusalem. Hans vandel var oklanderlig, så också Marias. Hon hade fött fyra döttrar till världen och önskade sig av hela sitt hjärta en son den här gången. Hon fick sin önskan uppfylld. Det förekom inga änglar eller annat övernaturligt vid den lille gossens födelse, men barnet smålog redan efter en liten stund och det tycktes känna igen sin mor och far. Jesus var ju ett vanligt namn på den tiden och pojken döptes till Jesus Ibrahim, eftersom hans mor önskade det. Både hennes far och hennes högt älskade bror bar namnet Ibrahim. Den stund dopet skedde i templet föll en solstråle rakt på barnets hjässa och stannade där under hela ceremonin. Det ansågs besynnerligt och ovanligt och den unga modern, Maria, var övertygad om att hennes son skulle bli en stor profet. Fadern var av en annan åsikt. Eftersom Jesus (Issa) var ende sonen hoppades hans far på en arvtagare. Hans företag var väl etablerat i staden.

Jesus (Issa) växte upp till en klok och vacker gosse. Han tyckte mycket om djur och familjens hus fylldes snabbt av de djur som gossen fann i naturen, och som ofta var sårade eller halvdöda. Han gjorde dem friska igen. Fadern ansåg att det var det tålamod och förstånd sonen visade som gjorde djuren friska. Modern däremot, ansåg att hennes son var en utvald, kommen från änglahierarkin för att visa sin gudomliga härstamning för människorna. Han hade helandets gåva. Man ansåg att den gåvan hade kommit till honom genom strålen på hans huvud vid dopet. Hans systrar vägrade dock dalta med sin bror.

Jesus (Issas) förmåga var till en början inte känd av andra än hans närmaste och vännerna. Man vågade inte basunera ut den av rädsla för att judarna skulle utpeka honom som en bedragare. Jag var den ende som kände till detta för jag kände hans far. Eftersom jag ofta samtalade med Josef av Arimatea kunde jag under årens lopp jämföra de båda gossarnas begåvningar och anlag. Jag visste ju att den äldre av dem vandrade en hel del, både i andra länder och i Palestina. Jag hade hört hans profetior och hans tal och bevittnat några av hans mirakel. När jag talade med Josef om den yngre Jesus, som vuxit upp till en pojke på några och tjugu år när den äldre Jesus korsfästes, ville han inte höra på. För honom fanns bara en Jesus av betydelse.

Jag var av en annan åsikt. Visserligen hade inte den yngre Jesus skapat sig ett rykte som profet ännu, men han utförde en hel del mirakel i den lilla krets som omgav honom. Efter korsfästelsen av Jesus Christos sällade jag mig till den kretsen. Jag var nyfiken på att få veta hur den unge Jesus Ibrahim levde och lärde. Hans far var mycket bekymrad. Pojken ville inte veta av arbetet som köpman, trots att faderns affärer löpte med stor smidighet och framgång. Fadern hade mycket att göra med esséerna, ett brödraskap som levde i byar på andra sidan Jordan. Bland annat sålde han deras tyger, träarbeten, torkade örter och även en del färskvaror. Jag visste att den unge profeten hade tagit åt sig en hel del av deras kunskaper och tro och försökte sprida dessa hos sina vänner. Det var också farligt, eftersom romarna jagade esséerna.

Här måste jag avbryta.

"Kualli, jag vet mycket lite om esséerna", tillstod jag en aning generad. "Det är lättare för mig att följa med i skriften om jag får veta vilka de var. Var det en kult eller en religion?"

"Ingendera delen", smålog Kualli. "De var helt enkelt ett

brödraskap som räknade sina anor från okänd tid - i varje fall från mycket långt tillbaka. Enligt gamla urkunder så kom vad vi kallar för kristendomen med esséerna, inte med Jesus. Det som han själv förkunnade lärde han sig i esséiska kloster och på sina resor. Någonting helt annat kokades ihop år 325 e.Kr. på biskopsmötet i Nicaea. Jag ska ge dig en snabb historik, därför att jag tror vi får veta mer om esséerna i samband med de båda Jesusarna.

Om du hade intresserat dig för Döda Havsrullarna så skulle du veta mer om esséerna. En grupp av dem bodde i klostret i Qumran, en annan i klostret på berget Karmel (se kartan på nästa sida). Annars var de spridda över de delar av Palestina - och även i delar av Egypten - där det var nära till vatten. Flera av deras byar och kloster låg vid Jordan. I byarna fanns goda hantverkare, trädgårdsmästare och odlare, smeder, snickare och garvare m.fl. Byarna var som stora familjer. I dag skulle ni kalla dem för kollektiv. Familjen vördades och barnen var viktiga, både egna och andras. Esséerna tog hand om föräldralösa barn och hittebarn. De levde mycket sunt och de var till största delen vegetarianer. Kvinnorna hjälptes åt med att spinna, väva, sy och laga mat.

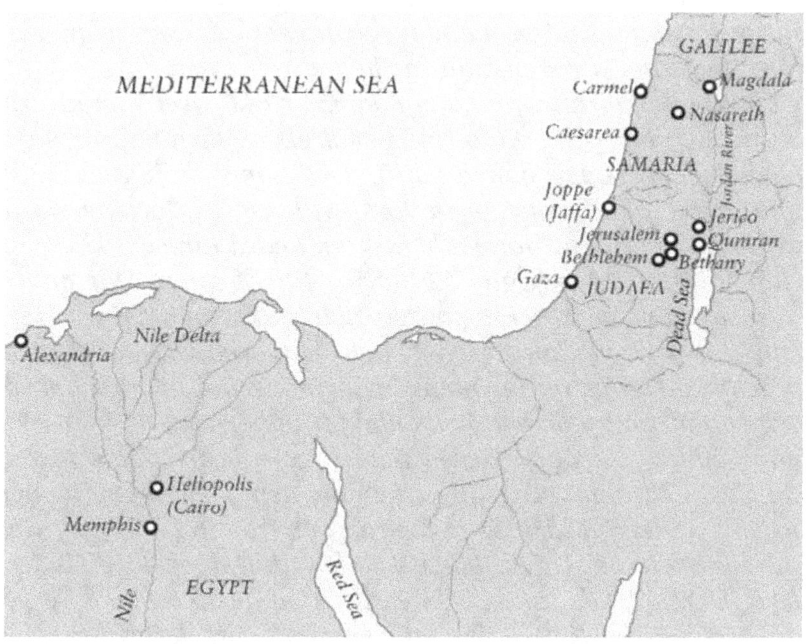

Karta över Palestina och Egypten.

Uppe i klostret fanns bara män. De steg upp i soluppgången och gick ner till stranden och badade. De var alltid i nära kontakt med de fyra elementen, och naturens krafter var heliga för dem. När de hade badat klädde de sig i rena vita mantlar som var vävda i ett enda stycke och mediterade tillsammans. När de arbetade bytte de till en enkel grå arbetsdräkt. Detta gällde både munkarna i klostren och männen i byarna. Men det viktigaste av allt är att esséerna många hundra, ja kanske tusentals år före Kristus levde i enlighet med vad vi nu kallar för kristendomens grundsatser. Naturligtvis går ingen kyrka med på detta, men den sanningen finns att läsa både i Dödahavsrullarna och många, många fler rullar, både upptäckta och ännu oupptäckta. Du kommer själv att få göra dina erfarenheter om esséerna, så jag behöver inte berätta mer. Skriften fortsätter."

Det lät spännande och jag fortsatte att läsa vad den gamle skriftlärde Simon Zebedeus hade att förtälja om de två Jesus.

Jesus (Issas) fader Judas Immanuel beslöt sig för att låta sonen gå i skola i Qumran. Där skulle han få en grundlig utbildning och samtidigt lära sig vördnad och hänsyn. Han började den skolan vid tio års ålder och stannade där tills han hade fyllt tjugo år. Dessa tio lärdomsår präglade sedan hela hans liv. Jag kan inte säga annat än att Jesus Ibrahim var en kunnig och utvecklad essé. Han var varken rättrogen eller otrogen, han var helt enkelt essé.

De Gamle i Qumran ville ha honom kvar i klostret som lärare och forskare, men han ville bilda sin egen krets av lärjungar och gå vidare med de kunskaper han erhållit. Det fanns möjligheter till vidare utbildning på Karmel, men först ville Jesus Ibrahim lära känna lite mer av världen. Han hade läst om andra länder i klostret, nu ville han se dem. Han begav sig därför till Egypten. Där mötte han flera visa män, men också fattiga och sjuka människor. Han delade sin tillvaro mellan visdom och välgörenhet, som även inbegrep helbrägdagörelse. Egyptens historia fascinerade honom så han stannade där längre än han hade tänkt från början.

Under tiden skedde korsfästelsen av Jesus Christos i Jerusalem. Jesus Ibrahim visste ingenting om den. Det han visste om Jesus Christos hade han lärt sig i Qumran och från det han hört var den förste Jesus ett slags gud, endast underställd den Store Guden och Fadern. Denne Guds son eller Messias stod än så länge högt på hans lista och han beslöt sig för att återvända till Jerusalem och söka upp profeten.

När Jesus (Issa) återkom till Jerusalem mottogs han med tillgivenhet av sina gamla vänner och lärjungar. Han visade mig stor vördnad och kom gärna till mitt hus. Där kunde vi sitta och samtala om de märkligaste ting. Han blev bestört när han hörde att hans högt beundrade Jesus Christos dött på korset. Inte ens de närmaste vännerna visste nämligen att Christos räddats till livet i Josef av Arimateas gravvalv. Jag visste det, eftersom jag var Josefs förtrogne. Men det var en hemlighet som inte fick spridas. Jesus Christos befann sig i verkligheten hos munkarna på Karmel.

Jesus Ibrahim beslöt sig för att verka i sin föregångares fotspår. Han trodde att Palestina var hans arbetsfält, precis som det varit Jesus Christos. Han vandrade runt och förkunnade en blandning av vad han lärt sig i Qumran, på sin långa resa till Egypten och sina egna erfarenheter. Men Jesus (Issa) var mycket mer lågmäld än sin namne. Han visste att det var farligt att vara profet. Romarna var fortfarande ute efter esséerna och han led sannerligen av att inte våga förkunna sin övertygelse överallt.

"Kualli, du måste berätta mer om de här esséernas religion", avbröt jag igen. "Jag begriper inte hur deras lära kan vara den första kristendomen. Lärde sig Jesus Christos av dem?"

"Till en stor del, ja", svarade Kualli. "De fanns på många ställen och de hade skolor i flera kloster, bland annat i Qumran och på Karmel. Heliopolis i Egypten var deras högsäte (se karta sid 31). De var utomordentliga läkare, utomordentliga lärare, utomordentliga filosofer, forskare, poeter och konstnärer. De var levnadskonstnärer. En del av dem blev långt över 100 år gamla.

"Esséerna var ett brödraskap som fanns i Palestina vid tiden för Jesu födelse. De härstammade enligt gamla historiska anteckningar från Grekland, eftersom prästerna i det gamla Efesostemplet kallades esséer. Långt före kristendomen fanns brödraskapet dels i Egypten, dels i Palestina, där det första klostret grundlades i Engedi, nära Döda Havet. På grund av avunden från prästerskapet och makthavarnas despotism tvingades de leva i tysthet och avskildhet.

"Esséernas byar kan man som sagt bäst likna vid ett slags kollektiv. Bosättningarna låg alltid i anslutning till vatten. De betraktades som en sekt i Palestina både av de styrande i landet och av judarna. Och i många heliga skrifter, bl.a. bibeln, betecknades de som hedningar. Dessutom ingick kvinnor i brödraskapet. Det var väl stötande? Så tänkte de flesta. Hur kunde kvinnor ingå i ett brödraskap? Kvinnorna fick förstås inte delta i de högre studierna, men de kallades för 'associerade'. I det sammanhanget kan nämnas att de esseiska kvinnorna verkligen utförde ett humanitärt arbete. De tog hand om föräldralösa barn och uppfostrade dem som sina egna i byarna, där samarbetet var enastående gott och kärleksfullt.

"Deras lära, frågar du om? Jag ska försöka redogöra för det väsentligaste i deras tro, som också var deras sätt att leva.

"Esséerna satte tidigt på morgonen i gång krafter som gav energi till hela deras dag. De arbetade medvetet med tänkandet, så att den tidiga morgonens goda tankar blev inflytelserika under hela dagen. Likaledes var den sista tanke man tänkte innan man somnade väldigt viktig. Den påverkade nämligen det undermedvetna under natten. Därför satte de sig i förbindelse med de himmelska krafterna, med änglarna. Sömnen kunde då både lösa problem och bli en källa till skapande.

"Näst tänkandet ansåg esséerna det viktigt att sköta om sin kropp. Till det räknades rätt föda och renlighet. De försökte alltid åstadkomma harmoni mellan kropp och själ, det vill säga fysiskt och psykiskt. Därefter måste de vara i harmoni med naturkrafterna.

Så här såg de på de jordiska krafterna:
- Solen är en viktig energikälla som man bör njuta av.
- Vatten är ett livselement.
- Luftens energier bör man ta in via andningen.
- Födan ska vara rätt så att den åstadkommer balans i organismen.
- Människan är ansvarig för sin egen utveckling.
- Jorden representerar två aspekter av fruktbarhetskraften. Den ena skapar liv ur jorden, den andra är människans sexuella energier.
- Hälsa får man av sina harmoniska relationer till alla jordens krafter.
- Glädje är en av människans viktigaste rättigheter. Den inre harmonin byggs upp av att känna glädje och utstråla den.

De kosmiska krafterna uttrycker esséerna så här:

- Makt resulterar i både samarbete och brist på samarbete med den stenhårda karmalagen.
- Kärlek uttrycks genom vänlighet mot andra och påverkar hälsan.
- Visdom betyder att människan lärt sig förstå den kosmiska ordningen och sin egen roll i kosmos.
- Skydd av värden är detsamma som att bevara allt som är bra att använda. Att förstöra det som är bra både fysiskt och psykiskt betyder att du samarbetar med det negativa.
- Skapande är att använda de kreativa krafterna så att det tjänar Skaparens verk.
- Evigt liv betyder uppriktighet i relationer och att vörda krafterna i naturen och i kosmos.
- Arbete ska utföras med omsorg och effektivitet.
- Fred måste skapas av varje människa både inom och utanför henne. Hela mänsklighetens tillstånd är beroende av hur det är med alla dess atomer och med de individer som fogat dem samman. Individen bör känna den inre friden djupt inom sig och försöka sprida den var han/hon än befinner sig.

"Är du nöjd nu, Janne?"

"Hm", svarade jag, "inga nyheter precis. Jag trodde att deras lära var epokgörande."

"Är den inte det då?" skrattade Kualli. "Om människorna levde efter de här reglerna så skulle världen se annorlunda ut. Levnadsreglerna har funnits i tusentals år i olika utförande. Ingen bryr sig så värst mycket om dem, eller hur? Nu fortsätter vi med gamle Simons berättelse."

6. Jesus Ibrahim blir profet

Medan den äldre Jesus som kallades Christos gömde sig hos sina vänner, de esseiska munkarna i klostret på Karmel, tillbringade den yngre Jesus (Issa) en hel del tid med att fundera på hur han bäst skulle kunna förkunna sin lära. Han uppsökte flera av Christos lärjungar, men de visade honom stor kallsinnighet. För dem fanns endast Messias, förkroppsligad i Jesus Christos. Ingen skulle försöka inta hans plats. Thomas var den ende som var vänlig och öppenhjärtig mot Jesus Ibrahim. De två blev ganska snart goda vänner.

Jesus Ibrahim och jag satt kväll efter kväll i min enkla bostad och diskuterade olika möjligheter. Jag visste att Jesus Christos befann sig på Karmel. Josef av Arimatea hade berättat för mig om den smärta profeten kände när han sände sin älskade hustru Maria Magdalena och deras lille son David till Frankrike. Hon var återigen gravid och hade befunnit sig i stor fara i Palestina. Sonen David befarades kunna utvecklas till en farlig profet som sin far. Romarna tycker inte om profeter. Folket älskar dem. De utgör en maktfara. Vårt arma rike förtärs av den romerske kejsarens enfaldiga vilja. Vår frihet har blivit fastkedjad i band av maktmissbruk och envälde. Vi är inte ett folk längre, bara en åker där alla frön vuxit vilda på grund av bristande samstämmighet i sådden. Fröna hotas av utrotning. Makthavaren finns alltid i närheten och slår där han vill slå.

Precis som den äldre Jesus, samlade min vän Jesus Ibrahim sina trogna i Getsemane örtagård. För att de inte skulle bli misstänkta brukade de dansa och sjunga och låtsas att de firade något som lämpade sig för alla öron. Men bland alla öron kan det finnas oönskade öron. Så var det här också.

'Jag finns i Alltet och Alltet finns i mig', var ett av den unge lärarens favoritord. 'Alltet finns i er också. Skåda inom er så ser ni världens början och slut. För om ni inte ger världen det som den önskar så får ni inte tillbaka det som ni önskar av världen. Hela världen och himlen och evigheten finns inom var och en av er. Ni är kungar och drottningar, heliga och gudar allesammans om ni bara orkar skåda in i er själva.'

När det oönskade örat hörde sådana ord bar det iväg till ett annat oönskat öra, vars ägare fortsatte att föra det vidare. Kungar och drottningar, heliga och gudar var farliga ord. Människorna som lyssnade kunde rentav tro på detta och inbilla sig saker. De trogna uppsnappade faran. De varnade Jesus Ibrahim från att tala mer i Getsemane. Han gömde sig i mitt hus, medan vi funderade på vart han skulle fly. Han måste bort från Palestina innan han rönte samma öde som sin föregångare. Jag pratade med Josef av Arimatea. Även om han inte godkände 'min' Jesus som en profet, hörde han ryktet om att ytterligare en profet utgjorde en fara för den romerske kejsaren. Nu gällde det att försvinna från Palestina.

Jesus Ibrahim hade funnit en maka. De var ännu inte gifta, endast trolovade. Hon var dotter till min granne, som arbetade i vingårdarna. Det var en vacker flicka som hade samma namn som profetens mor. Hon hette också Maria. Kanske var det därför Jesus (Issa) vistades så mycket hos mig. De unga tu träffades ofta här, i mitt enkla tjäll. Maria hade gåvan att lyssna och gåvan att yttra sig. Hon kunde läsa och skriva. Hon var en ovanlig kvinna.

Till slut var vi överens om att de unga skulle fly till Kashmir. Jag hade hört en hel del om Kashmir av Josef av Arimatea, som i sin tur hade hört Jesus Christos berätta. Först skulle Jesus (Issa) och Maria vigas i hemlighet hos en av mina vänner på vägen ut ur Palestina. Det var så brådskande att vi omedelbart började förbereda den långa resan praktiskt. Jag ville inte följa med, jag hade min familj som jag inte kunde slita mig ifrån, trots att jag kände det som om Jesus Ibrahim var min son. Däremot ville hans mor, som var änka, följa med till Kashmir. Vi räknade med att det skulle bli en hel liten karavan, eftersom det även fanns några vänner som ville följa sin profet.

Resan började en av de dagar då det var fest i Jerusalem. Då höll de romerska soldaterna till bland folket mitt inne i staden. Vi, Jesus, Maria och jag, hade tagit avsked av varandra dagen innan. Mina ögon tårades och jag höll dem länge i famnen. Jag visste att vi gjorde det rätta och att Jesus (Issa) var född till profet - men kanske inte Jerusalems profet. Karavanen samlades framför en av Jerusalems portar. Vakten hade fått sömnmedel i sitt vin, annars hade han säkert blivit alltför frågvis och inte släppt ut karavanen. Jag följde med ända till porten. De var ganska många och de hade med sig mycket last. Till min stora förvåning var Thomas en av resenärerna. Han visste säkert inte att hans älskade Mästare dolde sig i klostret på Karmel (se karta sid 31). Så länge mitt öga kunde skåda följde jag karavanens långa tåg som blev allt mindre och mindre. Jag visste att jag aldrig mer skulle återse någon av dem.

Den enda avslutning jag kan bidra med är att ryktet så småningom nådde mig att Jesus Ibrahim blivit en stor profet i Srinagar och områdena däromkring. Hans namn förändrades till Issa eller Yuza Asaf. Det sägs att han blev väl mottagen av kung Gopananda, men det är bara en hörsägen som nått mig via omkringfarande köpmän.

Må min älskade vän Jesus Ibrahim från Jerusalem ha fått ett värdigt öde. Må hans namn i godhetens och renhetens namn förbli en helig och kärleksfull viskning i den oändliga rymden.

Därmed betygar jag, Simon, att detta dokument förtäljer sanningen och ingenting annat än sanningen om min vän Jesus Ibrahim, son till Judas Immanuel och hans hustru Maria.

"Nåå, vad säger du nu?" undrade Kualli med en skälvning i rösten.

"Att allting och ingenting var som vi trodde", muttrade jag. "Men hur gick det på resan? Fick han barn med sin Maria? Hur blev han profet i detta främmande land?"

"Vi har tänkt oss att du ska ta reda på den saken, käre Jan", svarade Kualli glatt. "Lägg dig på bädden igen så ska du få ut och resa."

7. En skimrande resa till Kashmir

"Nu får du verkligen vakna, Jan!" Det var en smått raljant kvinnostämma som - naturligtvis - kom från den förtjusande Lydia. Yrvaket satte jag mig upp och såg mig omkring. Jag hade hamnat på marken alldeles nära en sjö. På sjön fanns något helt förbryllande: nämligen en massa hus som fridsamt gungade på vågorna. Någonting dylikt hade jag aldrig förr skådat.

"Srinagar", upplyste mig Lydia som fullt synlig stod vid min sida. "Det är huvudstaden i Kashmir (se karta sid 42). Om du inte begriper det själv, förstås. Vi ska ta reda på den andre Jesus som har blivit profet här."

"Jag trodde vi skulle hälsa på Simon i Jerusalem som skrev det där dokumentet", sa jag förvånad.

"Du ville ju veta mer om vad som hände Jesus (Issa) här", invände Lydia. "Simon visste det inte när han skrev sin berättelse och då var han dessutom ganska gammal. Så det är bättre att kliva in i den yngre Jesus tid i Kashmir direkt."

Jag kravlade mig upp på direkten. Nu skulle jag få träffa den andre Jesus. Hurra! Men hur skulle vi finna honom?

"Han är redan rätt känd här under namnet Issa", svarade Lydia på min tanke. "Vi går förstås hem till honom."

Huset låg i en prunkande trädgård. Det var inte ett av vattenhusen, tänkte jag lättad. Det här låg i utkanten av staden och vette mot de inre delarna av landet. Det var ett nätt litet hus och jag såg flera människor röra sig därinne. Några barn lekte vid en brunn. Lydia försvann innan någon fick syn på oss. Jag saknade henne genast, det var mycket trevligare med sällskap så här på en främmande ort. Jag gick fram till en man som satt på trappan utanför huset. Han hade ganska långt skägg. När han reste sig såg jag att han var lång och mager. Det mörkbruna håret med ett och annat vitt strå räckte till axlarna. Det märkliga var hans ögon. De var som vad man förr kallade för "ljungeldar". Han sträckte båda armarna mot mig och blottade en bländvit tandrad i det välkomnande leendet.

"Broder", sa han och jag begrep honom till min stora förvåning. Nej, tänkte jag, nu får jag sluta bli förvånad. Det här händer inte på riktigt även om det verkar så. "Broder från fjärran, välkommen till mitt hem. Du ska strax få träffa min hustru Maria, som bjuder på förfriskningar i denna välsignade värme."

En kvinna kom ut ur huset med en kanna och två bägare. Hon var mycket vacker, även om hon inte var så ung längre. Hennes mage var dock stor och rund och det gick inte att ta miste på hennes belägenhet. Efter henne kom en ung flicka och en lite yngre pojke. Flickan bar på en skål med något som såg ut som små kakor.

"Här ser du min hustru och mina barn, Miriam och Amin. Jag visste att du skulle komma, broder från fjärran. Simon har sänt mig budskapet."

"Simon!" utbrast jag. "Men han är ju i Jerusalem." Jesus - för det måste vara han - skakade på huvudet. "Simon finns i en annan verklighet", svarade han. "Han är vad ni kallar för död. Men han lever mycket starkt i mig och vi talar fortfarande med varandra, ännu mer efter hans död än före."

"Är du Issa?" frågade jag. Han nickade.

"Issa eller Yuza Asaf", smålog han, "eller något annat av alla de namn man kallar mig för. Men om du frågar om jag är Jesus Ibrahim, så svarar jag också ja."

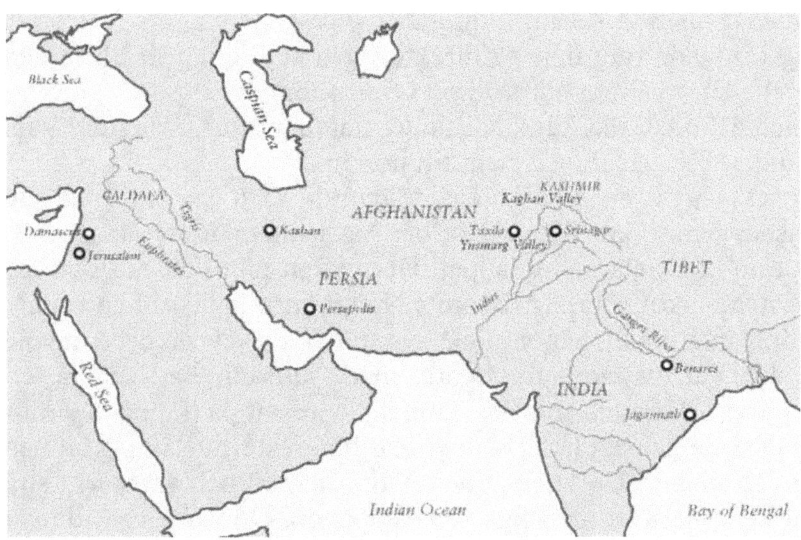

Karta över Kashmir och Indien.

"Du har stannat här med din familj", sa jag fundersamt. "Var är din mor?"

"Hon klarade tyvärr inte resan", svarade Issa sorgset. "Hon ligger begravd i Taxila. Det var en lång och mödosam resa. Miriam föddes strax efter att vi hade kommit hit. Jag är glad att Maria klarade det. Hon är en underbar hustru och ett verkligt stöd för mig. Jag har blivit profet, förstår du. Det var något jag alltid ville bli och nu känner jag mig både hedrad och missförstådd. Får jag veta ditt namn?"

"Jag heter Jan. Varför missförstådd?"

"Hemma i Palestina orkade man inte med två profeter som hette Jesus. Jag vet inte om någon profet var välkommen där. För att romarna skulle få oinskränkt makt över folket måste profeterna utrotas. Nu är väl förhållandena annorlunda, men jag återvänder inte hem. Flera av mina anhängare följde mig hit. En av dem är Thomas, som också var lärjunge till Jesus Christos. Han kommer här."

En man i den övre medelåldern kom vandrande in i trädgården. Han var av medellängd, hade skarpt utmejslade drag och bruna, vänliga ögon. Håret var svart och ett kort skägg täckte hans haka. Han sträckte ut sin hand mot mig.

"Frid vare med dig", sa han småleende. Det var den välkända esseiska hälsningen som på sina håll funnits kvar ända till i dag. "Jag är Thomas, men här är mitt namn Ba´bat." Jag svarade:

"Och frid vare med dig, broder. Jag är Jan från en annan verklighet. Jag besöker de verkligheter som de båda Jesusprofeterna vistats i, därför att jag är en sökare av Sanningen."

"Det finns många sanningar", svarade Thomas tvetydigt. "Vilken är den du letar efter?"

"Sanningen om de två männen med namnet Jesus som båda blev profeter och som förkunnade sanningar som var baserade på esséernas läror."

"Då har du kommit rätt", fastslog Thomas.

"Jag vill veta mer om er resa och hur Jesus blev profeten Issa", insisterade jag. "Jag vill veta hur ni talar till folket här och hur ni lever."

"Resan hit var lång och svår", svarade Issa lite tveksamt. "Jag förlorade min älskade mor och fick dåligt samvete för att jag tillåtit henne att följa med. Hennes krafter var sämre än jag hade trott. Jag är profet och helbrägdagörare men kan inte hela mitt eget kött och blod. Det var ett hårt slag. Det var nära att jag inte fortsatte resan. Hon ådrog sig en lunginflammation som förkortade hennes liv. Alltsammans gick så snabbt. Hon insjuknade när vi kom till Taxila, inte så långt från Kashmirs gräns. Där begravde vi henne. När jag var ledsen för att jag låtit henne följa med bannade hon mig. Det viktigaste i hennes liv hade varit att föda mig och hon ville följa mig till slutet. Hon dog i mina armar. Jag föddes ur hennes kropp och hennes kropp dog i min famn.”

”Någon har sagt mig att Israels tio förlorade stammar skickades österut, till Kashmir. Är det sant?” undrade jag. Issa smålog.

”Javisst”, svarade han. ”Vi mötte dem på vägen hit. De kallar sig Bani Israel som betyder Israels söner. Deras antal har förökats och de utgör även en stor del av den befolkning jag funnit här i Srinagar. De förnekar inte sitt ursprung.”

”Vet du vad Yuza Asaf betyder?” frågade Thomas. Jag skakade på huvudet. ”Det betyder ’ledare för de helade spetälska’ och jag tror det är därför Issa blivit så populär här. Han har botat många spetälska.” Issa avfärdade hans ord med en yvig gest. Han tyckte inte om skryt.

”Vi fortsatte sedan in i Kashmir genom Yusmargdalen”, berättade profeten. ”Där träffade vi Yadufolket, som också är kvarlevor av de tio förlorade israelitiska stammarna.”

”Dem har jag aldrig hört talas om”, suckade jag.

”Yadufolket lever av jordbruk och boskapsskötsel och de är väl medvetna om sitt ursprung”, fortsatte Issa. ”Deras dal ligger på den väg där handelsmännen far, mellan Afghanistan och Kaghandalen i Kashmir. Men jag förstår att du inte bara är intresserad av vår resväg. Det är väl min gärning att förkunna den gamla visdomen till folket här. Den gärningen pågår och slutar inte med min död, för då kommer någon annan att fortsätta. Kashmirs folk lyssnar gärna till Guds ord och många anhängare har vi fått.”

”Jaa Jan”, avbröt Thomas ivrigt. ”Raja Shalewahin var ute på vandring på fjället när han fick syn på Issa, som var ljushyad och ljusklädd. Rajan frågade honom vad han hette och varifrån han kom. Issa svarade att han härstammade från ett land långt borta, där man glömt sanningen och övergått till ondskan. Kungen bad honom berätta om sin religion och då svarade Issa att han lärde folket kärlek, sanning och hjärtats renhet och att tjäna Gud, som befinner sig i solens och elementens centrum i en evig och oändlig tillvaro.”

"Det är därför som tiden verkar stå stilla här, eller hur?" frågade jag.

"Ja, du har rätt, främling Jan", svarade Issa. "Tiden står stilla. Det är då vi måste gå in i den. Om vi kan det så möter vi det oändliga varat."

8. I Getsemane örtagård

"Du talar om kristendom", sporde jag. "Vad är kristendomen för dig och är det samma kristendom som din namne har förkunnat?"

"Kristendom är ett samlingsord som varken Jesus Christos eller jag har hittat på", svarade Issa. "Det blir aktuellt många år efter vår död. Esséerna var källan till mycket av den visdom som den förste Jesus och senare jag själv förkunnade. Eftersom min gamle vän Simon Zebedeus lärde mig så mycket om esséerna, så präglade denna visdom allt jag förmedlade. Dessutom har Thomas varit mig behjälplig med detta. Han är essé. Tillsammans har vi färdats här runt omkring, bl.a. till Hemisklostret. Där mottogs vi med öppna armar eftersom min föregångare varit där. Vi hade mycket djupgående och intressanta samtal med buddhistmunkarna, och vet du vad vi kom till för slutsatser? Egentligen är det inte så stor skillnad på de båda religionerna. Både den äkta kristendomen, esséernas visdomslära, och buddhismen vill att människan ska leva rätt. Det finns massor av lagar och punkter där de möts helt och fullständigt. Men det ska vi väl inte gå in på nu?"

Hans sista ord hördes mer som ett sus än som uttalade ord. Jag var hemkallad igen. Ögonen strävade efter att öppna sig och Lydias svala hand låg på min panna.

"Jisses, är jag tillbaka redan", gnällde jag. "Det var så intressant att prata med Issa. Det känns inte färdigt."

"Det är det inte heller", sa Lydia småleende. "Men vi har fått veta det viktigaste om Issas resa från Jerusalem, hans familjeliv och hans predikningar. Vi har träffat Thomas och honom träffar vi igen, men då tillsammans med Jesus Kristus. Nu ska vi ut på en längre resa. Det är nämligen många viktiga lögner som måste avslöjas om sanningen ska fram."

"Det där med vår bibel", muttrade jag. "Det hela är en enda stor svindel. Människorna är lurade. Hur ska vi få dem att fatta det när de har levat mitt i den lögnen i tvåtusen år?"

"Det är inte säkert det går", svarade Lydia mjukt, men hon fortsatte i skarpare ton: "Tvåtusen år är gränsen. Nu är det verkligen dags att berätta hur det egentligen var."

"Om ingen tror oss då?" frågade jag med ett skratt. Det här var oerhört roande. Synd att jag inte själv fick berätta det där hemma. Jag tänkte med förtjusning på hur arga alla människor skulle bli, inte minst prästerna. Tydligen fick jag inte fördjupa mig mer i sådana tankar, för medvetandet försvann. Getsemane örtagård? Var det så här den såg ut? Det var i alla fall det namn som en osynlig Lydia viskade i mitt öra. Jag såg mig omkring och andades in en aromatisk väldoft. Träden stod tätt, det var cedrar, olivträd, popplar och många andra som jag inte visste namnet på. Det tycktes vara en stor örtagård. När man läste om den i bibeln föreföll den som en liten förortsträdgård, men nu fick jag se hur den sträckte sig så långt mina ögon nådde. Det fanns odlingar överallt. Örter och blomster var placerade i små avgränsade trädgårdsland, inramade av stenar, som tillsammans bildade ett mönster. Det var verkligen vackert och rogivande.

"Vi tyckte att du skulle få träffa Jesus Kristus i hans favoritomgivning", sa Lydia, som tydligen hade bestämt sig för att fortfarande vara osynlig på den här platsen. Jag hann inte svara, för en man närmade sig. Han var inte ensam, en skara på ett tjugotal människor följde honom. Jag förstod att det var "den förste" Jesus. Han var reslig utan att vara särskilt lång. Hans ljusbruna hår och skägg passade in på alla avbildningar jag hade sett av honom, men ansiktet var annorlunda. Det var hans ögon som fängslade mig mest. De skiftade i olika färger, ibland blå, ibland gröna, ibland bruna. Det måste vara en synvilla, tänkte jag. Längre hann jag inte tänka förrän han var framme vid trädet där jag stod. Han höll en liten parvel på ett par år i handen. Vid sin sida hade han en vacker kvinna med långt, rödbrunt hår. Hon visade tecken på en ganska långt framskriden graviditet. Båda smålog de mot mig.

"Välkommen till Getsemane", sa Jesus. Hans röst var klangfull och ganska mörk. "Jag vet vem du är. Du är den som ska eskortera min hustru Maria Magdalena till säkerheten i ett annat land. Vad heter du?"

"Jan!" svarade jag och darrande sträckte jag min hand mot hans. Skrattande tog han mig i famnen och kysste mig på båda kinderna. Sedan tog han Magdalenas hand och la den i min.

"Sköt om dem alla tre åt mig", uppmanade han mig. "Båten går från Joppe i morgon kväll om vinden är lämplig. Ni kan stanna här en stund så vi kan samtala i lugn och ro. Därefter börjar er resa efter mörkrets inbrott. Så här nära Jerusalem måste ni betraktas som flyktingar ifall ni möter någon ni känner. Men när ni har kommit ett par mil härifrån är ni säkrare. Jan, du får resa i skepnad av en välbeställd köpman och min familj får låtsas vara din familj."

"Jag tror du tar fel, Mästare", stammade jag. "Jag kommer från framtiden för att försöka ta reda på Sanningen. Skulle inte Josef av Arimatea vara en bättre följeslagare åt Maria Magdalena?"

"Kanske var han det någon annanstans", smålog han gåtfullt. "Inte desto mindre anförtror jag min hustru, min son David och vårt ofödda barn i dina händer. Jag vet att du kommer att föra dem till ett bestämt mål i Gallien. Jag vill, min käre Jan, att du ska förmedla Sanningen till eftervärlden - den eftervärld som ligger tvåtusen år framåt i tiden. I Gallien väntar en judisk bosättning på min hustru och barnen. Där blir ni väl omhändertagna."

"Men ... men", stammade jag, "är inte judarna era verkliga fiender? Det är ju judarna som korsfäster dig, Herre?"

"Din historia överensstämmer kanske inte helt med verkligheten", invände han. "Det är en helt annorlunda hopkommen berättelse som berättas av kejsar Konstantin och de gamla biskoparna. De hade utmärkt god fantasi. Vid kyrkomötet i Nicaea år 325 och i Konstantinopel på 500-talet försvann allt som kyrkofäderna ansåg anstötligt, mystiskt eller ovisst ur hävderna. De har verkligen lyckats hålla människorna i okunskap om många intressanta sanningar och upplysningar ända tills nu. Makten får alltid största delen av härligheten, som ni kanske vet. Det är dags för en ändring."

"Men hur vet du?" frågade jag. "Var är jag någonstans? Är inte detta Getsemane örtagård? Är du inte den de kallade för Jesus Kristus och som även kallades Messias?"

"Visst är det jag. Men allt det där har skett för så längesen för dig och din samtid. Du har fått besöka mig nu för att jag ska berätta Sanningen på ett målande sätt. Kan det vara bättre än att du får uppleva situationer från mitt och Maria Magdalenas liv i form av levande bevis och att du själv får delta?"

"Från början?" frågade jag ivrigt.

"Jag kan berätta om mitt liv från början, en kanske lite annorlunda berättelse än du har hört.

Vi sätter oss här under en av de gamla cedrarna så får du höra min historia. Er bibel berättar den på sitt sätt - jag på mitt! Du får gärna ställa frågor. När jag stryker dig över pannan kan du se bilderna. Vill du det?"

Jag nickade. Att få höra Jesus Kristus berätta var ofattbart och underbart. Hela församlingen av människor slog sig ner på gräset och Maria Magdalena satt tätt intill sin make med huvudet mot hans axel. Lille David gömde huvudet i sin mors sköte och somnade ganska snart. Det var före skymningen, men dagsljuset hade försvagats och blivit till ett blåaktigt skimmer som smekte alla deltagarnas pannor och fördunklade deras ögon. Endast Jesus ögon glänste och lyste i den annalkande kvällningen. Han tecknade åt mig att sätta mig på hans andra sida så att jag skulle kunna lyssna på honom utan störningar.

"Jag är inte avlad av den Helige Ande eller av en ängel. Den obefläckade avlelsen är ett påfund av bibelskrivarna på det där biskopsmötet i Nicaea. Den kom till för att jag inte skulle betecknas som bastard eller horunge. Det var kanske det jag var!" Jesus skrattade till och jag instämde i skrattet och frågade:

"Vem var din far?"

"Det kan jag inte avslöja - än. Du får veta det senare." Hans min blev sorgsen och kanske kunde man finna en aning bitterhet i de märkliga ögonen. "Människorna kan inte ta in det. Kristendomen är, som jag sa förut, byggd på en lögn som människorna har tagit till sitt hjärta. Att ge dem sanningen i alla dess vindlingar och vrår skulle skapa en lögn för dem. Snart tvåtusen år av indoktrinerade kunskaper behöver tid för att förändras och smältas. Tills vidare vill jag bara säga att det fanns starka skäl till att Josef gifte sig med min mor trots att han var så mycket äldre än hon. De var båda esséer. Jag har alltid betraktat Josef som min köttslige far och mina syskon som mina köttsliga syskon.

Det var när jag fyllde tolv år som jag fick veta sanningen om hur jag kom till av min mor och varför jag hade en så allvarlig mission. Innan dess ingick jag i en stor familj. Vi barn bråkade och skämtade och lekte tillsammans som alla andra. Jag var hungrig på kunskaper och snappade upp allt jag kunde överallt. Jag var nyfiken på livet både utanför och inom människan. Det inre livet fanns väl utvecklat i mig sedan jag föddes, eftersom de stora frågorna ideligen kom upp i mina tankar och krävde svar. Men jag talade också med någon, någon som svarade sakta och tålmodigt på mina frågor. Någon som var osynlig men ändå helt närvarande.

Jag har alltid älskat djur. Det var inte vanligt att man befattade sig med djur annat än som boskap på min tid, eftersom djur ansågs orena av judarna. Jag har ett minne från när jag var fem eller sex år. (Han stryker mig över pannan och jag ser det han berättar i klara bilder.) Jag såg redan då djuren som delar av gruppsjälar. Det finns en gruppsjäl för varje djurslag och människors tal om själlösa djur gjorde ont i mitt hjärta. Fråga mig inte om vem som viskade kunskaperna i mina öron. Det var säkert min Fader i höjden.

En dag strövade jag runt bland träden som omgav vårt hus. Då fick jag se en liten fågel ligga på marken. Jag tog upp den i handen. Den var kall och stel och föreföll död. Ögonen var slutna och hjärtat slog inte längre. Jag blev så bedrövad att jag grät. Jag smekte den lilla fågeln och önskade av hela mitt barnahjärta att den skulle få liv igen. Plötsligt började den röra på sig. Försiktigt strök jag den över huvudet och hjärtat och sände upp ett tack till min Fader. Fågeln reste sig försiktigt, ruskade på vingarna och flög iväg, efter att först ha strukit vingen mjukt över mitt ansikte. Den tackade mig. Många gånger hörde jag den sjunga i min närhet och visste att det var en tacksång. Jag var aldrig rädd för några djur och jag kunde faktiskt prata med dem och få kontakt med deras gruppsjälar. Det gällde precis alla djur, från det allra största till det minsta kryp.

Vi bodde i Galiléen. År 164 f.Kr. ansågs Galiléen som en nation av hedningar, där endast få judar bodde kvar. År 103 f. Kr. tvingade Aristobulos, judarnas förste konung, alla dem som bodde i Galiléen att anta Mose lag och genomgå omskärelse. Det betydde att alla barn vid en viss ålder formellt måste övergå till judisk tro genom att infinna sig i synagogan för att prövas inför intagning. Mina föräldrar var alltså arier och mystiker på grund av sitt filosofiska tänkesätt och judar på grund av påtvingad adoption. Galiléens urgamla huvudstad med de heta källorna hette Hamath. I Galiléen talade man inte hebreiska. Jag fick lära mig arameiska och grekiska.

Man har kallat mig för nazaren och sagt att Nazareth var min födelsestad. När jag föddes fanns det ingen stad som hette Nazareth. Trehundra år efter min födelse kom staden Nazareth till på grund av att kyrkofäderna måste ha ett namn på platsen där jag föddes. Förstår du, Jan, att mina efterkommande lurades grundligt på många sätt. Judarna kallade alla främmande religioner eller folkslag för nazarener, på samma sätt som man i din moderna tid talar om svartskallar när en människa har mörkare hudfärg än en annan. Nazaren var alltså ett skällsord. Det värsta var att det också blev en sammanblandning av orden nazaren och essé. I bibeln står det att jag återvände till en stad som hette Nazareth. Det borde i stället ha stått att jag återvände till nazarenerna. Både mor och far tvingades att stå kvar i den judiska kyrkan formellt, fastän de tillhörde esséerna.

När jag fick veta sanningen om min börd fick jag först en chock. Jag var av Davids hus, en kunglig ättling! Det var sviterna av den chocken som fick mig att stanna i templet hos de lärde. När mina föräldrar hämtade mig där fick min far rådet att sända mig till Qumran. Jag hade lärt mig till snickare under Josefs väl förfarna händer. Samtidigt kände jag mer och mer, ju äldre jag blev, att det inte var ett yrke för mig. Jag visste att jag hade healingförmåga. Jag pratade dagligen med min Fader, som nu blev den ende Fadern för mig. Josef förstod, men han led. Till min outsägliga glädje följde min kusin Johannes (Döparen) med till Qumran. Vi var nästan jämnåriga, Johannes var sex månader äldre än jag och vi hade delat varandras sorger och bekymmer under alla år. Båda var vi kosmiskt medvetna. Vi kunde tala med varandra om allt, vi kunde gå in i varandras djupaste tankegömmor och hjälpa varandra att förstå.

En arbetsam tid började. Esséerna har underbara tankar och kunskaper, men de är stränga. Johannes och jag kunde dela erfarenheter där borta, de få stunder på dagen vi tilläts en aning frihet. Jag kände stor lust att ge mig ut i världen. Det vi fick veta om världen styrkte mitt intresse för att se andra länder, nya människor och platser. Johannes var en sann asket. Vi ville samma sak, men på olika sätt.

Allt var mycket välordnat i Qumran. Det fanns stora områden att röra sig på och märkligt nog massor av blommor, trots bristen på vatten. Disciplinen var hård, men det var nyttigt för oss pojkar. Många av de traditioner som fortfarande finns kvar i er kristendom förde vi med oss från Qumran, min kusin och jag. Men Johannes stannade inte länge där. Han hade andra uppgifter. Nattvarden var en gammal sed som jag fann mycket tilltalande, eftersom den binder människorna samman, bildar en enhet. Vi gjorde den inte exakt som ni gör den nu. Vi liknade inte vinet vid blod och brödet vid kött. För oss var vin och bröd symboliska på ett annat vis: vinet var kosmisk energi och brödet var kosmisk näring. Förstår du?"

Jag nickade och tänkte argt på de symboler våra präster använder. De är sannerligen ordentligt felorienterade.

"Jag gillar inte nattvarden", insköt jag. "Det där med att äta ditt kött och dricka ditt blod föreföll mig alltid lite för kannibaliskt." Jesus skrattade. Jag fortsatte:

"Jag kan slå vad om att du inte vet att nattvarden kan härledas till tider långt före din tid på jorden, faktiskt till hedendomens mörkaste dagar."

"Vad menar du?" Jesus blev upprörd och fortsatte häftigt: "Nattvarden är urgammal, ja, hos esséerna. Jag kan förtydliga vad jag sa förut: vinet representerade den gudomliga essensen och brödet var den fysiska, livsuppehållande födan. Det fick jag lära mig i Qumran. Skulle nattvarden vara ett hedniskt påfund?"

"Ja", svarade jag, "det är den faktiskt. Under druidernas och kelternas tid i England och på Irland offrade man djur. Det talas till och med om människooffer. Djuroffret åts alltid upp efter offerritualen. Det var vad kelterna bestämde och druiderna gick motvilligt med på det för att få behålla sin makt. Offerdjuret ansågs representera själva gudomen vid offermåltiden. När man åt det inträdde man i sällskap med sina trosfränder i gudomens mystiska samfund och blev ett med guden. Vad säger du om det?"

"Stackars människor", suckade Maria Magdalena trött. "Okunnigheten sår onda frön. Men fortsätt att berätta, käre make, för vi har inte hela natten på oss."

"Jag behöver väl inte gå in på detaljer när det gäller åren vid Qumran?" fortsatte Jesus. "Det var en skola, punkt och slut. De ville behålla mig där som lärare när min studietid tog slut, men det tilltalade inte mig. Jag ville ut i världen och se mig omkring. Jag visste att mina healinggåvor var ovanliga och jag var fast besluten att använda mig av dem på bästa sätt. Det var min Fader som arbetade genom mig. Jag hade lärt mig så mycket på Qumran, esséernas gamla fina kunskaper, och nu ville jag förmedla dem och de visdomar som jag bar inom mig och som längtade efter att få brista ut i ett jubelrop som alla skulle höra. Jag ville förmedla Sanningen."

9. Jesus berättar om sina resor

"Vilken är Sanningen?" avbröt jag. Maria Magdalena tittade på mig och log.

"Sanningen finns inom dig själv", sa hon mjukt. "Den finns inom alla människor om de bara lyssnar."

"Vad menar du?" frågade jag fastän jag kunde förutsäga svaret.

"Hon menar att min Fader och jag är delar av er alla", sa Jesus. "Vi finns i var och en som söker oss. Eftersom vi är en del av er så finns alltid svaren inom er."

"Men svaren är olika", protesterade jag.

"Inte om du lyssnar ordentligt", vidhöll Jesus. "Det finns bara ett svar på varje fråga, men du kanske lyssnar på fel sätt."

"Hur ska jag veta att jag lyssnar på rätt sätt?"

"Det vet du", inföll Maria Magdalena med ett litet skratt. "Det känns i hela dig. Det är både förnuft och kärlek till sanning som samarbetar."

"Ändå blir svaren så olika ", upprepade jag. "Varför?"

"Varje människa är unik", sa Jesus. "Varje svar passar den unika människan."

"Ja, men då måste de passa olika uppfattningar och olika religioner", invände jag. "Annars blir det ändå strider om sanningen."

"Nu är vi där igen", smålog Jesus. "Sanningen ska göra er fria, inte fösa in er i en fälla. Den hör ihop med er intuition. Hur många lyssnar ordentligt på den?"

Jag funderade en stund. "Det finns något som heter tvångstankar", sa jag till sist, "som inte släpper in något annat och som kan liknas vid den blodsugande fästingen ..."

"Vi kommer bort från frågan om vi ska börja tala om avvikelser", avbröt Jesus. "I varje människa finns en del av gudomen. Den har bara ett ansikte, bara ett svar, bara en stor, djup känsla. Det är dit in människan måste nå. Det är svaret som kom bort i den tekniska utvecklingen, men som ändå är en del av varje DNA och som vilar tyst i cellens djupaste gömslen. Det är just det som måste friskas upp igen. Ni kallade mig för Fiskaren. Då ska jag lära

"

er var de bästa fiskevattnen finns, nämligen i er egen själ.”

”Stopp, nu blandar du ihop DNA och själ ...”

”Visst inte. Alltsammans hör ihop när skalet har tagits bort.”

”Vad menar du med skalet? Döden?”

”Nej, käre besökare från änglavärlden! Dina tankar har blivit till alltför snabba fåglar som drivs med vinden. Skalet är det yttre, den yttre människan som lever i samhället, engagerar sig i makt, pengar och politik, etc. Det ytliga skalet måste bort. Den tiden är kommen nu.”

”Jaha, då blir det bråk om den saken”, suckade jag. ”Sanningen måste vakna i varje individ. Var och en har sin sanning och det är hopplöst. Titta, hur det ser ut på jorden! Hur gör man för att hela mänskligheten ska hitta rätt?”

”Du intervjuar mig om mitt liv just nu, Jan. Det finns bara en Sanning om det.”

”Möter man inte många bedragare på vägen?”

”Jovisst, man måste lära sig att skilja agnarna från vetet...”

Jag avbröt honom snabbt med att fråga:

”Vem är du egentligen?”

”Den som ditt hjärta säger dig att jag är. Jag är en del av ditt innersta, en del av det som utgör din själ.”

”Vetenskapen på jorden försöker i dag att bortförklara själen.” Jag kände att jag måste gå till botten med det här. Jag tyckte att vi kom ifrån anledningen till mitt besök i Getsemane och gav oss ut på en okänd resa i fler bemärkelser. Jag kunde förnimma Lydias tysta andedräkt, men hon yttrade sig inte. Hon ville tydligen inte synas, hon ville iaktta utan att bli iakttagen.

”Där hjälper inga ord eller teorier. Själen är och förblir den starkaste faktorn i vad som är du. Och själen talar genom hjärtat. Lyssna alltså på ditt hjärta, följ dess rytm och andas in dess energier.”

”Om man måste byta hjärta då? Hjärttransplantationer lär vara vanligt på jorden numera.”

”Man kan inte byta bort den inre energin, bara förändra den. Om du till exempel byter vattenpump i ditt hus så rinner ändå samma vatten genom den nya. Du har tankens kraft också, som ingen kan förstöra. Den hör ihop med hjärtats kosmiska energi. Det gäller att få de inre förutsättningarna, de inre krafterna att samarbeta. Kan man det, så skyddar man sig själv trots att man byter hjärta. Men man måste samtidigt räkna med att nya impulser och andra energier har följt med det nya hjärtat. Men, käre Jan, nu var det bibelns sanningar som skulle skärskådas, inte människans inre.”

”Berätta då om dina resor efter studierna på Qumran”, bad jag.

”De var ganska omfattande”, smålog Jesus och klappade en vilsekommen hund, som mager och rädd närmade sig honom. Maria Magdalena letade i de rika vecken på sin klädnad och fick fram ett bröd, som hon gav hunden. Den lade sig genast nära oss och åt. Det var något i den enkla handlingen som rörde mig djupt. Kanske var det hennes ansikte som strålade av kärlek, kanske var det hennes mjuka rörelse när hon matade djuret. Kanske var det hundens tacksamma blick när han tittade på henne. Jag kände att hon var en kvinna som en man kunde dö för. Jag var stolt över att få eskortera henne på den långa resan. Jesus såg min reaktion och sa:

”Ingen människa och heller inget djur är för ringa för att omfattas av kärlek. Det var en av de kunskaper jag förde med mig från Qumran när min kosa styrdes mot Indien som första resmål (se karta sid 42).

”Jagannath ligger på östra kusten av Indien. Numera heter det Puri. Det tog mig ett år fyllt av strapatser att nå dit och därför stannade jag där ungefär ett år. Jag fick en lärare som blev min trofaste vän. Han hette Lamaas och jag lyckades övertala honom att senare resa till Palestina för att förena sig med esséerna där.

”Nästa mål var Gangesdalen. Där bodde jag en tid i Benares. Staden hade skolor som på min tid var berömda för sin höga kultur. Hinduerna var mycket skickliga på att bota sjukdomar och där lärde jag mig den helbrägdagörelse som jag sedan så ofta har utövat. Jag tyckte inte människorna hade rätt att vara sjuka. Det intresserade mig mycket varför sjukdom fanns. Var det ett straff eller en smitta eller var det medfött? Svaret har mycket att göra med hur du tänker. Tankens kraft är skapande, men det vet du säkert.

”I Benares, dit jag fortsatte min resa, lärde jag mig att undervisa och att använda liknelser och berättelser. Dock förbjöd mig hinduerna att undervisa och bad mig sluta att besöka de lägre kasterna. Jag fick faktiskt en hel del ovänner där! Hinduernas tänkesätt är i många avseenden svårt att förlika sig med. För mig är alla människor lika och jag anser att det är förfärligt fel att indela dem i kaster.

”Persien, dit jag reste sedan, var ett spännande land. Jag studerade i Persepolis och fick många vänner där. Magi var ett av mina huvudämnen, vit magi ...”

"När träffade du Maria Magdalena?" avbröt jag.

"Vi ska inte gå händelserna i förväg. Du får strax veta det. I Persien tog jag emot och grundlade meditationens principer. Jag kanaliserade - som ni kallar det - min Fader och flera höga Mästare. Jag lärde mig skilja själen från kroppen och besöka andra världar.

"Eufrat var nästa resmål. Jag reste runt och besökte flera städer i Kaldéen och i länderna mellan Eufrat och Tigris. Jag hade svårt att slita mig från Babels ruinstad, där fortfarande minnet av amfibiemänniskor fanns präntat i de grå stenblocken. Du vet väl att Babel grundlades av en amfibiemänniska, Oannes, som kom med stor skicklighet och kunskap från stjärnorna?"

"Det trodde jag var en saga", svarade jag. "Har du sett amfibier?"

"Ja, det har jag. Jag vet att de finns och att de fortfarande besöker jorden", hävdade Jesus allvarligt. "Jag tror att de kommer att behövas i en framtid som ligger långt framför den du kommer ifrån. Men det är en annan historia."

Då och då strök Jesus mig över pannan och jag såg en bild, som en hägring, av det han berättade. Det är svårt att förklara hur jag såg den, om det var inuti mig eller i luften omkring mig. Jesus fortsatte:

"Jag reste därefter till Egypten. Mitt slutmål var Heliopolis, där jag skulle utbildas för de högre graderna i Det Stora Vita Brödraskapet. Det är uppståndna Mästare som är ämnade för att leda jorden. Tyvärr har människornas fria vilja tagit över och de betraktas inte längre som läromästare. De vistas både i en annan verklighet och på jorden. De hade en av sina jordiska helgedomar i Heliopolis. Den andra finns i Tibet. I Heliopolis tillbringade jag flera år av intensiva studier men också av författarskap. Jag tyckte om att skriva och jag skrev så mycket jag hann med."

"Finns dina skrifter kvar?" frågade jag ivrigt. Han skakade på huvudet.

"Inte alla. Några var med i biblioteksbranden i Alexandria, men några ska finnas gömda på säker plats. Jag skrev gärna om symboliska handlingar. Jag genomgick invigningar i Heliopolis, som gjorde stort intryck på mig och som inspirerade mig till att skriva. Soltemplet där, som tillika var en högskola, var någonting helt magnifikt. Det var omgivet av praktfulla sfinxalléer och märkliga obelisker. Det var en inspirerande plats.

"Man kan säga att hälften av min kraft var en gudomlig,

medfödd gåva och att den andra hälften utvecklades genom studier, övningar och erfarenheter. Alla människor har den gudomliga kraften inom sig, men få utvecklar den. Jag påstod redan då för vem som ville lyssna på mig att det fanns somliga som kunde bota sjuka och uppväcka döda och att helbrägdagörelse även skulle finnas i framtiden. Sjukdom och lidande är abnorma tillstånd för människan och jag lärde ut hur kroppen skulle kunna bli befriad från lidande och sinnet komma i harmoni med den naturliga lagen. Det låter väl nästan modernt, Jan?"

"Ja, men där rök föreställningen om att du rest en del med din mor. Det finns berättat här och där."

"Faktum är att jag gjorde en resa till Alexandria med min mor innan jag började på Qumran. Då var jag tolv år och fyllde tretton våren därpå. Vi gjorde den för att förbereda mina senare studier där och i Heliopolis och för att de gamla lärarna skulle få träffa mig. De var noga med att inte undervisa de slarviga eller okunniga gossar som ville studera där av världsliga skäl - för att få en fjäder i hatten, som det heter. Men jag gjorde en resa till som du kanske inte känner till? Jag följde med min bror Josef av Arimatea till Britannien till en plats som heter Glastonbury" (se karta sid 104).

"Då är det sant", utropade jag förtjust. "Varför reste ni dit?"

"Josef var affärsman. Han handlade med metaller. Det fanns en blygruva i Mendip Hill och det var när vi besökte den som vi fick rådet att resa vidare till Glastonbury. Det var redan då en helig plats. Vi träffade en del intressanta personer där. Vid den tiden fanns det keltiska druidpräster i Glastonbury och de hade djupa kunskaper om mystik och kultur från tider långt tillbaka. De lade en grund i mig, som jag sedan utvecklade vidare på mina fortsatta resor."

"Finns det inte vissa likheter mellan esséernas trosuppfattning och druidernas?" frågade jag ivrigt.

"Jovisst, det gör det", smålog Jesus och jag tyckte nästan att jag såg en liten spjuver i hans ögon. "För egentligen finns det ju bara en Sanning, även om den utvecklas på olika sätt."

"Kan du förklara dig närmare?"

"Druiderna kallas för hedningar. De har en hednisk kultur, sägs det. Jag tycker i stället att det finns väldigt mycket kristendom hos dem. De högsta druiderna, som också kallas saronider, är invigda i den inre mystiken. Prästerna kallas för vater eller ovater. Så finns det eubager som är astrologer och skickliga spåmän. Augurerna studerar medicin, där anatomi ingår."

"Är de så avancerade?" utropade jag.

"Ja, men de är utrotningshotade", suckade Jesus. "De finns fortfarande kvar, men de kommer att försvinna mer och mer. Däremot tror jag aldrig de försvinner helt, även om de håller sig i bakgrunden. Därtill är deras lära, deras starka själ, alltför kraftfull. Men låt oss återgå till mina senare resor."

"Vill du berätta om de där invigningarna i Heliopolis, eller är de hemliga?"

"Nej, alla är inte hemliga. En tid bodde jag hos goda vänner nära klosterskolan i Heliopolis. Där skulle jag tillbringa tre månader i stillhet, bön och meditation som föregick den slutliga examen. Jag väntade mig att Brödraskapets Mästare skulle besöka mig på psykisk väg och kände mig väldigt förväntansfull. Men det blev inte riktigt som jag hade tänkt mig.

"En natt, vid midnatt, vaknade jag av att dörren till mitt rum öppnades. In klev en präst i orientalisk ämbetsskrud. Han försökte få mig att ändra mina planer. Han avrådde mig från att stanna i Egypten längre, eftersom min mission ansågs fientlig mot Egyptens prästerskap. Det fanns planer på att döda mig eller sätta mig i fängelse. Prästen erbjöd mig olika flyktvägar ut ur Egypten så att jag kunde återvända till Palestina. Jag svarade honom att jag visst inte tänkte sälja min själ för min kropps säkerhet. Jag visste vilken mission jag hade kommit till jorden för och jag tänkte förbli sann mot min Fader. Prästen tittade egendomligt på mig och smet sedan ut lika tyst som han kommit.

"Dagen därpå kallades jag inför Brödraskapets representanter i klostret. Hierofanten, som den högste översteprästen kallades, lade vänligt sin hand på mitt huvud och gav mig en remsa på vilken det stod 'Uppriktighet'. Det betydde att Brödraskapet uppskattade att jag inte hade givit efter för frestelsen att fly från alltihop.

"Några veckor senare fick jag besök av en främling som berättade något mycket intressant. Han påstod att han hade genomgått precis samma utbildning som jag och att han hade genomlidit prövningar och fientlighet från Egyptens prästerskap, men han hade ändå stannat för att fullfölja sin mission. När han hade kommit så långt att han fick delta i hemliga sammanträden och ceremonier blev han chockad. Deras riter var ren djävulsdyrkan, de hade offerfester där de dödade oskyldiga barn och unga kvinnor och brände dem som offer åt falska gudar. Han hade lyckligen undkommit dem och uppmanade mig att fly innan det var för sent.

Jag kände mig harmsen och arg och sa åt honom att han var en förrädare och att jag inte tänkte lyssna till sådana villfarelser.

"Nästa dag fördes jag inför hierofanten och fick åter en remsa på vilken det stod 'Rättvisa'. Detta var min andra invigning. Det dröjde en månad innan jag upplevde det tredje provet.

"Jag satt i helgedomen och mediterade när en präst kom fram till mig. Han berömde mig och talade om hur uppskattad jag var som lärare och helbrägdagörare och hur viktig min uppgift var. Han påstod att jag borde lämna klostret i Heliopolis och organisera ett prästerskap för egen räkning, som skulle överträffa alla andra och ge mig rikedom, ära och obegränsad makt.

"Det var en verklig utmaning. Men när jag lyssnade till rösten i mitt inre förkunnade den i klara ordalag att jag måste följa den mission som min himmelske Fader givit mig. Jag tackade prästen för att denne uppväckt en strid inom mig, men min uppgift var att tjäna och tro, inte eftersträva rikedom och makt.

"Än en gång kallades jag till hierofanten och på den remsa han gav mig stod det "Tro". Jag hade genomgått de tre första invigningsgraderna. De återstående är hemliga, men dem klarade jag också av och hedrades med titeln 'Mästare'. Vill du att jag ska berätta om den sista invigningen, som försiggick i Cheopspyramiden?"

"Ja tack", sa jag förtjust. Ett försiktigt gnäggande kom från ingenstans och jag förstod att Lydia var lika förtjust som jag.

"Du har sällskap!" utropade Jesus leende. "Säg åt din följeslagare att träda fram. Jag förmodar att det är ytterligare en ängel? Änglar är välkomna här."

Sakta tonade Lydia fram. Maria Magdalena reste sig upp och gav henne en kram.

"Stanna nu synlig tillsammans med oss", bad hon. "Jag förstår att du är något slags skydd för Jan. Du är välkommen att följa med på vår resa."

Lydia suckade av lättnad. Det kanske inte alltid var så roligt att vara osynlig och inte få prata, tänkte jag. Min följeslagerska satte sig bredvid mig, mitt emot Maria Magdalena. De två fann tydligen varandra genast.

"Jag hoppas ni känner till Sfinxen", började Jesus. "Mellan hans väldiga framtassar finns en hemlig passage. Tassarna vilar på en hög grundval och i mitten finns en liten gård med ett altare. Bakom altaret, nedanför Sfinxens bröst, finns en gömd dörr som öppnas med en hemlig kod. Därifrån kommer man in i en lång underjordisk gång under sanden och under Sfinxen. Den utmynnar i ett stort mottagningsrum under marken som omger Cheopspyramiden.

"Vid midnatt fördes jag till detta rum. Därifrån ledde en gång upp inuti pyramiden och det fanns en liten kammare på varje nivå. Slutceremonin skedde i en sådan kammare, ungefär mitt i pyramiden. Man hade klätt mig i en purpurfärgad mantel och när jag kom in i kammaren trycktes ett kungligt diadem på mitt huvud. Jag är inte mycket för sådan prakt men var förstås tvungen att uthärda den, eftersom det hela var symboliskt. Rummet var upplyst av vaxljus och facklor. En vit duva svävade ner från ljuset och satte sig på mitt huvud. Det kändes underbart.

"Hierofanten, som satt vid ett stenbord, reste sig upp när klockor började ringa. 'Detta är Jesus Kristus!' utropade han och därefter hyllades jag som inkarnationen av Ordet, eller det levande Logos. Därefter fördes jag tillbaka ner till det stora rummet där Herrens nattvard, sådan jag förklarat den för dig, hölls som symbolisk fest. Alla prästerna ifrån tempelskolan var närvarande. Det var utomordentligt högtidligt. Jag kan inte redogöra för vad mer som sades, det är hemligt. Men nu var jag redo för min heliga mission."

"Hur kom du tillbaka till Palestina?" undrade jag. "Hur började din mission?"

"Änglajournalisten är i full gång", skrattade Lydia och drog med sig Maria Magdalena i skrattet. Jesus smålog.

"Det gick regelbunden båttrafik mellan Egypten och Palestina", sa han. "Min mission började egentligen med Dopet."

10. Jesus upptäcker Maria Magdalena

"Johannes Döparen, min älskade kusin, hade kommit till Palestina för en bestämd uppgift. Han var en vandrande själ, han förkunnade och döpte vart han kom. Han hade förändrats från den prydlige studenten i Qumran till en eldsjäl, klädd i en mantel av kamelhår. Kamelhår är symbolen för ödmjukhet. Han hade en avsikt med att komma hit och den beslöt han sig för att förverkliga i Jordandalen.

"Där fanns en sjö som kallades för Ensamhetens sjö, där esséerna ursprungligen hade hållit sina ceremonier och grundat sina samhällen. Johannes förberedde folket på ankomsten av Messias. Det anordnades läger runt sjön och folk väntade på att Frälsaren skulle infinna sig. Stränderna kring sjön var skrovliga och ganska ogästvänliga efter vulkanutbrott, men vad gjorde det när Frälsaren skulle komma? Johannes fordrade att alla som kände sig värdiga pånyttfödelse och återlösning skulle låta sig döpas i sjöns vatten. Hans tordönsstämma ljöd i den stillastående luften och nådde alla förväntansfulla, skälvande hjärtan.

"Jag hade ingen aning om vad han förberedde. Det enda jag ville var att återförenas med min käre barndomsvän och släkting. Jag hade klätt mig så oansenligt som möjligt, i en grå mantel som jag svepte om både kroppen och huvudet när jag smög mig genom skarorna på stranden. Johannes stod i vattnet nära stranden och förkunnade. När han fick syn på mig betedde han sig synnerligen egendomligt. Normalt sett skulle vi ha omfamnat varandra och kysst varandra på båda kinderna. Johannes hälsade mig som Kristus, inte som vännen Jesus. Han befallde mig att underkasta mig dopet, så jag vadade fram till honom. I det ögonblicket hade solens strålar nått fram till just den plats där vi stod och omslöt oss med sitt strålande ljus. Johannes uttalade dopets heliga sakrament. Därefter råkade jag vända mig om. Det var som om en osynlig kraft tvingade mig att göra det, jag kände att någon fanns där. Min blick mötte en smärt, vacker ung flicka med långt, rödskimrande hår. Hon stod närmast oss uppe på stranden och höll i en stor, vit duva. Utan ett ord kastade hon med en mjuk rörelse duvan mot mig. Den satte sig på min skuldra medan jag stod kvar och tittade på den unga kvinnan. Solen lyste på henne också, hon hade som en gloria kring håret och hon smålog mot mig. Du förstår väl vem det var?"

Jag nickade och tittade på Maria Magdalena. Hon skrattade och sa:

"Som jag hade tränat den duvan! Jag var så rädd att den skulle sätta sig på fel axel, men det gjorde den inte. Tankens kraft är förunderlig och den är mycket verksam på djuren."

"För mig var dopet alltså en dubbel upplevelse", smålog Jesus. "Jag upplevde för första gången både den mänskliga kärlekens brinnande låga och den Helige Andes inträde i min själ. Det står nog ingenting om det i er bibel!"

Lydia och jag fick oss ett gott skratt och det var skönt att slippa högtidligheten och strängheten i bibelns skildring av Jesus. Det var skönt att människan hade en så framträdande plats även vid vår tideräknings första skede.

"Hur gick det med dina fyrtio dagar i öknen som skulle ske efter dopet?" frågade jag.

"Ta det inte så bokstavligt", svarade Jesus. "Jag satt inte fyrtio dagar i öknen. Det är bara ett symboliskt talesätt. Det är faktiskt ett gammalt bruk hos esséerna i Brödraskapet att använda talet fyrtio. Det har tydligen slunkit med i bibeln. Jag drog mig undan människorna och mediterade på en lugn plats under några veckor. Det behövde jag efter de hårda studierna och de långa resorna. Jag måste samla mig inför min stora uppgift: att helbrägdagöra och att förkunna, precis som min kusin Johannes. Men jag kunde inte glömma kvinnan med duvan. Jag hade sett människor jag kände i hennes närhet, så jag kunde ta reda på hennes namn. Jag ville veta hur hon hade kommit på idén med duvan, så jag sökte upp henne." Här tystnade Jesus och gjorde en gest åt Maria Magdalena att fortsätta.

"Jag kände till Jesus mycket tidigare än han visste om mig", smålog hon. "Jag visste när han kom tillbaka från Egypten. Jag var vän med Marta och Maria och när man kom till dem slutade de aldrig tala om Jesus. Hans mor kände jag också och hon fick ofta brev från sin son, även om postgången var dålig. Från Alexandria gick det väl an, då följde posten med båtarna. Innehållet i hans brev, som Maria lyckligt läste upp för vem som ville höra, grep tag om mig med järnhänder. Jag visste att jag måste få träffa honom. Jag älskade honom långt innan jag hade sett honom. Duvan lärde jag upp på lek, i förhoppning om att kunna använda den när Jesus döptes. Ryktet gick att Johannes Döparen skulle döpa den hemkomne Jesus just denna dag och jag skyndade med min duva i famnen till Ensamhetens sjö. Resten berättade min make.”

”Sedan dröjde det inte länge innan jag friade”, fortsatte Jesus och tog sin hustrus hand. ”Vi hade ett hemligt bröllop, endast våra allra närmaste var närvarande vid vigseln och det ordnades inga stora festligheter som brukligt är. Vi ville ha det så.

”Har du läst min Bergspredikan? En stor del av den är faktiskt riktig, även om evangelierna tolkar den olika. Där var det fyra viktiga ord jag lärde ut: ödmjukhet, omsorg om andra, hjärtats inre godhet och att leva rättfärdigt. Det var ett budskap som åtminstone min hustru och jag ville leva efter.” ”Kan du inte berätta om alla dina mirakel?” frågade jag. ”Skedde de som det står i bibeln?”

”Inte mycket skedde som det står i bibeln”, svarade Jesus allvarligt. ”Om du menar mina övernaturliga så kallade underverk, så vet jag inte vad jag ska svara. Vissa helbrägdagörelser sträckte sig ofta utanför naturlagarnas gränser, men alla lagar är för mig gudomliga, och helandet har jag ju fått omsorgsfull, mångårig undervisning och träning i. Jag använde helt enkelt mitt gudsmedvetande. Om man betraktar sjukdom och lidande som något abnormt för människokroppen så kan man också lära sig att ta bort det, förutsatt att man använder sig av de kosmiska lagarna.”

”Hur var det med brödet och fiskarna som du mångfaldigade?” frågade jag. ”Kan du trolla fram matvaror bara så där?” Jesus smålog igen.

”Nej”, svarade han. ”Allt det där är påhitt och överdrifter. Du anar inte så många påhitt om mig det smugit sig in i er bibel. Jag kan ’precipitera’, det vill säga ta fram något ur till synes tomma luften. Men jag gör det inte annat än i nödfall, vid stort behov. Det som beskrivs i er bibel är däremot en akt av trolleri som fyller mig med avsmak. Varför skulle jag trolla fram all den maten? Om jag hade gjort det så hade det visat på en självhävdelse och skrytsamhet hos mig som ingalunda var trevlig och inte stämde med mina gyllene regler.

”Talet om brödet och fiskarna var enbart symboliskt, men en liten händelse gjorde det mer realistiskt. Ett litet barn kom fram till mig med sin matsäck som bestod av fisk och bröd. ’Här har du’, sa han. ’Du får gärna smaka ifall du är hungrig.’ Då fick jag en bra idé. Jag bad alla som hade med sig mat att dela med sig till dem som inte hade någon matsäck. På så vis blev alla bespisade och det var pojkens bröd och fiskar som var anledningen till att det fungerade.”

Jag häpnade. "Är ... är det fler saker som står i bibeln som du inte har gjort?" stammade jag.

Jesus skrattade till. "Ja, det vill jag lova. Fråga mig i stället vad jag verkligen har utfört av det som står i er bibel!"

"De tolv lärjungarna, var det båg, det också?"

Nu var jag uppriktigt förskräckt.

"Jag vet inte vad du menar med 'båg', men jag hade många fler lärjungar, både män och kvinnor. Maria Magdalena var en av dem, samtidigt som hon själv undervisade. Hon fanns med hela tiden. Ingen hade anledning att vara svartsjuk, eftersom alla män som stod under judisk lag måste gifta sig vid en viss ålder. De flesta av mina lärjungar var gifta, både Petrus, Markus, Matteus, Simon och Johannes. Tomas gifte sig ung och blev änkeman ung. Han var en trofast lärjunge ända till korsfästelsen, men sedan följde han min namne, Jesus eller Issa."

"Så du menar att ert giftermål inte nämns i bibeln fastän det var straffbart för en man att inte vara gift?" avbröt jag. "Var biskoparna i Nicaea kvinnohatare allihop?"

"Förmodligen", medgav Jesus torrt. "Ni är grundlurade, hela kristenheten är grundlurad och det är inte mitt fel. Dessa biskopar var inte ett dugg bättre än Mohammed på att nedvärdera kvinnor. Jag tror på sätt och vis att människor lurar sig själva genom att tro på det som de vill tro på. Jag förkunnade inte till förmån för kristendom, kyrkor och präster. Jag förkunnade det som jag funnit vara bra i alla de olika läror och kunskaper jag inhämtat sedan jag var pojke. Det var inte menat att predikas i en kyrka. Kyrkan och kristendomen är inte jag, det är prästernas påhitt."

"Gamla Testamentet då?"

"Det står jag gärna över. Det finns sanna händelser i det historiskt sett, men den Gud det talas om där känner inte jag. Min Fader i himlen är barmhärtig och kärleksfull."

"Då fortsätter vi med dina mirakel. Hade du rätt att uppväcka Lazarus från de döda?"

"Du måste förstå att folket på min tid var fulla av vidskepelse. Om en person låg orörlig och till synes utan andning så var han död. Lazarus var inte död. Det där med förruttnelsen är överdrift, det blev kryddan i den osanna berättelsen. Lazarus låg i koma. Man misstog sig ofta på koma och död på den tiden. Många blev begravda levande när inte en utbildad läkare eller läkekunnig person fanns att tillgå. Jag visste vilken sjukdom Lazarus bar på och jag kunde väcka honom ur medvetslösheten med hjälp av helbrägdagörelse. Bibelskrivarna använde sig av detta eftersom de visste att folks vidskepelse skulle trissa upp det till något övernaturligt."

"Så Maria Magdalena följde dig på dina vandringar? Var hon med när du gick på vattnet? Hur åstadkom du det?"

"Ja, Magdalena var med på de flesta vandringarna, inte på alla. Och jag måste erkänna att jag faktiskt gick några steg på vattenytan. Högtstående magiker i Indien kan sådana saker och av dem lärde jag mig en hel del magiska ting. Det är helt enkelt ett tankefenomen. Vem som helst som verkligen vill, och kan koncentrera sina tankar, kan gå på vattnet. Ytterligare ett så kallat mirakel, eller hur?"

Jag nickade. Men jag ville veta mera.

"Man har funnit Thomasevangeliet. Där står det på ett ställe att den mullige mansgrisen Simon Petrus ville ha bort Maria Magdalena från lärjungeskaran. Då svarade du enligt Thomas att du skulle göra henne till man. Vad menar du med det?"

"Jag menar att era översättningar är fullkomligt åt skogen! Varför skulle jag vilja göra min älskade hustru till man? Jag vill minnas att jag svarade något sånt här: 'Om kvinnor var män skulle det inte finnas några kvinnor. De utgör en del av helheten och deras uppgift är inte bara att föda barn och sköta hushåll, utan även att komplettera det manliga som inte skulle kunna existera utan det kvinnliga. En värld av bara män skulle vara en död värld.' Jag sa åt lärjungarna att respektera sina kvinnor och även uppskatta deras sätt att tänka. Att vara Guds tjänare innebär inte att nedvärdera kvinnor. Det var verkligen dumt att resonera som de gjorde. När det gäller min hustru så är hon inte bara vacker och intelligent, utan även en utomordentligt skicklig helbrägdagörerska. Hon har hela tiden arbetat vid min sida, men folket räknar henne inte eftersom hon är kvinna. Hon arbetar inte med magi, men hon botar väldigt många människor. Utan henne hade jag aldrig klarat min svåra uppgift, och jag tror att hon gick ner till jorden för att bli min maka."

"Ska vi övergå direkt till din oro för de kommande dagarna eller vill du säga något annat innan?"

"Vår tid är begränsad. Jag tycker jag har sagt det som bör sägas om mitt liv hitintills. Vi kan därför hoppa över allt det som står i bibeln om tiden innan de fängslade mig. Maria Magdalena och jag var verksamma och arbetade varje dag tillsammans, från solens uppgång till dess nedgång. Hon vill stanna kvar här nu och stötta mig i de svårigheter som ska komma, men det tillåter jag inte. Ta väl hand om henne Jan, och se till att vårt barn föds under goda omständigheter."

Änglar har inte armbandsklockor men jag förstod att tiden var inne för oss att lämna Getsemane och gå den långa vägen till hamnen. Änglar har heller inget bagage, men det hade Maria Magdalena. Två unga män, förmodligen lärjungar, följde med oss och bar bagaget. Åsnorna väntade på oss utanför örtagården. Lydia tog Marias arm och såg till att hon inte snavade i det tilltagande mörkret.

11. Jesus och månglarna i templet

"Det finns någonting som jag bra gärna skulle vilja se, när jag ändå söker Sanningen", sa jag när jag träffade Kualli igen. "Jag undrar om bibeln skildrar Jesus sanningsenligt när han blir arg på månglarna utanför templet i Jerusalem? Jag trodde att han var mildheten och ödmjukheten själv."

"Det hände nog att det ilskna humöret tog överhanden när han blev vittne till orättvisor", småskrattade Kualli. "Jag skickar väl dit dig nu då, som ett sällsamt mellanspel!"

Lydia var inte sen att fatta tag i min hand och vi gled in i den vanliga dimman. Så kom det sig att vi plötsligt stod i hjärtat av Jerusalem, på torget framför det stora Templet. Jag var iförd min vanliga munkkåpa och Lydia hade en färggrann klänning, hopsydd av bitar i olika färger som stämde väl överens med varandra. Varifrån fick hon sina olika kläder? Hon läste väl mina tankar för hon skrattade. Vi var materialiserade den här gången också.

"Jag skapar med tankarna", sa hon och satte på sig en grågrön schal som hon burit under armen. "Här är det bäst att man smälter in i mängden. Se dig omkring, Janne!"

Torget var ofantligt och människorna trängdes och knuffades. Det var någonting man fick vänja sig vid i det här landet, tänkte jag. Doften av svett och rök och aromatiska oljor blev nästan till en stank i vimlet. Tempelingången syntes mellan pelarna och den kantades av månglare av olika slag. Där fanns duvförsäljare, penningväxlare och lite längre in i förgården fanns offerdjuren. Lydia nöp mig hårt i armen och jag vände mig argt om. Där kom Jesus, åtföljd av en hel massa lärjungar. Han banade sig väg mellan människorna, som vek undan för honom. Hans ansikte uttryckte en våldsam vrede och hans armar var uppsträckta. I dem höll han både gissel och rep.

Jesus gick raka vägen fram till duvförsäljarna och slog sönder lådorna med fåglar, så att de förskräckta duvorna flög åt olika håll. Därefter slog han omkull penningväxlarnas bord och bankade överallt där han kom åt. Floder av mynt for i marken och de förfärade månglarna sprang iväg åt olika håll. Tiggarbarnen var inte sena att roffa åt sig. Allt gick mycket fort. Jesus skrek:

"Duvorna förorenar min Faders hus! Ni har gjort bönehuset till en rövarkula!" Han slog och fäktade omkring sig som den värsta krigare. Det var hans krig. Hans krig mot mammon och mot saknaden av respekt för det gudomliga. Men jag kommer aldrig att glömma hans ansiktsuttryck i den stunden. Ett vackert ansikte förvridet av vrede är inte längre vackert. Ändå lyste det förklarat eftersom uppsåtet var grundat på rättvisa och renhet.

"På Mose stol sitter fariséerna och de skriftlärde!" ropade han och ställde sig framför templet, medan prästerna skyndade till därinifrån för att lyssna till vad den besvärlige upprorsmakaren hade att säga innan de började stena honom. Det var inte första gången de stenade honom, fick jag höra senare. Men han lyckades alltid klara sig utan en enda skråma.

"Ve er, skriftlärda och fariséer!" fortsatte han. "Ni skrymtare äter upp änkornas hus samtidigt som ni låtsas be i templet. Utvändigt är ni klädda i vackra kläder, men i edra hjärtan finns bara vällust, hyckleri och avskyvärda missgärningar. Ve er, ni skriftlärde, ni skrymtare som ger tionde av mynta, dill och kummin, men utesluter det viktigaste i lagen, nämligen kärleken, barmhärtigheten och tron. Ni silar myggor och sväljer kameler! Ni huggormars avföda, hur ska ni kunna undfly helvetets dom?"

Han såg sig sedan omkring och tillade med lugnare röst: "Jerusalem, Jerusalem du grymma stad som dödar profeterna och stenar de heliga män som beträder dina gator. Hör upp! Den som tror på mig tror på Gud som sände mig för att utföra hans vilja. Den som ser mig nu skådar min Fader: Gud. Vandra i ljuset medan det finns hos er, så att alla förstår att ni är ljusets barn. Mörkret kommer, då måste ni vara redo att finna vägen. Jag har inte kommit för att döma världen utan för att frälsa den ..."

Medan han sa detta började stenarna hagla mot honom, men då var han försvunnen. Hur vi än tittade fanns han ingenstans. Hade han krupit in bland sina lärjungar och forslats iväg genom mängden eller hade han använt sig av magi? Jag trodde nog det senaste.

"Jesus lärde sig väldigt mycket i Tibet", berättade Lydia när vi banat oss väg till en liten lund en bit därifrån. "Vet du om att det vi kallar för hans Bergspredikan och som är vida berömd, till stor del är hämtad ur den buddhistiska etiken?"

Jag skakade förvånat på huvudet.

"Han har alltså knyckt materialet från buddhisterna?" frågade jag helt respektlöst.

"Ja!" Lydia nickade så att lockarna for fram över pannan och hon såg ut som en liten flicka. "Jesus blev hos buddhisterna en 'bodhisattva', dvs. en kandidat till buddhaskapet."

"Hur vet du det?" sköt jag iväg som en pil.

"Jag är religionsforskare, Janne", smålog hon. "Jag vet en hel del och just den där biten intresserade mig. Vi har egentligen i den så kallade kristendomen en förskräcklig massa material från buddhisterna. Det trodde du inte, va'? Jag är inte säker på att 'vanligt folk' accepterar det, men så är det."

"Jesus talade om skärseld och helvete", sa jag fundersamt. "Kommer det också ursprungligen från buddhisterna?" Nickandet upprepades.

"Ja, men mer än så. Det är en urgammal, ursprunglig lära som funnits från livets början. Jesus kommer inte med några nyheter. Han kommer med omskrivna nyheter, Janne!"

"Vad menar du?" Vreden steg upp i mig. Jag gillade Jesus. Det här var mer än jag kunde tåla. "Menar du att han är en bluff?" Lydia smekte min kind.

"Visst inte. Jag försöker bara förklara för dig att intet är nytt under solen. Skärseldstraditionerna till exempel vittnar om en tro som en gång varit världsomspännande och troligen äldre än de äldsta kända skriftliga vittnesbörden från Babylon och Egypten. Samma sak gäller för återfödelseläran."

"Själavandringen, är den från Buddha?"

"Du menar att en människa skulle kunna födas som ett djur i nästa liv? Nej, det kommer absolut inte från Buddha och inte heller från den ursprungliga kristendomen ... eller vad vi ska kalla den som uppstod långt före vår kristendom. Ett mänskligt livsflöde är alltid statt i utveckling. Det är en av Buddhas viktigaste teser. Hos egyptierna förblev tillståndet efter döden orörligt under tretusen år, men det ska vi inte gå in på nu. Jag blir så vältalig när jag kommer in på min mammas gata: religionsforskning. Du måste stoppa mig, annars börjar jag prata om Platons verk *Staten* och vad de grekiska hjältarna gjorde efter döden, när de själva valde vilka kroppar de ville in i. De fick välja både djur och människor."

"Bevare oss väl, sluta!" skrattade jag." Det här handlar om Jesus. Nu har han väl gjort sig ordentligt omöjlig här?"

"Scenen vi upplevde nyss skedde ganska nära den dag då han greps i Getsemane", svarade Lydia. "Hans vrede var nog väldigt blandad. Han visste att han skulle fängslas och förmodligen korsfästas. Han öste ut sin vrede över judarna som ville honom så illa. Han uppträdde väldigt mänskligt!"

"Skönt!" suckade jag. "Ska vi åka hem nu?" Jag visste inte varför, men djupt i mitt hjärta spred sorgen sin svarta slöja. Vi hade bestämt oss för att närvara vid korsfästelsen.

12. Nattvarden och Graalens funktion

"Nattvarden, kyrkornas publikdragare, och målad av många stora konstnärer, är omstridd och omdiskuterad, och man undrar om det verkligen var Jesu sista måltid med de sina." Det var jag som funderade högt medan jag undrade vart nästa resa genom titthålen skulle bära hän.

"Det var rätt tänkt, Jan", kvittrade Lydias glada stämma. "Vi måste ta oss en titt på nattvarden. Man undrar om Graalen i det sammanhanget."

"Graalen är fortfarande en familjeklenod ", muttrade jag. "Den användes säkert vid just det tillfället. Jag undrar om alla drack ur den och om Josef av Arimatea verkligen hällde blod i den från Jesus när han hängde livlös på korset."

"Det gjorde han visst inte", utropade Lydia. "Då kunde ju Jesus ha dött. Det är ett påhitt av biskoparna i Nicaea. Du ska själv få se!"

Hon hade bråttom nu. Lydia formligen skuffade iväg mig genom sfärerna. Det betyder att vi båda blundade och inte visste av någonting förrän vi var på plats.

Änglafötterna hamnade i något som liknade en sämre barlokal. Det var ett ganska mörkt rum med ett långbord dukat i ena änden. Det fanns flera mindre bord där det satt gäster.

"Det här är ett esseiskt värdshus", viskade Lydia och vinkade åt mig att ta plats vid ett bord nära en sprakande eld i en öppen spis och även nära det långa bordet. Vi fick tydligen vara synliga under den här titten, eftersom det hårda jordgolvet kändes kyligt under fötterna och bordsytan verkade ytterst väl använd. Jag stirrade på det långa bordet. Jag tänkte på da Vincis målning och på andra målningar av nattvarden. Den här liknade dem inte på annat sätt än att det satt en hel del personer, många fler än tolv, runt bordet. Jag räknade till tjugotre, men de gick och rörde sig hela tiden, så det var nästan omöjligt att få grepp om situationen.

Jesus satt i mitten och på hans högra sida satt hans väna hustru Maria Magdalena. Den här måltiden måste ha ägt rum just innan jag träffade dem båda i Getsemane örtagård. Jag såg Maria från Betania och hennes syskon med ryggarna vända mot oss. Jag kunde namnge de flesta av apostlarna, men det var svårt att skilja på de båda Judas. Dels var de så lika till utseendet, mörka med skägg och brunögda båda två, dels satt de nära varandra och samtalade ivrigt.

"Kan du se Graalen?" viskade Lydia. Jag nickade. Jesus och Maria Magdalena drack just en klunk var ur den. Det verkade som om de delade på den bägaren. De andra hade små muggar framför sig. Det var inte så konstigt, det skulle ha tagit för lång tid om Graalen varje gång skulle ha gått laget runt, tänkte jag. Det var så pass mörkt i rummet att Graalens enastående skönhet inte syntes. Nu ryckte Petrus - den store mannen med ljusbrunt hår och kalla blå ögon - Graalen ur Maria Magdalenas hand och tog en klunk. Jesus observerade detta och såg inte glad ut. Han sträckte sig efter Graalen och knackade med knytnäven i bordet. Sorlet tystnade och han bad att få påfyllning av vinet. En tjänande ande, kanske också en lärjunge, kom skyndande med ett stort lerkrus. Tydligen hade Petrus tagit en redig klunk.

"Det här är vår sista måltid", sa Jesus och såg sig omkring. Den unge mannen på hans vänstra sida började snyfta och lutade sig mot Jesus axel. Maria Magdalena sträckte sig bakåt och tog Johannes hand. Det var fortfarande tyst.

Det mörka rummet, upplyst endast av elden och några enstaka oljelampor, föreföll för ett ögonblick som Hades, dödsrikets svarta ingång. Ljusen verkade blekna och människorna tryckte sig intill varandra för att få tröst. Ondskan hade inte tillträde, men den stod på lur någonstans utanför, för att få tränga igenom ljusets budbärare, ljusets sanna förkunnare. Eldslågornas återsken lekte på träpelarna som höll upp taket. Mellan takbjälkarna hördes ett fladder av osynliga vingar, kanske från fladdermöss eller bara småfåglar som sökt skydd där. Tystnaden lekte tafatt med mörkret och ovissheten.

"Jag kommer alltid att finnas hos var och en av er som förkunnar kärlekens evangelium", fortsatte Jesus och höjde Graalen. "Låt denna bägare gå runt bland alla dem som inser att mitt kött är mycket mindre viktigt än min ande och att min ande, som alla era andar, har evigt liv."

Graalen vandrade runt. Den fylldes på och fortsatte att gå runt i hela salen. (Vi drack också av den när vi nu i alla fall var materialiserade.) På bordet låg många bröd och fat med torkat fårkött, fårost, honungskakor och grönsaker av olika slag. Jesus tog upp ett stort bröd, bröt en bit av det och sa:

"Ät en bit bröd av den heliga föda som gives er av Faderns

oändliga nåd. Det är han som först ser till att brödet kommer på ert bord, inte ni." Han gav det åt Johannes som bröt en bit och lät det gå vidare. Det gick åt fler bröd, men Jesus välsignade dem först.

Så här hade jag inte föreställt mig Nattvarden. Man har fått så inpräntat det där med "min lekamen" osv. Jag har alltid känt mig smått kannibalisk när prästen utdelat nattvarden på det "kristna" viset. Därför slutade jag ta nattvarden vid ganska unga år. Sanningen var alltså inte alls som det står i bibeln. Det kändes faktiskt skönt. (När brödet dansade iväg till de små borden tog Lydia och jag var sin stor bit för att känna att det var bröd och inte lekamen.)

Stämningen hade på något sätt blivit dyster. Vi såg att lärjungarna ivrigt pratade med Jesus och att Maria Magdalena på ena sidan och Johannes på den andra satt tätt intill honom med hans armar omkring sig. Alla ville ha tröst. Ingen ville nämna ordet svek eller korsfästelse eller annat straff. Men Jesus var tröstaren, ingen annan åtog sig den saken. Han tröstade och gav mod, han till och med skämtade med några förtvivlade lärjungar. Maria från Betania satt med huvudet gömt mellan armarna. Marta hade lagt armen om henne. Endast en av lärjungarna smet ut därifrån. Det kunde tolkas som en sorgeyttring. Jag såg att det var en av de två Judaslärjungarna, men jag var ur stånd att säga vilken.

Den dova stämningen lättades inte upp av att flera av lärjungarna drack mer vin än de skulle. Graalen stod mellan Jesus och hans hustru. Plötsligt gav han henne den. Han vände upp och ner på den för att understryka att den var tom. Jag hörde vad han sa till Maria Magdalena, som förskräckt stoppade in bägaren i sin veckrika klädnad.

"Se till att den kommer till den plats som vi har talat om", sa han bara och kysste henne på kinden. Hon nickade tårögd och grep ett hårt tag om hans hand och förde den till sitt hjärta. Jag visste inte då att hon var gravid.

Nattvarden hade blivit den sista måltiden på ett lite annat sätt än vi väntat oss. Samtidigt var jag glad åt det. Den förtätade stämning vi upplevde där finns i alla målningar av denna sorgliga måltid. Kanske borde den ha varit glad. Jesus var ju på väg till ett nytt liv. Alla trodde att han skulle dö, endast de nära och kära visste bättre - eller hoppades.

Men det var med mycket blandade känslor vi återvände till Änglariket. Det känns aldrig riktigt bra att bli lurad, även om det ger ett positivt resultat. Lurade har vi blivit, grundlurade i tvåtusen år.

13. Korsfästelsen

Jag manglades som ett stycke linnetyg mellan människor som stretade uppför en backe. Högst upp fanns två kors där två människokroppar var uppspikade. Det fanns plats för ett till i mitten. Jag begrep att den här resan fört mig till Golgata och jag kände mig inte särskilt upprymd inför det jag skulle komma att bevittna. Viskningar susade först och steg sen till ett crescendo av röster, förtvivlade och triumferande, anklagande och sörjande. Jag sveptes åt sidan med folkhopen omkring mig. Man banade väg för något ... för någon. Återigen var munkkåpan till nytta för mig. Man lät mig passera närmare det dystra tåget som nalkades nerifrån staden. I täten gick Jesus och han bar på sitt kors. Det var tungt och svårt och svettpärlorna rann tätt över hans panna. Jag såg att han var slagen och blodig och att den glade unge mannen från några kvällar tidigare var borta. I stället fanns sorg och svårmod i de vackra ögonen.

Jag orkade inte vara åskådare längre. Jag skyndade mig fram till Jesus, tog tag i bakre delen av korset och lyfte det så gott jag kunde. Då kom en man fram och hjälpte till. Han talade om att han hette Simon från Kyrene och att han gripits av vördnad och stort medlidande inför den som kallades Messias. Tillsammans bar vi korset så att Jesu börda betydligt underlättades. Jag hörde en bekant röst:

”Det är bra att du hjälper till, men det ingår inte i bibliska historien!” Det fnitter som följde på den meningen kom otvetydigt från min vän Lydia. Vi hade då hunnit fram till den plats, där korsfästelsen skulle ske. Först skulle korset resas. Under tiden satte man Jesus på en kort påle som stod framför korset. Simon och jag stödde honom, men då kom en vakt och körde oss därifrån. Jag vill förskona läsaren det som sedan skedde, men då var Jesus på väg in i en dvala. Han vaknade till en gång sedan korset var rest och uttalade de berömda orden:

”Eli, eli, lama sabachtani!” Meningen har översatts med ”Fader, Fader varför har du övergivit mig?” Det är fullkomligt fel. På de egyptiska faraonernas hemliga språk betyder dessa ord tvärtom: ”Herre, Herre, du gör mig fri.” Jag tillåter mig att tvivla på att Jesus, så väl bevandrad i både språk och vit magi kan ha beskyllt sin älskade Fader för att ha blivit övergiven. Det stämmer inte alls med den Jesus jag hade fått erfara.

Jag var här för att med egna ögon uppleva Sanningen och hoppades att jag skulle få stanna längre på den här resan, även om det kändes smärtsamt att se denne man lida på korset. Hans mor Maria och Maria från Betania, syster till Marta och Lazarus, knäböjde vid korset. De grät. Jag funderade på om de visste att han skulle överleva eller om de var säkra på att han dog. Jag vet inte hur lång tid som förflöt. Simon från Kyrene stod vid min sida och jag kände Lydias osynliga hand i min. När jag öppnade ögonen var man i färd med att ta ner Jesus från korset. Han visade inga tecken på liv. Människorna hade skingrats, vi var inte många som stannat kvar. Jag såg inget spår av apostlarna, endast hans mor, Maria från Betania och en ung man, förmodligen Johannes, syntes vid korset. De schasades bort av knektarna under högljudda protester.

Jag tänkte i mitt stilla sinne att Maria från Betania var den tredje kvinnan i Jesu liv. Hon sörjde både sin Mästare och mannen hon älskade utan att den fysiska kärleken var besvarad. Jag tyckte att jag ideligen mötte det mänskliga i den här tiden, de energier som bibeln är i avsaknad av. Det var skönt att dessa bibliska gestalter fick liv på ett sätt som aldrig har försvunnit: kärlek, värme, glädje, uppriktighet och även förtvivlan och desperation. Det sistnämnda tyckte jag mig utläsa i Maria från Betanias vackra ansikte. Hon såg desperat ut och snyftade hela tiden. Hon anade säkert inte att Jesus fortfarande levde. Det anade jag inte heller förrän jag såg det med egna ögon.

En högrest man som utstrålade pondus gick fram till knektarna, som satt och spelade tärning om de få klädespersedlar Jesus hade burit. Jag förstod att det var en myndighetsperson och jag fick senare veta att det var Josef av Arimatea. Han var i sällskap med fyra unga män i vita kläder som medförde en bår. Där lade de Jesus och jag skyndade mig efter dem tillsammans med Simon.

"Josef av Arimatea har utverkat tillåtelse att få begrava Jesus i sin nybyggda grav", viskade Lydia. "Vi följer efter honom dit."

Simon följde inte efter mig in i gravkammaren. Jag tror inte han vågade. Gravvalvet var väl upplyst av facklor. En bekväm bädd var ordnad, där man lade kroppen. Därefter började ett healingarbete vars make jag aldrig förr sett. Två esséiska läkare smorde in kroppen med välluktande oljor och en annan man i de typiska vita esséiska kläderna stöttade upp hans huvud och tvingade in en vätska mellan hans läppar. Jag trodde inte mina ögon när Jesus slog upp ögonen och svagt jämrade sig. I det ögonblicket visste jag att talet om hans överlevnad var sanning. Därom har de lärde tvistat i alla tider.

"Vem är du, främling?" frågade Josef av Arimatea som plötsligt stod framför mig.

"Jag kommer från änglarnas rike", svarade jag. "Jag är här för att bevittna Sanningen."

"Det har du gjort nu", smålog Josef. " Nu måste du lämna graven, vi har mer att utföra som varken är för människors eller änglars ögon." Jag gick ut ur graven till Simon. Jag bestämde mig för att inte berätta för honom vad jag hade sett. Även om Simon verkade vara en präktig ung man så pågick det saker därinne som kunde bli ödesdigra för Jesus om de kom ut när han hade tillfrisknat.

"De balsamerar honom", ljög jag och Simon föreföll nöjd med beskedet. Vi tog farväl av varandra och han återvände till Kyrene. Jag såg honom aldrig mer. Men jag snubblade över den ojämna marken och kände att jag befann mig på gränsen ...

Kuallis ögon tittade intensivt in i mina när jag vaknade till liv i Ängladimensionen.

"Du vet", sa han bara och jag nickade. "Du kommer att så småningom få besöka honom i Egypten", fortsatte han. "Men vi har andra saker att göra först."

"Jag förstår inte", protesterade jag. "Hur kan jag följa med Maria Magdalena på den där båten samtidigt som jag är på Golgata och bevittnar korsfästelsen? Det skedde ju på ungefär samma gång."

"Du vet ju att tid inte existerar för oss", svarade Kualli tålmodigt. "Vi för dig till olika skeenden i historien. - I vanliga fall går det att se historien bortom tiden i en slags kalejdoskop, men vi har gett dig förmågan att under korta tidsintervaller medverka i historiska skeenden. Är det svårt att förstå?"

"Jaa", suckade jag. "Jättesvårt. Men jag tycker det är väldigt spännande att få vara med. Vart ska vi nu?"

"Så länge Jesu lärjungar fanns omkring honom var det inte mycket att berätta om dem. Deras historia hör dock starkt till Jesu liv och långt ifrån alla fick reda på hans överlevnad. Vi ska se vad som blev av dem, åtminstone några av dem. Och sedan ska vi hälsa på Paulus. Är du inte nyfiken på honom?"

"Jag är född nyfiken", skrattade jag. "Då har jag några spännande stunder att se fram emot. Ska vi fortsätta från korsfästelsen på Golgata?”

”Det är just det vi ska göra”, instämde Kualli. ”Det blir några olika etapper, men vi ska försöka få sammanhang i det.”

Jag lutade mig tillbaka och blundade. Det sista jag kände var Lydias hand i min. Sedan stod jag åter i Getsemane örtagård och såg mig omkring.

14. Mötet med lärjungarna

De var där allesammans, många fler än tolv män. Jag såg ingen kvinna. Jag gick fram till den närmaste lärjungen, en äldre man med långt skägg. Jag hälsade honom med "Frid vare med dig", som jag visste var en Jesus-hälsning. Han svarade likadant men frågade också vem jag var.

"Jag är Jan från änglarnas riken", svarade jag. "Jag har mött er Frälsare och han önskar att jag sällar mig till er. Jag vet att ni möts här för att rådgöra om vad ni ska göra härnäst."

"Du tycks veta en hel del", sa mannen småleende. " Jag är Andreas, bror till Simon Petrus, som kallas för 'Klippan'. Vi ska ge oss själva och varandra olika uppgifter. Nu är det vår tur att föra vår Frälsares mission vidare. Var och en av oss är snart stadd på vandring för att förkunna Sanningen."

"Det saknas säkert en", sa jag. "Har Judas Taddeus, Jakobs son, lämnat er?"

"Ja", suckade Andreas. "Han pekade ut Jesus för soldaterna mot betalning. Vi vill inte längre ha honom bland oss." Det var alltså sanning, tänkte jag. Men de grupper av män som jag såg lite här och var i trädgården hade ett antal som översteg det vanliga, bibliska tolv.

"Jag tänker prata med en av er i taget", sa jag. "Får jag börja med dig? Vad ska du göra härnäst? Jag menar när du går härifrån."

"Först går jag hem till min familj i Betsaida och tar avsked av dem", svarade han. "Därefter beger jag mig till Grekland för att förkunna Jesu lära."

"Eftersom jag kommer från framtiden så vet jag att det är farligt för dig. Du kommer att korsfästas på ett X-format kors som sedan uppkallas efter dig: Andreaskorset."

"Det bekymrar mig inte nu", svarade Andreas allvarligt. "Tänker du följa med mig?" Jag skakade på huvudet. "Så synd", fortsatte Andreas. "Jag kunde gott behöva sällskap av en ängel!" Han smålog vänligt mot mig, tog båda mina händer och förde dem upp till sin panna medan han uttalade orden 'Frid vare med dig,' och gick sedan med snabba steg därifrån. Jag såg mig åter omkring.

En bit längre bort satt en man på gräset med händerna för

ansiktet. Det såg ut som om han grät. Jag gick fram till honom.

"Det är Thomas", viskade Lydia. "Han behöver verkligen tröst."

Jag rörde vid lärjungens skuldra och han spratt till och tittade upp på mig. Jag hälsade på honom med esséernas hälsning och han svarade med samma ord. Jag förklarade vem jag var och satte mig bredvid honom. Jag såg att hans ögon var röda och svullna.

"Det är som om jag var ensam i hela världen", muttrade han. "Jag kan inte tänka mig livet utan Jesus. Det känns som om all visdom har runnit ur mig. Jag är alldeles tom."

"Jag förstår att det är svårt", tröstade jag, "men jag är övertygad om att din Mästare skulle ha blivit förtvivlad om han såg dig nu. Han har satt sin tilltro till sina apostlar. Du får inte svika honom, Thomas. Det räcker att Judas har gjort det. Du har så mycket att ge och det måste du fortsätta med."

"Tack", svarade han uppenbart rörd. "Det känns bättre nu. Jag tror att jag ska besöka en gammal man som jag känner, Simon Zebedeus. Han är klok och han kan säkert råda mig till nästa steg." Han böjde sig fram, kysste mig på båda kinderna och reste sig sedan upp. Jag såg honom gå mot utgången av trädgården. Jag smålog invärtes eftersom jag visste vad hans nästa steg skulle bli. Det var ju han som skulle följa den yngre Jesus, den blivande Issa, till Kashmir.

En man kom med snabba steg fram till mig. Han hade skägg och var påfallande lik Andreas. Hela hans gestalt utstrålade auktoritet. Han uttalade den vanliga hälsningen, inte utan en viss misstänksamhet, och jag svarade på samma sätt. Sedan frågade han:

"Är det ett skämt, eller är du verkligen en ängel som min bror Andreas påstår. Han har lämnat oss nu och jag vet inte när jag möter honom igen. Jag är Simon Petrus."

"Och jag är ängeln Jan", log jag och tog hans utsträckta händer. "Jag har kommit på besök från änglarnas rike för att ta reda på Sanningen. Det finns så många skrifter på jorden om hela händelseförloppet i vår bibel och bara en tredjedel som står där är sant. Det är endast för vissa personer jag röjer min identitet, annars tror de kanske att jag är galen."

"Förvisso", nickade Petrus. "Om du kommer från änglariket har du säkert mött vår Mästare nyligen?"

Jag förstod att han inte skulle tro på mig ifall jag sa nej och kanske att han ändå skulle ta mig för en bedragare. För honom gällde säkert endast bevis. Jag bad tyst Lydia om råd. Hon svarade med att bli synlig. Hon omgav sig själv med ett vitt ljus. Petrus ryggade tillbaka.

"Jag försäkrar att Jan är en ängel", sa hon med sin klara, klingande röst. "Precis som jag."

Petrus stirrade på oss båda och jag tyckte nästan att han såg skrämd ut.

"Finns det fruntimmer i himlen också?" frågade han till slut med trumpen min. "Om Maria Magdalena var här skulle hon säkert kunna förklara det här."

"Säkert inte", smålog Lydia. "Jag visar mig bara för att Jan ska få upprättelse. Han är sannerligen ingen bedragare. Och förresten är du väl inte Maria Magdalenas bästa vän."

Lydia var lite småfräck, tänkte jag belåtet. Högt sa jag:

"Om du äntligen tror oss så ber jag dig tala om vart du tänker dig härnäst?"

"Jag ska förkunna Mästarens lära", svarade han surmulet. "Jag har planer på att så småningom bege mig till Rom. Det behövs kristna ord hos de där hedningarna - och inte från en kvinna. Farväl änglar!"

Med de orden, som inte saknade ironi, och en ovänlig blick på Lydia vände han tvärt på klacken och begav sig skyndsamt bort till några av männen i örtagården. Jag såg sorgset efter honom. Han gick också ett sorgligt slut till mötes, även om det skulle dröja. Männen samlades omkring honom, han var en riktig ledartyp och han tog sig säkert an ledarskapet efter Jesus. Det fanns många män där och egentligen hade jag nog aldrig trott att det bara fanns tolv lärjungar. Tolv var ett magiskt tal som man använde sig av på mötet i Nicaea. Det tänkte jag säga till Lydia, men hon var försvunnen igen. En ung man kom fram till mig. Han hade ett vackert ansikte utan skägg och långt, vågigt hår. Hans ögon var svärmiska och leendet han gav mig var mycket vänligt.

"Det sägs där borta att du är en ängel, ett sändebud från Mästaren", sa han ivrigt och tog båda mina händer. "Jag heter Johannes, jag var Mästarens yngsta lärjunge. Har du något budskap till mig?"

"Du är den av lärjungarna som kommer att överleva de andra", smålog jag. "Ditt liv blir långt och aktivt. Du kommer att både skriva en hel del och missionera ännu mera."

"Vet du om Jesus överlever?" frågade Johannes och såg mig djupt i ögonen. "Det ryktas om att hans liv är räddat och att han har förts till ett säkert ställe. Varför har ingen meddelat mig något om detta förut? Jag vill vara där min Mästare är."

"Det kommer du alltid att vara", försäkrade jag och omfamnade honom. "Det är han som ska avgöra vart du ska resa och vari din mission består. Ni kommer snart att mötas igen. Och ja, han överlever, men jag tycker inte att du ska sprida det till de andra. Låt var och en få bilda sin egen uppfattning när ni träffas. Glöm inte att du utsätter Jesus för fara om du berättar hemligheten."

Johannes tryckte mina händer, besvarade min omfamning med att krama mig på nytt och med glada ögon försvann han bort bland träden. Det kändes bra.

Jag gick fram till en man som stod och tittade efter Johannes. Det var en äldre man med gråsprängt skägg. Han gjorde en ansats att springa efter Johannes när jag hejdade honom.

"Är du Jakob den äldre?" frågade jag. Mannen nickade. "Låt då din yngre bror, Johannes, få vara i fred en liten stund. Han mår just nu väldigt bra och förmodligen är han på hemväg för att smälta de glada tidender jag har givit honom."

"Vem är du?" Jakobs ansikte uttryckte en misstänksamhet som jag verkligen ofta fick känna på i den här församlingen.

"Jag är en vän till din Mästare. Jag bor i änglarnas rike och har kommit på besök för att leta efter Sanningen."

"Vilken Sanning? Att vår älskade Frälsare dött på korset?" Jakobs ord var hårda och dömande. "Hur kan du vara vän till Guds son?"

"Är inte alla människor Guds söner och döttrar?" frågade jag mjukt. "Sörj inte din Mästare, du möter honom snart igen. Vart ämnar du dig nu?"

"Jag tänker stanna i Jerusalem", svarade aposteln buttert. "Där finns min mission. Jag tänker fortsätta där min Frälsare slutade."

"Han kanske inte har slutat", sa jag kryptiskt och spände ögonen i Jakob. "Han talar om evigt liv och du tror att han dog på korset. Kan den som har evigt liv dö?"

"Jag ids inte höra på dina blasfemier", snäste Jakob och vände på klacken. Han ägnade mig inte en blick, utan försvann samma väg som hans bror tidigare hade vandrat. Jag undrade i mitt stilla sinne om Johannes skulle kunna bevara sin hemlighet. Jag visste också att Jakob skulle dödas på ett grymt sätt under kung Herodes Agrippas tid. En annan av lärjungarna intresserade mig. Jag tänkte försöka hitta Lukas, läkaren.

Jag hade gått omkring i trädgården en stund när jag såg en grupp män som hade satt sig i gräset under livligt samtal. Jag gick fram till dem och frågade om någon av dem var lärjungen Lukas. Jag hade tur. En ung man reste sig upp. Jag uttalade den vanliga hälsningen och han svarade med samma ord.

"Jag känner Jesus, din Mästare", sa jag och märkte att han stelnade till. "Jag vet att du är läkare."

"Helbrägdagörare", svarade Lukas. "Jag är esséisk läkare. Jag tillhör inte lärjungarna, jag arbetar med örter, rötter och blad och mycket annat. Vad vill du mig?"

"Jag är en ängel från änglariket", sa jag. "Jag bringar dig en hälsning från din Mästare att han gläder sig åt att återse sina vänner och lärjungar mycket snart."

"Så han uppenbarar sig på ett moln då?" Jag hörde sarkasm i hans yttrande.

"Nej, ni får möta honom. Han kommer att dela ut de uppgifter han tycker passar var och en av er."

"Varför har du kommit hit, ängel?" frågade Lukas med rynkade ögonbryn.

"Därför att jag söker Sanningen", svarade jag. "Ni vänner och lärjungar är väldigt olika människor. Olika, men med ett enda mål, en enda mission. Därför undrar jag, var är kvinnorna?"

"Mästaren har sänt bort Maria Magdalena", svarade Lukas med en suck. "Hon var den som var bäst lämpad av oss att föra hans budskap vidare. Men alla tycker inte om att ha kvinnor bland oss män. Efter korsfästelsen är det farligt att vara anhängare till Mästaren. De flesta av oss söker sig nog ett annat fält, ett annat land att missionera i. Jesus har gett oss noggranna anvisningar vart vi ska söka oss ifall han inte kommer tillbaka. Vad tror du, ängel? Kanske du vet om han är vid liv eller inte?"

"Han kommer tillbaka", svarade jag i bestämd ton. "Om han lever eller inte, om han är en ande eller ej överlåter jag åt dig att avgöra. Du kommer att skriva ett evangelium om några år. Om Jesus lever kan han i alla fall inte fortsätta som förut. Han är förföljd av romarna och de dödar honom omedelbart om de får tag i honom levande. Jag tycker ni ska sluta spekulera i huruvida hans kropp fortfarande är vid liv. Det viktiga är hans ande, vad han har lärt er. Det är det som ska få evigt liv."

"Bravo Janne!" viskade Lydia i mitt öra. "Du artar dig!"

Lukas såg mig djupt in i ögonen. Hans blick var intensiv och genomträngande. Sedan tog han båda mina händer och drog mig intill sig.

"Tack för dina ord", sa han. "Jag ska bevara dem i mitt hjärta och skriva det där evangeliet du nämnde. Men just nu har jag bråttom. Jag ska gå till Mästaren för han behöver läkarhjälp och jag tycker att vi ska träffas igen senare. Frid vare med dig!" Han gav mig en snabb kram och försvann som de andra mellan träden. Jag kände mig fruktansvärt snopen och Lydias kristallklara skratt gjorde inte det hela bättre.

Stämningen i örtagården började bli lika mörk som skymningen, som sakta smög sig in mellan olivträdens blåskimrande lövskrud. En man som jag inte sett förut lösgjorde sig från skuggorna bland några fikonträd som jag passerade. Jag hade tänkt lämna den berömda örtagården före mörkrets inbrott. Nu gick Lydia vid min sida och vi småpratade. Mannen ställde sig framför mig.

"Säg mig vem du är", bad han. "Det ryktas här omkring att du är en ängel. Det kan inte vara sant. Änglar går inte omkring på marken i munkkåpa. Och vem är kvinnan vid din sida? Är ni romerska spioner så kommer ni snart att bli ensamma i trädgården. Vi försvinner snabbt, förstår ni. Ni kan inte få fast någon av oss."

"Det vill jag inte heller", smålog jag vänligt. "Jag heter Jan och jag är en vän till Frälsaren fastän jag bor på annan ort. Frid vare med dig, frände! Vilket är ditt namn?"

"Judas Iskariot. Varför går du och kvinnan omkring här? Vad vill ni oss, vi fattiga lärjungar till den störste Läraren av alla. Vi har samlats här på den tredje dagen efter korsfästelsen för att stötta varandra i sorgen."

"Kvinnan här är min följeslagerska till jorden och hon heter Lydia. Vi kommer från änglariket och vi söker Sanningen."

"Änglar ser man i ett ljussken och de uppträder inte som vanliga människor", invände Judas. "Jag kan inte förstå vad det är för Sanning ni talar om. Mästaren är Sanningen och han finns inte längre."

"Han finns och du kommer snart att möta honom. Tror du oss nu?" Lydia lyfte upp armarna och plötsligt började det lysa omkring henne. Min förtrollande ledsagerska, tänkte jag muntert. Judas såg ut som om han sålt smöret och tappat pengarna. Han lyfte armen för ögonen och böjde sig åt sidan som för att ta skydd. Lydia stod kvar och strålade allt vad hon kunde. Jag förstod varför jag hade fått en sådan hjälpängel! Men Judas tog till benen. Han blev ordentligt rädd för oss änglar, så Kristi lärjunge han var!

för oss änglar, så Kristi lärjunge han var!

15. Uppståndelsen - en skenmanöver

"Jag har undrat över en sak, Kualli", sa jag. "Uppståndelsen är en av grundstenarna till kristendomen, men vad var det egentligen som skedde? Lärjungarna såg ju enligt alla befintliga källor att Jesus försvann i ett ljussken. Var det Kristus som uppstod och Jesus blev kvar?"

"Nej. Kristus återvände till Fadern och Skaparen när Jesus försjönk i koma på korset och när alla trodde att han var död. Jag förstår att det är dags att göra ett titthål till Uppståndelsen, så att du får bilda dig en egen uppfattning. Lydia följer med dig och ni förblir osynliga vid detta besök i tidens hemligheter. Det är nämligen en stor hemlighet som ska uppdagas nu, därför att det är dags!"

Lydia grep tag i min hand och titthålet öppnades ...

Vi befann oss på en bergstopp. Det var en praktfull solnedgång. Solen hade börjat dala och det första svaga rosenskimret höll på att övergå i djupare rött och orange, blandat med milt gyllene ljus. Det var så grant att jag glömde att titta på något annat. Hela naturen färgades rosa, det grå berget med djupgrön mossa liknade en platå av rosor, och buskarna och de få låga blommorna blänkte i ljusrött och svagt grönt. Lydia nöp mig i armen så jag hoppade högt - men det var det ju ingen som såg. Nu först blev jag medveten om sceneriet framför oss.

Jag räknade till femton personer som satt i en halvcirkel på marken, vända mot den sakta sjunkande solen. Ett par kvinnor fanns bland dem, jag kände igen Maria från Betania och hennes syster Marta. Framför dem stod Jesus. Vi såg honom i silhuett mot den guldröda bakgrunden. Han gav var och en av dem några ord om det arbete han förväntade sig att de skulle utföra i framtiden sedan han försvunnit. Han uppmanade dem att noga lyssna inåt, i sitt hjärta, i det innersta medvetandet och uppleva hans medverkan därifrån. Han önskade att de också skulle lära människorna att lyssna inåt. Alla har vi Guds röst inom oss om vi bara förmår lyssna, förklarade han.

Därefter förmanade han dem strängt att inte bryta halvcirkeln och gå bort från berget förrän den absolut rätta stunden hade kommit. Då skulle de bryta den kosmiska harmonin och det fick inte ske. Först skulle de nämligen få erfara den Helige Ande. Han berättade inte närmare hur detta skulle ske, utan sa åt dem att resa på sig. De korsade som han sina armar över bröstet som esséerna gör. Sedan vände han sig om och gick mot bergets kant, där det röda skenet förlorat sig i skuggor och den nedgående solen höll på att försvinna som en lysande boll, kastad av änglahänder. Där höjde han sina händer mot himlen och bad.

Han omgavs av ett starkt ljus och därefter sveptes han in av ett töcken. Detta dimlika töcken höjdes efter en stund och steg uppåt. Jesus fanns inte kvar. Där han stått förut kunde man urskilja ett svagt ljus. Det mörknade och någon ropade att de kunde lämna berget. Då svarade en annan att de hade blivit tillsagda att vänta på den Helige Andes ankomst. I skymningen som sänkte sig såg jag att Lydia tittade på mig och lade fingret på munnen. Samtidigt fanns en glimt av munterhet i hennes ögon. Jag begrep inte alls vad det fanns för roligt i detta, det var högst allvarligt och samtidigt oförståeligt. Men Lydia var Lydia.

Det dröjde inte länge förrän ett nytt ljus spred sig där Jesus hade försvunnit. Man kunde svagt urskilja två gestalter i ljuset. Dessa talade till lärjungarna - i varje fall hördes deras röster som omväxlande bad dem att mottaga den Helige Ande och Ordet och att lära ut himmelrikets lagar. Därefter försvann dessa ljusskuggor lika snabbt som de kommit fram. Jag nöp mig själv i min osynliga arm. Det här verkade vara rena trolleriet.

"Jisses", sa jag häpen, "har jag nu bevittnat ett riktigt äkta mirakel?"

"Det skulle man kanske kunna säga", svarade Lydia och även om det var ganska mörkt kunde jag känna hennes småleende. "Det här titthålet är unikt, men nu ska vi titta vidare nedanför berget, på andra sidan!"

"Titta" ... protesterade jag. "Man ser ju ingenting i det här mörkret."

"Mörkret var nödvändigt", svarade Lydia och drog mig mot bergets kant. Jag hade väntat mig ett stup men det gick en väg, eller snarare en djurstig, neråt på andra sidan. Jag märkte att vi inte bara var osynliga utan kunde sväva och hade ledsyn i den tilltagande natten. Ganska långt ner framför oss såg jag två bloss, som av små facklor. Lydia stack iväg framför mig, det var bara att följa efter.

Till min stora häpnad såg jag Jesus och en annan mörk figur strax nedanför oss. De vandrade snabbt med facklorna som enda ljuskälla. De gick med fötterna på marken, små stenar rullade och kvistar bröts, så jag kunde inte betvivla det mänskliga hos de svagt synliga silhuetterna framför oss. Dessutom var det omöjligt att inte känna igen Jesus. Hans hållning och hans speciella sätt att gå hade jag lagt märke till förut. Jag var inte mindre förvånad för det. Hur hade han burit sig åt?

Inte förrän de båda figurerna försvunnit in i ett litet hus nedanför berget, stannade Lydia. Jesus stannade, han också, framför den låga dörren och såg sig om åt båda hållen. Då kunde jag konstatera att det verkligen var Jesus. Sedan försvann han och den andre in genom dörren och jag hörde en tydlig smäll när den stängdes.

Intill huset stod ett stort fikonträd. Under dess vänliga löv slog vi oss ner en stund. Jag måste få veta vad som hade skett, vare sig det var trolleri eller kunde förklaras fysiskt. Lydia tog båda mina händer och tryckte dem hårt.

"Lugn bara, Janne, du ska få din förklaring", sa hon. "I Tibet, Indien och Egypten kan de stora Mästarna framkalla dimkroppar. Det är någonstans där som Jesus har lärt sig detta. Om man vill försvinna framkallar man dessa dimkroppar och skyndar sig ur sikte. Visst är det magi och många kan det, eftersom det är en urgammal konst som även använts för att försvara sig. Jag kan inte förklara hur man gör, bara att det inte är så svårt om man lärt sig det. Själva proceduren är en väl bevarad hemlighet. Jesus ansåg det säkert nödvändigt eftersom han ville visa att hans Gudomliga Ande återvänt till sitt ursprung."

"Vet du vad", utropade jag ilsket, "det där tycker jag var bedrägeri. Rena rama lurendrejeriet. Och det går inte ihop med Sanningen."

"Inte det?" frågade Lydia milt. "Det är just Sanningen du precis har fått reda på. Man behöver inte berätta Sanningen för alla. De som ska ha den får den. Så vist är det ordnat."

"Men nu kommer det här ut i en bok", fnös jag, fortfarande argt. "Då får alla Sanningen. Och förresten, vad var det för två skumraskfigurer som kallade sig för den Heliga Ande?"

"Det var säkert Jesus och hans sällskap", svarade Lydia med ögonen fulla av skratt. "Jag tycker det var bra gjort. På den tiden var alla så vidskepliga, inberäknat lärjungarna. De behövde en rejäl dos med högt ställda förmaningar och råd för att orka vidare. Jesus var duktig på att framställa dimkroppar av olika slag, och just nu när solen gick ner hade han hjälp av daggen. Du hörde ju att Jesus sa till lärjungarna att han ämnade visa sig för dem igen i fysisk gestalt. Det var också en tröst för dem, eftersom de var övertygade om att han var död. Om han hade varit död skulle hans upprepade uppdykanden efteråt ha varit svårförklarliga. Däremot hade han vad som kallas för övernaturliga gåvor. Han kunde förflytta sig från den ena platsen till den andra så att det verkade fysiskt, utan att det var det. Många österländska visdomsmän har lyckats uppenbara sig på olika ställen samtidigt. Det går att utföra.”

”Så hela Uppståndelsen var en bluff”, fräste jag ur stånd att svälja det jag nyss hade hört.

”Snarare en skenmanöver”, svarade Lydia, ”och det du säger om att det här kommer ut i en bok har ingen betydelse. De som ska veta det får veta det. Så enkelt är det. Tyst, här kommer någon.”

Stugdörren gick upp och i det svaga skenet inifrån kände jag igen den långe mannen som var Jesu följeslagare. Det var hans bror Josef av Arimatea. Bakom honom stod Jesus.

”Det är bäst att du stannar här några dagar”, sa köpmannen. ”Ingen kommer att leta efter dig. Den här stugan tillhör mig och man tror att den är obebodd. Jag brukar använda den till förvaring av varor. Det finns gott om mat och vatten därinne och i morgon skickar jag hit någon pålitlig person som kan göra dig sällskap och hjälpa dig tills det är dags att försvinna till Egypten. Du måste visa dig några gånger för dina apostlar, för det har du lovat dem. Om du vill mig något så säg det till mannen som kommer i morgon.”

”Jag känner mig skyldig”, sa Jesus och gnuggade sin panna. ”Det känns som om jag har bedragit mina vänner och lärjungar.”

”Nej, ångra ingenting”, förmanade Josef. ”Du skulle ha dödats igen om man hade fått tag i dig. Man vet inte vem man kan lita på. Det behövs bara ett förfluget ord. Du måste ut ur landet så snart det går. Till dess är du trygg här. Farväl och frid vare med dig.” Han omfamnade Jesus och försvann i den mörka natten.

”Korsfästelsen blev till teater”, mumlade jag. ”Korsets symbol är verkligen teaterrekvisita.”

”Hör på mig innan vi far tillbaka”, bad Lydia. ”Amenhotep den IV, som var en enastående farao i Egypten och som tillbad Solen i stället för avgudarna, hade korset som symbol i sin mysterieskola. Om en människa står med armarna utsträckta i soluppgången bildas en skugga på marken i form av ett kors. Det var en vanlig hälsning då. Denna skugga försvinner när människan rör på sig. Det betyder att denna tillfälliga skugga är en sinnebild av människans fysiska kropp och existens.

Lite senare lades en ros till korset. Rosen var bilden av människosjälen genom sin förvandling från knopp till utsprucken blomma. Rosen och korset representerar tillsammans själsevolutionen genom mänskliga fysiska erfarenheter. Jesus kallades ibland för "Rosen". Rosen kom att representera Jesu själ på korset. I Egypten fick korset så småningom en cirkel upptill, som betydde evigt liv. Det kallas för Ankh-korset. Det var många sekler senare som kyrkofäderna försåg korset med en korsfäst kropp som symbol för kristendomen. Det skulle Jesus ha ogillat."

Jag tittade på stugan intill oss. Ett svagt ljus strålade ut därifrån och vi tog oss friheten att kika in genom det lilla fönstret utan glas. Vi var ju osynliga. Det kändes lite som hemfridsbrott, tyckte jag, men nyfikenheten segrade. Jesus var försänkt i bön. Det strålade ut ett sken ifrån honom, kanske hans aura. På bordet låg ett halvätet bröd och en mugg. I ena hörnet fanns en bänk som tydligen tjänade till bädd. Den var försedd med mjuka dynor, kudde och ett tjockt täcke. I ett annat hörn fanns en skänk. I den öppna spisen glödde resterna av en brasa. Jag tog tag i Lydias ärm och hon vände ett leende ansikte mot mig.

"Jag tycker inte om det här", viskade jag. "Nu far vi hem. Jag har en känsla av att han därinne är medveten om oss." I samma ögonblick reste sig Jesus och kom fram till fönstret.

"Om det finns några änglar omkring det här huset så tackar jag er", sa han.

Jag flydde i panik, men Lydia gick stilla därifrån.

"Lugna dig, Janne, vi far hem nu!" ropade hon.

Det gjorde vi. Men jag hade hela tiden känslan av att ha varit ute på en otillåten resa. Jag kände mig som ett barn som spionerade på sin mor eller far. Samtidigt kändes det skönt att ha fått uppleva uppståndelsen. Det var således mycket blandade känslor som for igenom mig. Men jag ska aldrig mer kalla det jag såg för trolleri. Det var en magisk upplevelse, framkallad av en mycket stor Mästare.

16. Paulus möter Jesus och blir frälst

"Nu räcker det med lärjungar", förkunnade Lydia och drog mig mot trädgårdens utgång. Vi såg inte längre någon människa, det verkade som om alla hade flytt från de "skräckinjagande änglarna." Det var då första gången i mitt änglaliv som jag skrämt slag på folk och både Lydia och jag skrattade hjärtligt åt det.

"Du måste träffa Paulus också", bestämde Lydia. "Han förföljde Jesus och lärjungarna länge före uppenbarelsen. Sätt dig här så ska jag transportera oss!" Hon lade händerna över mina ögon och jag kände att något rörde sig. Jag vet inte hur, jag vet bara att jag vaknade på en sten nära en landsväg. Jag strök mig över pannan. Först föreföll allting insvept i en dimma. När den klarnade upptäckte jag att det var mycket varmt och att jag hade klar utsikt över dem som vandrade på vägen. Plötsligt fick jag se Jesus komma gående. Jag såg honom inte som en genomskinlig ande, men jag ifrågasatte ändå hans tillstånd. Han hade ju varit sjuk ett bra tag efter korsfästelsen. Han såg blek och ömtålig ut. Kunde han ha tagit sig ända hit från Karmel? Nej, det måste vara någon slags projektion.

Jag hade förts direkt till mötet mellan Paulus och Jesus. Förmodligen skulle jag vara en passiv åskådare och även åhörare till detta möte. I bibeln står det att Jesus uppenbarade sig för Paulus i ett ljussken. Jag såg inget annat ljussken än solens först, men det förändrades mycket snart. Jesus stannade alldeles framför det träd bakom vilket jag satt. Det var ett gammalt träd med mycket tjock stam. Paulus kom vandrande från andra hållet. Han stannade till när han såg Jesus. Då upptäckte jag att Mästaren på något sätt verkade självlysande. Kanske det var magi, tänkte jag, men i det ögonblicket var det säkert nödvändigt.

"Vem är du?" stammade Paulus. Han var en mycket lång, lätt framåtböjd, mager man, gråsprängd och med långt skägg och brinnande mörka ögon. Jag tyckte inte om hans energier. Han gjorde ett brutalt och högmodigt intryck på mig. Jag satt och tänkte på hans uppfattning om kvinnorna och kände mig inte alls glad. Men när Jesus började lysa så föll Paulus på knä i vägsanden och satte händerna för ansiktet. Jag såg på hans mun, eller snarare på hans skägg, att han rabblade någonting.

Jesus böjde sig fram och vidrörde Paulus. Mannen tittade upp på honom och då lade Jesus en hand på hans panna och en på hans hjässa.

"Jag är Jesus och jag har kommit till dig för att frälsa dig. Du behöver tillägna dig min visdom och hjälpa mig att förkunna den för människorna. Du måste bli min apostel, käre Paulus! Och du ska tala om kärlek i stället för hämnd."

Det var inte samma arroganta typ som nyss vandrat på vägen som mödosamt reste sig upp med händerna knäppta i bön. Tårarna strömmade utefter hans skäggiga kinder och jag såg att hans ben skakade. Inom mig kunde jag inte riktigt förstå att en människa så full av hatkänslor mot Jesu lärjungar kunde omvandlas till en kristen förkunnare på ett par minuter. Men så var det. Jag tror inte bara det var den lysande uppenbarelsen, jag tror det var ett slags inträngande i Paulus själ. Någonting från Jesus smälte bort motståndet hos den blivande aposteln. Det var i alla fall märkligt att se.

"Vandra i frid till Damaskus", sa Jesus. "När du kommer dit ska du uppsöka min lärjunge Ananias och mottaga dopet. Därefter återvänder du till Jerusalem för att därifrån få ledning hur du bäst kan förkunna mina lärdomar."

Jag sträckte på halsen så det gjorde ont och jag tyckte mig se att Paulus betedde sig som en sömngångare, eller som om han var i hypnos. Jesus försvann lika snabbt som han kommit. Paulus fortsatte sin vandring, liksom i trance. Jag hoppades att det var en omedveten hypnos från Mästaren, annars gjorde han olagligt intrång i Paulus inre jag. Människans frihet får inte kränkas. Den är oantastlig. När jag tänkte på bibeln så förekommer ett flertal "hypnotiska" handlingar där, som inkräktar på tankens frihet. Men bibeln är ju inte mitt rättesnöre.

"Ängeln Jan, har du tittat färdigt?" Det var Jesus som hade försvunnit ur Paulus åsyn och i stället stod bakom trädet, framför mig. Jag tyckte mig se en spefull glimt i hans ögon. Han frågade vad jag tänkte om den snabba förvandling Paulus gått igenom. Ärlig som jag är svarade jag:

"Bara han inte förvandlades mot sin innersta vilja. Så fort kan man inte bli övertygad utan hypnotisk påtryckning." Jesus svarade:

"Vi ses i Heliopolis!" Jag förstod att hans "illusionskropp" inte skulle hålla så länge till. Jo, nog skulle jag besöka honom i Egypten och det sa jag så högt att jag hörde Lydias fnittrande när hon svarade:

"Lugn bara, dit kommer du så småningom!"

Det var en snabb händelse jag hade fått bevittna, men den hade gjort starkt intryck på mig. Jag önskade att jag hade haft Maria Magdalena bredvid mig. Hon måste veta om hennes man manipulerade människor.

"Nu är du en förskräcklig tvivlare!" utropade Lydia, som satt helt synlig på stenen bredvid mig. "Tänk efter varför du tänker så!"

"Det har med Paulus att göra", svarade jag. "Hur kan en så grym människa förvandlas på en minut? Han var med om steningen av Stefanus, han hade fullmakt att förfölja Jesu lärjungar till och med utanför Palestina, han var orsaken till många grymma mord och fromhet var sannerligen inte ett ord man förknippade med honom - då. Sedan har han blivit påvars och biskopars gullgris. Vad ligger bakom detta?"

"Ingen har berättat om hans olyckliga äktenskap med en mycket dominerande hustru och ett enda barn, som föddes som krympling och som dog en kvalfull död efter ett par år", berättade Lydia. "Hustrun var kristen och försökte övertyga sin man om hur bra det var. Detta resulterade i enormt hat från Paulus sida, fast det var egentligen sin fru han hatade. Han började förfölja de kristna och det minsta man kunde tänka sig var att han skulle gå över till den kristna tron och bli en sådan förkämpe för den. Men så blev det. Det skedde här på vägen till Damaskus, där har bibeln rätt."

"Där ser man", suckade jag, "det finns alltid förklaringar till att människor blir si eller så ... Mer hann jag inte säga förrän kände jag Lydias händer omkring mitt huvud och så försvann allt.

17. Lukas, som skötte Jesus efter korsfästelsen

"Jag blev faktiskt nyfiken på den där Lukas", var det första jag sa när jag återsåg Kualli. "Han låtsades vara med på mitt prat om Mästaren och sen visste han att Jesus levde. En sådan rackare!"

"Han var rädd att förråda sin vän Jesus", svarade Kualli. "Det var han som hjälpte till att vårda Jesus den första tiden efter korsfästelsen. De hade gömt Mästaren hos privata vänner i Betania, nära hans mors hus. Där vakade Lukas tillsammans med Maria, modern, varje natt och skötte om honom med läkande örter och salvor. De kunde inte föra honom till Karmel förrän såren hade läkt och han mådde någorlunda bra. Om du vill besöka Lukas så tar vi det vid ett senare tillfälle. Han skrev Apostlagärningarna också, men då var han ganska gammal."

"Ge mig ett titthål till någon slags mellantid", bad jag. "Vad blev det av honom? Det finns så många olika uppgifter. En del kallar honom konstnär, målare. Var han god vän med Paulus?"

"Man kan faktiskt både skriva och måla", svarade Kualli. "Ja, han följde med Paulus på en del resor, bland annat till Rom."

Så bar det iväg igen, för mig och min förtjusande följeslagerska. Det var ganska säkert Rom vi hamnade i. Colosseum stod som en jätterundel på den plats där det förr fanns ett kärr som torkat ut. Den gamla amfiteatern måste vara över hundra år gammal. Jag undrade i mitt stilla sinne hur vi skulle finna Lukas i denna jättestad. Som vanligt svarade Lydia på mina tankar. Vi var båda synliga och Lydia var klädd i en bred grå schal över sin rosafärgade klänning.

"Vi sänds inte ut på måfå, Jan", sa hon. "Det är just precis här vi ska möta Lukas och där borta kommer han!"

Jag stirrade förvånad på de två män i romerska kläder som i lugn takt kom emot oss. Det var en mognare Lukas den här gången. Hans långa, smala gestalt bar en ljusgul kåpa och över den en vid mantel i samma tyg. Hans bruna hår var ganska gråsprängt och mitt uppe på huvudet hade han en rund kal ring. Bredvid honom gick Paulus, till synes var de muntert samspråkande. När Lukas fick syn på oss stannade han till.

"Ängeln Jan!" utropade han. "Javisst, vi stämde möte, men jag trodde inte det skulle dröja så här länge. Detta är min vän Paulus. Vi är på missionsresa. Följ med oss till vårt logi. Paulus har ett hus och där finns en hygglig trattoria alldeles bredvid. Ni är säkert hungriga efter resan." Det sista var menat som ett skämt, så jag skrattade glatt. Lukas klappade mig vänligt på axeln och bugade sig för Lydia, men Paulus stirrade misstänksamt på henne.

"Har du skrivit ditt evangelium ännu?" frågade jag när vi satt vid det långa träbordet utanför trattorian. Paulus undvek att sitta bredvid Lydia, så hon satt mellan Lukas och mig.

"Jag är i full färd med att skriva det", svarade Lukas. "Varför har du kommit hit och vad vill du ha reda på?"

"Jesus finns i klostret i Heliopolis", sa jag. "Det vet du säkert."

"Jag har varit där", svarade Lukas, förtjust när han såg min häpna min. "Vår mission pågår och jag behöver inspiration från en högre källa. Så han leder oss på sätt och vis fortfarande, men långt ifrån allesammans. Vi är en liten grupp som samlas hos honom emellanåt. Det är vi två och Johannes, Simon Petrus, Nikodemus och några till. Thomas bor numera i Kashmir, men vi skriver till varandra."

"I Apostlagärningarna, som du kommer att skriva, talar du vitt och brett om Jesu uppståndelse. Du visste ju hela tiden att han fanns kvar på jorden", sa jag.

"Det var nödvändigt att alla trodde att han var död, Jan. Du anar inte hur skickliga romarna i Jerusalem var på att luska reda på folk och att hota och tortera dem som de trodde satt inne med kunskap. I och med den iscensatta himlafärden kunde Jesus vara lugn för sitt liv. Ingen trodde längre att han levde. Det var därför jag först låtsades gå med på det du sa i Getsemane."

"Vad gör du och Paulus nu?" frågade jag. "Lyckas ni omvända några romare?"

"Ja, en hel del", svarade Paulus i hans ställe. "Vi har fått en liten kristen församling hemma hos mig. Jag är ett slags fånge här i Rom, man har mig under uppsikt. Jag tänker sprida Jesu Kristi lära så länge det går."

"Jag är på väg härifrån", sa Lukas. "Jan talar om något som han kallar för Apostlagärningarna. Jag tycker om att skriva, så det kanske blir något mer än berättelsen om vår Frälsare. Paulus har upprättat en av de första kristna församlingarna i Filippi, som ligger i

Makedonien. Dit ämnar jag mig. Ska ni följa med?"

Jag tittade på Lydia. Hon skakade småleende på huvudet.

"Har du övergivit ditt läkarkall?" frågade jag.

"Nej", svarade Lukas. "Jag hjälper så många jag hinner med och samtidigt sprider jag Jesu lära. Han har delgivit mig uråldriga kunskaper i läkandets konst. Det finns sjuka människor överallt och det är ett stort behov av resande läkare. Kan man dessutom få de sjuka att förstå att boten till stor del ligger hos dem själva, så har man lyckats i dubbel måtto. Människans tankar är det viktigaste av allt. Hur ska vi komma åt dem? Jo, de sjuka är ivriga på att bli friska. Om de förstår att deras tankar och deras sätt att leva är bidragande orsaker till deras sjukdom så kommer också viljan till förändring och till självhjälp. Det är därför jag reser omkring. Jesus och Paulus är mina läromästare."

"Är inte du gift, Lukas?" frågade Lydia.

"Det är den yttersta orsaken till mina resor", svarade han allvarligt. "Jag gifte mig ung med en bedårande flicka. Jag älskade henne passionerat, vanvettigt. Hon dog i barnsäng och barnet likaså. Som läkare kände jag en fruktansvärd vanmakt. Min sorg var oerhörd. Det är den sorgen jag hela tiden försöker dränka med att resa och att skriva."

Den romerska skymningen hade slutit sig omkring oss medan vi förtärde den utsökta soppa som det lilla matstället bjöd på. Det är något särskilt med den romerska natten. Den är inte ogenomträngligt svart som i norr. Den sänker sig ner som en glasklocka, full av rena, klingande toner. Den är indigoblå, inte svart. En stjärnklar natt som denna fanns en förtrollning i luften, som både Lydia och jag kände. Glasklockan inrymde en storslagen hemlighet, en djup resonans i våra hjärtan. Det var dags att fara hem.

Jag vaknade förstås hemma i änglarnas rike. Övergångarna var snabba, men det hade jag vant mig vid. Jag hade också vant mig vid Kuallis skrattande ansikte nära min bädd.

"Nå", frågade han, "är det lite klarare nu?"

"Javars", svarade jag, "Det är ytterligare lite oordning i min skalle. Ibland stämmer det och ibland inte."

"Det kommer sig av att det gick 300 år innan kristendomen dokumenterades i bibeln och då blev det de sanningar som passade biskoparna och Konstantin som framhävdes. Nu får du vila en stund innan vi skickar ut dig på resan med Maria Magdalena. I Jerusalem visste man att hon kunde hela människor och att hon stod Jesus närmast. Alla visste inte att de var man och hustru, därför förutsatte romarna att de levde i synd och det gjorde dem ännu mer sårbara. Om Maria Magdalena hade funnits tillgänglig efter korsfästelsen hade hon blivit oskadliggjord, säkert stenad. Detta visste naturligtvis Jesus mycket väl. Så långt tänkte dock inte biskoparna eller Konstantin den store. De gjorde henne till hora för att det blev en bättre historia och för att hon skulle bli föraktad. Det var ett ytterst förnämligt tillägg till nedvärderingen av kvinnan."

”Och Paulus, som ogillade kvinnor, vart tog han vägen efter Rom? Han verkade inte särskilt förtjust i Lydia.”

”Han var mycket betydelsefull hos de kristna. Han var en lärd man trots att han börjat som tältmakare. Men han hade en idoghet, en envishet och en personlig utstrålning som ledde honom till ledarskap i den kristna församlingen. Kort efter den tid ni träffade honom led han martyrdöden i Rom.”

”Vad tyckte Lukas om det? Han reste ju därifrån dagen efter att vi var där.”

”Inget vidare! Han begav sig iväg till Filippi på Paulus anmodan, så det dröjde innan han fick veta vad som hade hänt. Han avslutade dock evangeliet och började på Apostlagärningarna ett par år senare. Han var ständigt på resande fot.”

”Käre Kualli, det känns bra att veta”, mumlade jag innan mina ögonlock for igen och jag somnade som ett barn. Eftersom jag ibland fick uppträda materialiserad vid dessa ”bibliska besök”, kände jag också mänsklig trötthet. Eller också var det övergången till den märkliga resa jag snart skulle få uppleva.

18. Maria Magdalenas äventyrliga sjöresa

Det var som en film, som klipptes och regisserades av himmelrikets store regissör. När jag vaknade den här gången så var det mitt i en karavan av människor på väg till den stora hamnen i Joppe (Jaffa). Jag satt på en åsna, vilket jag inte alls uppskattade. Min mission var förenad med vissa obehagligheter, tänkte jag förargat. Mina ben var för långa för sådana här strapatser, ungefär som harkrankar som försöker få fäste på en veckrik gardin.

"Hur har du det, Jan?" En fullt synlig Lydia red på åsnan framför mig. Jag sparkade med hälarna i sidorna på mitt transportmedel för att få fram den till Lydias sida. Åsnan vände sig om med stora sårade ögon riktade på mig. Den skyndade inte på sina steg, tvärtom. Den saktade in. Det var Lydia som red upp vid min sida, full i skratt som vanligt. Jag såg att Maria Magdalena red längre fram. Hon lutade sig åt sidan, ivrigt samspråkande med en man på en annan åsna. Han hade hennes lille son framför sig på sadeln. Jag frågade Lydia vem det var.

"Det är Nikodemus", svarade hon. "Han är också lärjunge till Jesus, en högt bildad man som är mycket tillgiven Jesus. Maria bär med sig kalken, Janne, den vida berömda Graalen! Den ska sedan vidare till Britannien. Nikodemus har i uppdrag att föra den dit."

"Är det då den ska till Glastonbury?" frågade jag, imponerad över att få vara med om så stora och hemlighetsfulla historiska händelser. Lydia nickade och satte pekfingret mot munnen.

Jag skulle nog hålla tyst, jag var lite för nyfiken, tänkte jag. Samtidigt tänkte jag på hur svårt avskedet mellan de båda makarna Jesus och Maria Magdalena hade varit. Jag hörde hur Maria snyftade: "När kommer du och hämtar mig?" och att Jesus svarade undvikande men kärleksfullt. Maria skulle inte få veta något om korsfästelsen, men jag tror att hon anade att något hemskt skulle ske. Jesus hade själv talat om att han skulle fängslas. Det kunde bara betyda en sak.

Det var skönt att ha Lydia med. Jag var inte så bra på att trösta kvinnor. Jag grunnade på ifall de två ändå skulle återförenas eftersom Jesus inte dog på korset, som jag fått veta tidigare. Om detta var Sanningen så hoppades jag att den var hoppfull för alla parter. Men nu hann jag inte fundera mer. Luften hade blivit full av de dofter som kännetecknar havet: salt och tång och friska, sköna vindar. Vi hade nått hamnen, Joppe, och båten vi skulle färdas med väntade vid kajen.

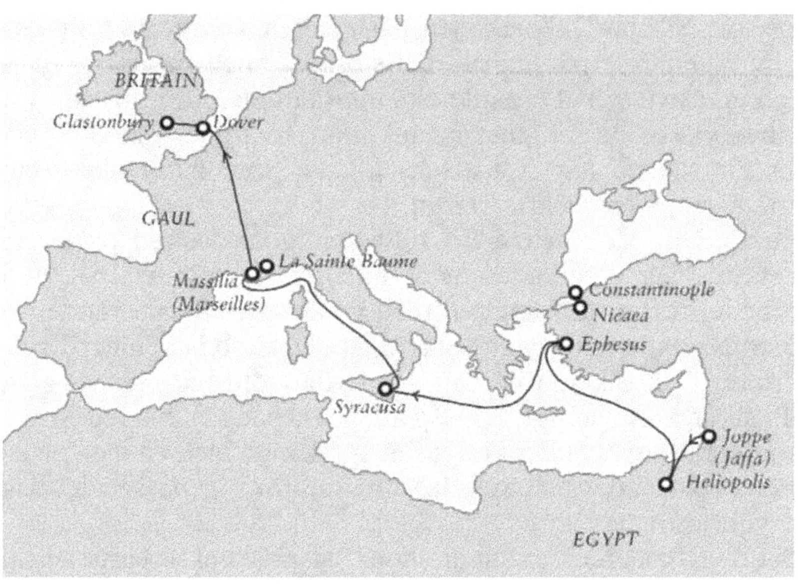

Maria Magdalenas resa till Gallien och Graalens resa till Britannien. La Sainte Baume anses vara den plats där Maria Magdalena bodde.

Ett rejält lastfartyg var det. Välbyggt och stadigt låg det där och seglen var hissade. Vi hoppade av våra åsnor och tog oss an avlastningen. Det vill säga jag hoppade inte direkt av min åsna, det var det förfärliga djuret som med en elegant skakning fick mig att glida till marken på ett mycket nesligt sätt. Min munkkåpa trasslade in sig i någonting på åsnan. Tydligen var munkkåpan min ständiga utrustning på de här resorna. Lydia höll för munnen, men axlarna skakade och jag förstod nog varför. En öppen munkkåpa ... Jag fick brått att reda upp utstyrseln. En ganska liten karavan av människor gick uppför landgången, som skyndsamt drogs in efter den sista resenären - som var jag. Jag linkade, men upp kom jag.

Den första hamnen vi skulle till var Efesos. Det var bäst att göra sig bekant med de övriga medpassagerarna, vi hade att se fram emot flera veckors resa tillsammans. Nikodemus var en märklig person. Han var farisé, skriftlärd, och hade varit medlem av rådet. Han hade besökt Jesus på nätterna för att få den undervisning som han eftertraktade. Han var djupt engagerad i Jesu lärdomar, vilket han naturligtvis måste dölja för de andra judarna. Han levde faktiskt ett dubbelliv, tänkte jag, och ville nog fly bort från livet i Jerusalem. En resa var hans räddning.

Ingen visste naturligtvis det verkliga ärendet med hans resa. Den heliga Graalen var en het potatis även på den tiden! Dessutom skulle historien om den bli ganska så felaktig. I den tid jag levde på jorden ansågs det att Jesu blod hade samlats upp i bägaren. Det har jag alltid tyckt var ganska äckligt. Hur kunde man göra det när soldater vaktade kroppen på korset och ingen släpptes nära honom förrän Josef av Arimatea hämtade honom? Vem samlade i så fall upp blodet och varför? Blod torkar ju som bekant. Hans mor och Maria från Betania fick inte lov att stanna kvar vid korset, de båda och Johannes jagades bort på ett ganska tidigt stadium. Däremot är det möjligt att någon spred ut en lögn om detta, men det var Maria Magdalena som hade hand om Graalen hela tiden. Jesus hade varken tid, plats eller lust för fysiska prylar.

”Är du verkligen en ängel? Varför följer du då med på den här resan?” frågade Nikodemus och såg på mig med ett leende i ögonen. Han var en ganska högrest man med välbyggd, muskulös kropp. Hans blågrå ögon var skarpa och iakttagande. Han hade kraftig näsa och vänlig, generös mun. Håret var mörkbrunt och skägget likaså. Ett och annat silverfärgat hårstrå skimrade i allt det bruna. Han kunde väl vara ungefär 45 år.

”Ja, jag är en ängel och jag har fått i uppdrag att vara med och ledsaga Maria Magdalena till Gallien”, svarade jag. ”Jag vet att du ska resa vidare sedan till Britannien, eller hur?” Nikodemus nickade.

”Kanske vi ska resa tillsammans?” föreslog han med ett glatt leende. ”Det skulle inte skada att ha en ängel med på färden. Den kan bli ganska äventyrlig, om du gillar äventyr?” ”Jag ska fundera på saken och fråga på högre ort”, svarade jag. Det kunde verkligen vara intressant att få vara med om resan till Graalens blivande hemvist. ”Jag är mycket nyfiken på den heliga Graalen.”

”Jag tänker missionera lite därborta”, anförtrodde han mig. ”Det som Mästaren har lärt mig är värt att komma ut till en större publik. När det gäller Graalen så är den inte helig, min vän, men den har en symbolisk betydelse."

Vi samtalade länge och många gånger under resan och blev snart mycket goda vänner. Likadant var det med Maria Magdalena. Hon hade med sig en kvinna som hette Hanna och som skulle hjälpa henne med sonen. Barnet hon skulle föda var inte beräknat att komma förrän vi var framme i Gallien. Hanna var en ung, söt kvinna med glada ögon. Hon utstrålade livsglädje och det verkade som om hon var oerhört förtjust över att få göra den här resan. Hon var lika svarthårig som Maria Magdalena var rödhårig. Dessutom hade Maria med sig en arabisk man som jag förmodade var något slags tjänare. Han kallades Araben. Han var jättestor och föreföll full av kraft och styrka. Jag fick senare veta att han var en trotjänare som följt henne sedan barndomen.

En ung man som hette Benjamin följde också med. Han var god vän med aposteln Johannes och denne hade sänt honom som sällskap åt Nikodemus. Den långa resan till Britannien kunde han inte göra ensam. Jag kände mig väldigt sugen på att följa med. Men först måste vi klara av resan till Gallien.

Det fanns ett äldre par med på båten, som jag inte riktigt kunde placera. De verkade mycket fästa vid varandra och höll sig helst för sig själva. Båda såg trevliga ut och verkade vänliga och trivsamma. Vi växlade ett par ord då och då. Mannen hade ganska kort vitt hår och en rund flint. Han hade kraftig näsa och smala läppar. Förmodligen var han av judisk härkomst. Kvinnan var svårare att placera. Hon var ganska rund och hade ett vackert ansikte med stora mörka ögon och en fyllig, glad mun. Lille David blev väldigt förtjust i henne, hon lekte med honom ibland och avlastade Maria Magdalena och Hanna emellanåt. Jag tänker inte trötta läsaren med en detaljerad beskrivning av båtresan. Men det skedde några viktiga saker som jag vill redogöra för.

Vi anlände till hamnen i Efesos efter en ganska besvärlig storm, som gjorde att vi måste hålla oss nere i lastrummet. Vi var inte många där, men kaptenen sa att några passagerare skulle tillkomma i Efesos. Det fanns inte plats för så många i lastbåtarna, men det fanns ett stort antal båtar som ofta gick den routen åt båda hållen. Det var vägen mellan Joppe och Rom och den var väldigt trafikerad. Jag vet inte om mina nutida läsare har förstått vilken trafik som faktiskt fanns på den tiden! Det framgår till och med i bibeln, där det förefaller naturligt att folk reser ideligen och överallt.

En av Jesu lärjungar hette Maximin och var barnfödd i södra

Gallien (nuvarande Provence). Av någon anledning, som jag ännu inte känner till, reste han till Jerusalem och hamnade bland lärjungarna där. När Jesus hotades av Kaifas kände Maximin att marken brände under fötterna och begav sig iväg för att förkunna Jesu lära i sitt hemland. Där tillbads ännu många gudar, han tog det till sin uppgift att förkunna om den ende Guden. Maximin var ännu en ung man, 28-30 år. Han hade stannat i Efesos för att förkunna och grunda en kristen församling. Det misslyckades han med och därför skulle han fortsätta tillbaka hem till södra Gallien med vårt skepp.

När vinden mojnade och vi närmade oss Efesos berättade Benjamin att Maximin tillhörde hans egen krets omkring Jesus. Kretsarna var många, en del äldre, en del yngre, några helt okunniga, andra högt bildade. Ett sextiotal män, däribland också några kvinnor, samlades varje dag omkring Mästaren eller följde honom på hans vandringar. Jag fick lyssna till många intressanta historier, många livsöden. Vi undrade hur de som fanns kvar skulle fortsätta med missionen, men vi undrade också om Jesus levde och var han fanns. Jag kunde inte berätta vad jag visste om Mästaren, eftersom jag då på ett otillåtet sätt skulle ingripa i historien. Det var inte därför jag var med. Jag var bara en iakttagare som sökte Sanningen. Jag var endast en länk i Evigheten.

Vi såg Efesos som en färgstark klick mot det blå vattnet och den blå himlen. Då kom Lydia synlig till mig. Hon hade inte synts till på några dagar, jag visste att hon var tillsammans med Maria Magdalena.

"Jan, du måste komma och hjälpa till", bad hon. Jag tittade på henne och såg att hon var blek och hade mörka skuggor under ögonen. "Marias lille son David har insjuknat. Han är väldigt dålig. Vi måste försöka hjälpa honom."

"Du vet att vi inte får ingripa fysiskt", svarade jag och följde med henne bort till Maria Magdalena och Hanna. Maria Magdalena satt med pojken i knät. Barnet andades häftigt och jag såg hur hans kinder glödde som av feber. Jag lyckades övertala Maria att lämna sonen till oss andra, så att hon fick vila. Hon måste tänka på barnet i sin mage. All oro och trötthet och rädsla skulle den ofödde ta åt sig från modern. Hon samtyckte till slut och gav mig pojken. Hon lade sig på en mjuk matta som Hanna brett ut bredvid oss. Jag såg att hon omedelbart föll i sömn.

Det skulle inte dröja så många timmar innan vi anlöpte Efesos, tänkte jag. Det skulle bli skönt att känna fast mark under fötterna igen även om det bara var för ett par dagar. Båten skulle ses över och lastas om. Under tiden skulle vi bo på ett gästgiveri vid hamnen. Jag kände mig ganska sömnig men tänkte hålla mig vaken tills vi kom fram. Ungefär en timme till skulle det ta hade kaptenen lovat.

Den lille i mina armar låg förunderligt stilla. Nyss hade han andats ganska häftigt och liksom gurglat. En tunn vätska rann utför hans haka. Hans ögon var slutna. Han andades fortfarande. Jag kallade på Lydia. Pojken var förmodligen väldigt sjuk. Det äldre paret som satt nära mig på däck, tog över David så att jag kunde tala med kaptenen. Det sista jag såg av pojken var att den äldre kvinnan, som hette Mayah, höll honom i famnen. Hennes man syntes inte till. Hon vaggade honom sakta och kysste honom ömt, som om han hade hört till hennes familj. Det reagerade jag på.

Då kallade Nikodemus på mig.

"Jag måste tala med dig om det här", sa han. "Lille David är inte död. Han är inte sjuk. Han har fått en ört som gör att han sover mycket djupt. Mayah och hennes man har hand om honom och de ska föra honom till ett esséerkloster vid Gardasjön i norra Italien (av idag). Detta är förberett sedan länge och Jesus vet om det men man har inte velat säga något till Maria Magdalena för vi visste hur våldsamt hon skulle reagera. Hon skulle aldrig släppa honom ifrån sig. När vi har stigit i land i Efesos ska hon få veta sanningen. Det finns ett pris på Davids huvud och Rom har spejare överallt."

"Då måste hon få veta det nu, annars blir hon tokig", fräste jag argt. Nikodemus tvekade, sedan nickade han.

"Du har rätt, det är nog bäst. Du får säga det, Jan. Men de andra, utom du och Lydia och kanske Araben, måste tro att han är bortrövad."

"Kidnappad heter det på modernt språk", snäste jag och gick raka vägen till den väntande modern.

Jag var rädd att hon skulle mista barnet hon bar på, så jag berättade det skonsamt när Lydia och jag var ensamma med Maria Magdalena. Hon tog det förvånansvärt lugnt. Hon sa att hon anat att någonting som gällde sonen var i görningen. Hon var arg på Jesus för att han inte hade berättat det. Jag försäkrade att hon skulle få träffa sin son i klostret när hon så önskade. Jag talade om för henne hur nödvändigt det var med bortförandet. Men då surnade Maria Magdalena till ordentligt. Hon ville varken prata med mig eller Nikodemus.

Trots att vi angjorde hamnen sent på kvällen låg Efesos

färgstarkt i lyktskenet. Maria Magdalena stod med sin svarta schal tätt virad om huvudet och lutade sig mot Hanna. Hon hade velat ta farväl av sin lille son, men det tillät inte Nikodemus. Tårarna rann oavbrutet. När äntligen landgången var utlagd och vi kunde börja landstigningen hjälptes Nikodemus och jag åt att bära henne i land. Hon var ömsom arg, ömsom djupt förtvivlad. Ömsom lutade hon sig mot mig eller Nikodemus, ömsom mot Hanna eller Lydia. Araben stod bakom och såg olycklig ut för han visste inte vart David hade tagit vägen och han förstod inte vad som försiggick. Han skulle informeras senare, sa Nikodemus. Lydia höll ett litet försvarstal för Jesus.

"Tänk om din make klarar sig där borta i Jerusalem", sa hon. "Tänk om han överlever! Vad skulle han säga om du sörjer så att det väntade barnet kommer ut för tidigt? Du kan skydda ditt ofödda barn på många sätt men absolut inte genom att sörja ihjäl dig. Vi, alla dina vänner, förstår dina känslor: du har förlorat David även om det inte är för evigt. Du vet inte om din make lever, om han har klarat rättegången. Men vi vet att han uppenbarar sig för dig om han inte längre finns bland de levande. Det har han inte gjort. Därför finns det gott hopp om att han ännu lever. Du kommer säkert att få ett budskap så småningom, när vi kommer fram. Ge honom möjligheten att få trycka åtminstone ett barn till sitt hjärta!"

Lydia tryckte på de ömmaste punkterna och lyckades få Maria att tänka klarare. Maximin hälsade på oss så snart vi anlänt till värdshuset. Han och Benjamin föll i varandras armar och Benjamin berättade så mycket han kunde. Maximin föreföll vara en mycket trevlig ung man, skägglös, med svartlockigt hår och mörka ögon. Hans drag var rena, nästan kvinnligt vackra och kroppen tunn och smidig. Nikodemus föreföll nöjd med att vi fick ännu en man med i sällskapet. Vi hade säkert många strapatser framför oss.

Det äldre paret fanns inte längre kvar på båten. De steg av i Efesos utan att ta farväl av oss. Vi såg dem inte bland mängden av människor i hamnen, inte heller på värdshuset. De var som uppslukade av jorden. De tog en fruktansvärd risk, tänkte jag, och beundrade dem.

19. Båtresan fortsätter från Efesos till Massila

Nu bar det iväg till det fagra Sicilien, till Syrakusa. Det var ungefär lika lång färd som den mellan Joppe och Efesos och jag bävade för Maria Magdalena. Skulle hon klara resan eller få missfall av förtvivlan? Långa sjöresor ger näring åt både drömmar och mardrömmar. Jag hade en odefinierbar känsla av att jag kommit med på den här resan endast för att garantera hennes säkerhet och hennes balans. Men jag hade inte behövt oroa mig. Maria Magdalena var stark: en starkare kvinna har aldrig skådats! Efter uppehållet i Efesos föreföll hon se framtiden an med förtröstan, och hennes innerliga kärlek till den Gud hon älskade och vördade hade inte rubbats en tum, kanske snarare förstärkts. Jag såg henne be flera gånger om dagen. Vi deltog i hennes böner morgon och kväll. Vår kapten, en kraftig, skäggig man i 50-årsåldern, dyrkade henne, det såg jag. När han tittade på henne blev hans hårda, sjömansgarvade ansikte mjukt som ett barns och han deltog så ofta han kunde i våra böner.

Jag var fruktansvärt nyfiken på Graalen, men Maria höll den gömd någonstans i sin packning eller kanske i en hemlig ficka i sina vida kläder. Jag tyckte att tiden till havs denna gång gick fortare än den förra. Kanske var man bara van, kanske var det vårt numera starkt sammansvetsade kamratskap som kändes så bra. Jag vill inte nämna tidens längd eftersom vi änglar inte accepterar tid på samma sätt som människorna. Lydia gjorde en enastående insats. Hanna blev sjösjuk och mådde egentligen dåligt hela tiden. Lydia hade ett sätt att muntra upp människor som var mycket ovanligt. Hon berättade rysansvärda historier som var så otroliga att man inte visste om man skulle skratta eller bli rädd.

Jag hade många intressanta samtal med Maria Magdalena. Vi satt ofta på däcket i skymningen om vädret var bra. Jag tror det var nyttigt för henne att prata om saker som intresserade oss båda, särskilt Jesus förstås. Vid ett tillfälle frågade jag henne om det var sant som det står i bibeln att Jesus hade drivit ut sju demoner ur henne. Jag kunde inte föreställa mig att denna underbara kvinna hade haft att göra med sådana hemskheter. Maria gav upp ett klingande skratt.

"Det var inte några demoner", försäkrade hon. "Säkert är det Petrus som står för det ryktet. Apostlarnas svartsjuka var ganska jobbig. Vet du vad min make gjorde - men då var vi redan gifta? Han öppnade mina sju chakran och renade dem. Det behöver alla människor göra då och då ifall inte chakrana öppnar sig själva. Han hade lärt sig detta i Indien. Apostlarna uppfattade nog bara siffran sju och tog för givet att det handlade om demoner." Hon skrattade igen och jag förstod att hon talade sanning.

"Det går många historier om kvinnan som smorde Jesus med en så dyrbar olja att apostlarna blev mäkta förtörnade. Var det du?"

"Ja, visst var det jag. Jag bodde i Betania då, medan jag väntade på att han skulle komma hem från en resa. Marta, Maria och Lazarus var mina gamla vänner. Du vet hur vi möttes. Jesus var Betania-familjens gode vän och han begav sig dit så fort dopet var klart. Hans mor, som var änka, hade en stuga där i närheten, där han brukade bo.

"Det står bara om en kvinna som smorde honom. Varför var du inte namngiven?"

"Jag var kvinna och hela den händelsen såg inte apostlarna på med blida ögon, som jag nämnde förut. Jag hade råd att köpa sådan olja och eftersom Jesus och jag var man och hustru så borde de inte ha lagt sig i." Den smörjelseakten fick jag veta mer om senare.

Vi hade någorlunda bra väder till havs denna gång. Jag tror att vi kom till Syrakusa på väldigt rimlig tid. Det var en lika färgstark hamn som Efesos, men där fanns något som jag saknat länge: musik. Lokalbefolkningen spelade och sjöng och vi lyssnade med stor förtjusning på alla de nya melodierna, smekande eller vilda, som ljöd i våra öron den tid vi vistades där. Visst var härbärget smutsigt och trångt, men stämningen var härlig. Visst kryllade det av hedningar och loppor, men det var trevliga sådana! Vi sjöng och dansade och drack av det förträffliga vinet. Jag minns inte så värst mycket mer av den hamnen! Här var det Nikodemus som höll i tyglarna och vi som höll oss till honom.

När vi lämnade Syrakusa var det hög stämning även på båten. Damerna hade skaffat nya kläder och sådant krafs som kvinnor tycker om, herrarna hade också försett sig med sina favoritsaker. Jag kunde inte gärna köpa nya kläder, jag måste ju ständigt bära munkkåpa, men under kåpan fick jag lite nyheter! Även Lydia, som tydligen föredrog att vara synlig hela resan, hade skaffat sig en vacker klänning i sjögrönt siden. Över den hade hon en broderad, gnistrande schal. Jag undrade varifrån hon hade fått pengar, men jag frågade inte. Nikodemus var värd för herrarna. Han tycktes ha en outsinlig kassa. Jag misstänkte att det var Maria Magdalena som bjöd damerna på utsmyckning. Hon var en förmögen kvinna och något hade hon väl tagit med sig med tanke på de strapatser vi kunde råka ut för.

Den sista hamnen var vårt nästa mål. Det var Massila (dvs. Marseille) i Gallien (se karta sid 104). Dit var det inte så långt och det var bra, för vi var alla ganska trötta på det eviga havet. Jag blev allt oroligare för Maria, trots att hon var så käck. Magen var mycket stor och hon vankade omkring på däck som en anka i sjönöd. Men hon tog sig själv med humor, klappade sig på magen och bad gossebarnet - hon var säker på att det var en pojke - att vänta tills vi kom i hamn. Det gjorde det - men inte mer heller!

Det första jag såg på morgonen, när båten gled in mot Massilas hamn var något som liknade tält utmed stranden. Vi revade seglen och gled i bra vind den sista biten mot kajen. Då började det. Jag hann inte titta mer på tälten, för nu skrek Maria Magdalena. Hennes födsloarbete hade börjat.

Hon lades på en i hast tillverkad bår och var den första som fördes nerför den snabbt utlagda landgången. Vi andra trängdes förskräckta omkring henne. Då och då kom ett skrik som isade människoblodet i mina ådror. Stod allt rätt till?

En högrest kvinna med mörk hudfärg banade sig väg genom folkhopen, som alltid inväntade kommande lastskepp. Hon följdes av en mängd män och kvinnor med liknande utseende. De var klädda i färgrika kläder och den högresta kvinnan bar massor av klirrande smycken. Folkhopen drog sig undan och hälsade henne med tydlig vördnad.

"Det är Sarah, den svarta drottningen", ropade kaptenen på vårt fartyg och lutade sig över relingen och vinkade till henne. Hon vinkade tillbaka, men innan vi hann tänka hade hennes män tagit hand om båren med Maria Magdalena och det bar iväg bort mot stranden, mot tälten som jag beskådat från båten. Vi följde förstås efter.

Senare fick jag veta att det var drottningens eget tält Maria fördes till. Vi häpnade över den komfort som fanns inuti tälten. Vackra mattor klädde väggarna och golvet, glänsande rökelselampor hängde från taket, bekväma sittplatser i form av färgsprakande dynor och kuddar fanns överallt. En del av tältet var avskärmat med ett draperi. Det var dit Maria fördes. Drottningen, tätt följd av Hanna och Lydia, visade oss med en vänlig handrörelse att vi skulle slå oss ner och vänta. Väntan blev lång, säkert flera timmar. Under tiden upplevde vi en makalös gästfrihet. De härligaste maträtter serverades av unga kvinnor i broderade kjortlar och skjortor. De var alla svarthåriga med mörkbrun hy och mörka ögon. De var vackra och vänliga och maten de bjöd på var utsökt. Jag vill minnas att zigenarna härstammar från norra Indien och utgjorde en stam som gjort sig fri från sitt land och som vandrade runt i världen.

Till slut kom det glada ögonblick när drottningen själv drog draperiet åt sidan och visade oss ett nyfött barn, med rena drag och det mjukaste röda fjun på huvudet. Det var en flicka. Maria hade haft en ganska besvärlig förlossning, men nu var allt bra utom kanske att hon hade hoppats på ännu en son, en ny liten Frälsare. Zigenarna vara vana vid sådana här händelser och de hade örter och hemgjorda mediciner som lindrade smärta och renade och botade. Nu spelade männen upp till dans på sina märkliga stränginstrument. Vi fick skåda dans och höra sång och musik som önskade det lilla barnet välkommet till jorden. Jesus, tänkte jag, hade fått en liten dotter som säkert skulle bli sina föräldrar till stor glädje. Jag hoppades att han skulle få reda på denna underbara händelse var han än vistades, och jag hoppades att en dotter var lika välkommen som en son i hans ögon.

Zigenarna erbjöd oss bostad och mat tills vi hade ordnat det för oss. De ämnade stanna kvar i Massila ytterligare en liten tid. Vi tog tacksamt emot erbjudandet. Jag undrade var Graalen fanns, och Nikodemus blinkade till mig som om han hade läst mina tankar. Den var säkert i tryggt förvar hos honom. Vi fick gå in i drottningens sovrum och hälsa på Maria Magdalena. Hon hade det lilla flickebarnet på armen. Flickans namn blev Sarah, eftersom det var den svarta drottningen som hjälpt Maria genom den svåra förlossningen. Gallien kändes välkomnande, tänkte jag innan jag somnade den minnesvärda kvällen i ett tält där vi karlar placerats. Kvinnorna bodde i ett annat tält. Lydia for nog omkring lite varstans, tänkte jag med ett skratt, hon var så nyfiken av sig.

Redan följande dag kunde Maria Magdalena stiga upp ur bädden och gå med oss utmed den långa stranden, där sanddynerna med vajande gräs utgjorde gränsen till bosättningarna runt omkring. Vi måste först och främst skaffa oss en bostad, så att vi därifrån kunde börja vår mission. Nikodemus var inte så förtjust över tanken att tillbringa en längre tid hos zigenarna. Jag förstår nog att han var orolig för Graalen bland detta vilda, glada, främmande folk. De kunde ju inte ana vad den representerade. Jag var angelägen att få klara besked om jag fick lov att följa med Nikodemus på hans snart förestående resa till Britannien. Det betydde att jag måste hem till änglariket igen, men det lovade Lydia att ordna. Nikodemus tänkte dock inte resa förrän han hade Maria Magdalena och hennes barn ordentligt i hamn, som han uttryckte sig, och Maximin och Hanna stannade förstås kvar hos henne.

Så kom ett fruktansvärt besked. Det nådde oss alla genom den snälle kaptenen på båten. Han hade en omständlig reparation att göra på sin båt och tillbringade mycket tid i hamnen. Ett fartyg hade anlänt från Joppe, också det. Kaptenen på den båten berättade för vår kapten om korsfästelsen. Enligt honom hade det hänt en hel del konstigheter, men Jesus hade dött på korset och tagits ner och förts till en släktings grav. Dessa nyheter drabbade oss när vi just hade fått tag i ett bra hus, som låg på en kulle med utsikt över den lilla hamnstaden. Lydia fick hålla i mig för att jag inte skulle springa iväg till Maria Magdalena med min version av korsfästelsen. Jag visste att han levde och fick inte tala om det. Lydia lugnade mig med att Maria säkert skulle få veta det snart. Jesus skulle utan tvekan sända ett brev till henne. Men det kändes grymt att vi måste hålla god min och se hennes nya förtvivlan. Först hade hon förlorat lille David, sedan trodde hon att hennes make hade dödats. Jag bad Lydia att "ordna hemresa", så att jag inte pratade bredvid mun efter ett par bägare av det utsökta vinet.

20. Resan till Britannien med Graalen

Hem kom jag mycket snabbt och jag vaknade som vanligt med Kualli sittande vid min bädd. Den här gången såg han ut att ha enormt roligt. Han satt faktiskt och skrattade. Jag rynkade pannan och var helt oförstående.

"Lydia har berättat om dina eskapader, Janne!" sa han. "Du sköter dig bra och än så länge har du hållit inne med förbjuden kunskap. Och nu vill du hit för att du inte ska frestas att berätta sanningen. Det är ju du som söker Sanningen!"

"Jag ville hit för att fråga om jag får följa med Nikodemus och Benjamin på deras resa till Britannien", anmärkte jag torrt. "Du sa inget om den sist jag var hemma, så jag visste inte om den ingår i planerna."

"Från början gjorde den inte det", svarade Kualli fundersamt. "Men vi är helt förberedda på att sanningen kommer med nya vägar som behöver utforskas. Kanske vi ska kalla det sidovägar, små stigar i Sanningens skog. Du får gärna följa med till Britannien. Det finns så mycket oklart om Graalen och den har haussats upp till någonting som den egentligen inte är. Därför är det bra om du tar reda på även Graalens sanning. Men du ska från början veta att den riktiga platsen där den är gömd inte får avslöjas för allmänheten. Den får du inte skriva om. Föreställ dig vilken rusning det skulle bli till den platsen då!"

"Det finns en bok i nutiden, säger mitt medium, som talar om just detta", sa jag lika fundersamt. "Den talar om det kvinnliga och det manliga som Graalen representerar. Den hänvisar till Maria Magdalenas livmoder som den verkliga Graalen."

"Många olika synpunkter på Graalen har framkommit under seklerna", myste Kualli och hans ögon var närapå odygdiga. "Men vi får väl ändå tro på Jesus och Maria Magdalenas version, att den är deras bröllopsbägare som representerade yin och yang men också evigheten."

"Hurdå evigheten?" undrade jag.

"Båda drack ur den. Deras förbund var evigt. Det visste Maria och det kommer du att märka att hon vet. Hon känner ingen smärta längre, hon vet att hon är oupplösligt förenad med Jesus. Därför ska ingen annan ha Graalen. Den tillhör dem och endast dem. Men du kanske får veta mer om du följer med Nikodemus. Han är en rekorderlig man, han sviker dig inte. Han väntar på dig nu, så ge dig iväg min vän!"

Frågor susade i mina öron, men de fann inga svar. Jag vaknade upp i det hus som Nikodemus hade ordnat åt Maria Magdalena. Hon själv stod vid min bädd med en orolig blick i ögonen och sin nyfödda dotter på armen.

"Kära änglavän", sa hon och smekte lätt min panna. "Så skönt att du vaknade. Du har sovit alldeles för länge och vi kunde inte väcka dig. Lydia sa åt oss att vänta, att du var långt borta och snart kom tillbaka."

"Jag ska följa med Nikodemus och Benjamin", förklarade jag. "Graalens färd blir också min färd."

"Det är bra", sa Maria, "för Nikodemus avser att ge sig iväg så snart du kommit tillbaka till oss. Han har skaffat er präktiga hästar."

Javisst ja. Det skulle inte bli någon biltur i det här århundradet, tänkte jag och suckade vid tanken på alla strapatser en hästfärd kunde innebära. Inte ens en vagn fanns att få. Folk gick eller red eller åkte båt. Båt till Britannien skulle bli alltför långt. Så det var bara att hänga med. Men Lydia då? Jag frågade.

"Lydia vill följa med dig", svarade Maria Magdalena och nu var det hon som suckade. "Jag har lärt mig att tycka så mycket om den kvinnan. Hon har samma inställning som jag till Fadern och hans verk. Vet du, jag har lyckats omvända Sarah och hela hennes folk här. Hon var den första jag döpte på gallisk mark och det är därför min dotter ska heta Sarah. Jag är drottningen stort tack skyldig och så länge de stannar här ska vi arbeta tillsammans med de kunskaper vi har."

"Det gäller för dig att få det galliska folkets förtroende också", sa jag. "Det är här du ska vara verksam de närmaste åren. Men du talar deras språk och det verkar som om de förstår dig."

Nikodemus visade mig genast min stolta springare. Det var en apelkastad häst med yvig man och snälla ögon. De andra hästarna var bruna. Jag vågade mig på en smekning av min Brunte, som jag tänkte kalla hästen. Det var ett hederligt gammalt svenskt hästnamn.

Det kändes svårt att ta farväl av Maria Magdalena och samtidigt var det skönt att hon hade Maximin som beskyddare. Han verkade visserligen svärmisk och romantisk, men Nikodemus försäkrade att han kunde använda sitt svärd. Den vita villan på kullen såg romersk ut och det visade sig att ett romerskt par hade byggt den. Mannen hade nyligen dött och hustrun hade återvänt hem. Vår kapten rekommenderade oss på det varmaste och Nikodemus (eller Maria Magdalena) fick köpa huset till ett ganska blygsamt pris. Vad mera var: i närheten fanns flera andra hus som visade sig tillhöra en koloni av judar som bosatt sig på denna plats. Maria Magdalena mottogs med stor glädje i denna judiska koloni och likaså Nikodemus och Benjamin. Det kändes bra, eftersom dessa judar var vänliga människor som trivdes i Massila och som stod på god fot med den övriga befolkningen. Jag ville helst inte lämna denna oas, men jag hoppades komma tillbaka någorlunda snart med glada nyheter.

Så bar det av. Nikodemus hade skaffat ännu en häst för packningen och tagit reda på ridvägarna och de värdshus som fanns på vår väg. Benjamin föreföll full av äventyrslusta och hans ögon var glada och förväntansfulla. Vi red under tystnad, jag hade fullt sjå med att lära känna min häst och manövrera den rätt. Bakom mig red Lydia. Som allting annat verkade hon behärska ridningens konst fullkomligt. Hon red beslöjad för säkerhets skull.

För den som aldrig har ridit genom Gallien (Frankrike) rekommenderar jag på det varmaste en sådan ridtur. Skönheten i de landskap vi red igenom var betagande, vart och ett av dem log mot oss och välkomnade oss på olika sätt. Vi undvek de större vägarna (om sådana fanns) och passerade små idylliska byar där vi togs emot med stor välvilja. Men Nikodemus var hela tiden på sin vakt och vi tilläts aldrig sova alla på en gång. Någon måste vakta. Det fanns rövare på den här tiden och den största välvilligheten i ett gästgiveri kunde dölja den största faran. Det gick emellertid bra ända tills vi kom till en plats ganska högt upp i norr. Vi följde floden Rhône tills vi blev tvungna att ta oss över till andra sidan. Möjligheterna att ta sig över floden var begränsade till vissa byar som hade rejäla flottar för både folk och fä. Den morgonen som vi for över Rhône ska jag alltid minnas.

Det var i soluppgången. Dagen lovade att bli varm och förhoppningsvis behaglig. Flotten var precis så stor att den rymde både oss och hästarna. Två kraftiga karlar från den by vi just lämnat stakade flotten. Vattnet låg blankt som en spegel. När vi väl hade kommit över floden så var det bara att rida takt åt nordväst mot den hamn, varifrån båten till Britannien avgick. Det skulle ta några dagar, men vi gladde oss åt att vår resa närmade sig sitt slut. Vi hade kanske ett par veckor kvar att färdas. Det berodde mest på vädret. Svåra regnväder kunde försena oss, men det var inte den årstiden häruppe i norra Gallien.

Det var lite struligt att få iland hästarna. De gillade inte alls att befinna sig på böljan blå och när de skulle ta sig iland blev det till att plaska in en bit på grunt vatten. Flotten kunde inte lägga till på samma sätt som en båt. Det var bara att sätta sig upp på hästarna och trava iväg så vattnet plaskade högt mellan hovarna, upp på våra ben. Som vanligt kom Lydia tätt efter mig. Plötsligt hörde jag henne skrika till. När jag vände mig om såg jag att hennes häst hade snavat och hela bördan låg i vattnet. Lydia var våt, men oj, vad hon var arg! Hon slet av sig slöjan och bar sig allt annat än änglalikt åt. Sedan klafsade hon iväg upp på land och Benjamin och jag hjälptes åt att samla ihop hennes häst och packning. Jag hade svårt att hålla mig för skratt. Det var varmt och hon torkade fort när vi satte oss vid stranden och gjorde upp en liten eld. Lydia blängde ilsket på mig.

”Det hade varit mer typiskt om det hade varit du!” sa hon och brast därefter ut i ett varmt, härligt skratt. Det var det trevliga med henne: hon surade aldrig länge. Hon tog allt från den bästa sidan.

Flotten som vi hade åkt på var nästan utom synhåll när vi hörde några underliga ljud från buskarna bakom oss. Ett litet skogsparti med tät växtlighet fanns strax ovanför stranden och roddarna på flotten hade talat om för oss vilken väg vi skulle ta för att komma igenom det. Nikodemus hade rest sig och höll på att leda fram hästarna till oss. Benjamin hade släckt elden och jag hade just lagt armen om Lydia för att hjälpa henne upp på hästen när eländet brakade loss. Rövare! Massor med rövare! Vi blev ett lätt byte för dem. Det tog inte många minuter innan vi satt på våra hästar med bakbundna händer och förbundna munnar. Vi kunde se fram emot slutet på vår resa ur alla synpunkter. I det ögonblicket trodde Nikodemus säkert inte att Graalen någonsin skulle nå sin destination. Men han hade heller inte räknat med att två änglar följde med på resan.

”Håll i er!” skrek Lydia inuti min hjärna. Jag mötte hennes ögon eftersom hon red vid min sida. Vi hade rövare framför oss, bakom oss och vid sidorna. Hur skulle vi komma ur detta? Jag hade så starkt i mig att jag inte fick röra en fena för att ändra på något, eftersom jag då ingrep i det historiska skeendet. Men det finns alltid undantag, det fick jag lära mig.

"Nu sätter vi igång!" sa Lydias röst i mitt öra. Jag tittade återigen på henne. Hon var försvunnen och rövaren som red bredvid henne stirrade förfärad på hennes tomma häst.

"Sätt i gång och få dem att sova", viskade Lydia. "Både du och jag kan det. Skynda dig! Jag tar höger och du vänster sida."

Jag lydde ordern, för den var bra. Så metodiskt som det bara var möjligt fick jag en efter en av rövarna på vänster sida att nicka till och falla i sömn. Lydia löste upp våra knutar lika lätt som om hon hade varit elev till Houdini. (Förlåt, han fanns ju inte då!). Nikodemus och Benjamin fattade genast galoppen, så vi satte av i högsta fart åt det håll vi blivit anvisade av roddarna.

"De vaknar inte på några timmar", försäkrade Lydias röst i mitt öra och ett glatt fnitter följde. Ibland är det praktiskt att vara ängel!

Nikodemus tog täten och vi red länge i mjuk galopp genom ett landskap som visade sig vara den ena odlade åkern efter den andra. Tydligen höll rövargänget till åt andra hållet i skogen. De hade placerat sig nära den plats dit flottarna kom, för att råna stackars resande. Vi beslöt oss för att informera om detta i närmaste stad eller by.

Inga större eller farligare äventyr väntade oss under resten av resan. Vi fick vänta ett par dagar på överfarten till Britannien och det var riktigt skönt. Vi hittade ett litet värdshus med hyggligt värdfolk och god mat. Där gjorde vi strövtåg längs stranden och upp i bergen. Det var en välbehövlig vila från den ganska tröttsamma ritten genom Gallien. Min bakdel var trots änglahärstamningen föremål för ganska plågsam ömhet och sveda. Det var tur att Lydia var en god healer, som utan ord förstod var smärtan satt!

21. Den heliga Graalen får sitt gömställe

Klipporna i Dover (som det heter numera) var det första vi såg av Britannien. Det var en bit att ta sig in till fastlandet med hästarna. Jag hade inte en aning om vart vi egentligen skulle, så nu tyckte jag det var dags att fråga. Vi red en bit inåt landet och i kvällningen, när skuggorna blev längre och en blek månskära anades, kom vi fram till en liten by med ett värdshus. När vi satt med var sin bägare utmärkt engelskt öl på värdshuset, bad jag att få veta vart vi skulle föra Graalen.

"Vi ska resa vidare en ganska lång väg", svarade Nikodemus. "Det finns en märklig plats som heter Glastonbury som ligger i Somerset. Dit ska vi och där ska vi träffa en gammal vän. Han vet allt om Graalen och dess märkliga kraft."

"Varför kunde vi inte gömma den lika bra i Jerusalem eller i Egypten?" undrade jag.

"Det har med framtiden att göra", svarade Nikodemus kryptiskt och sen verkade han inte villig att diskutera den saken mera. Han bytte samtalsämne och berättade om det land som vi befann oss i och vad som hände där.

När vi äntligen kom fram till Glastonbury var vi så trötta och medtagna att mötet med Jesus bror Josef av Arimatea först blev lite ansträngt. Han kände dock igen mig och föreföll nöjd med sällskapets sammansättning. Han bugade sig vördnadsfullt för Lydia när hon presenterades som en ängel. Men när han kom med tidender från Jerusalem, den sanna berättelsen om korsfästelsen, blev Nikodemus och Benjamin överlyckliga. Det var i sanning goda nyheter de skulle berätta för Maria Magdalena. Jesus levde och befann sig i klostret på Karmel. Hans skador från korsfästelsen var ännu inte läkta, så han måste vila och få behandling av de skickliga esseiska munkarna där. Det skulle säkert ta flera månader innan han blev helt återställd. Josef visste också att han därefter tänkte ta sig till Egypten, till Alexandria och Heliopolis, under antaget namn. Där skulle han vänta på Maria Magdalena och Sarah. Josef skulle ledsaga dem dit. Kanske de skulle få vara tillsammans en längre tid. Det hoppades han i alla fall. Men denna nyhet var ytterst hemlig. Det var satt ett pris på Mästarens huvud och han kunde inte känna sig säker någonstans i världen under sitt eget namn.

Den första kvällen vi var tillsammans med Josef fick jag äntligen se Graalen. Den var gjord av alabaster som tog upp spektrums alla färger på sin slätpolerade, gyllene yta. Den hade vackra dekorationer på foten och på översta delen fanns ädelstenar. Jag förstod ändå att det inte var någon vanlig bägare, den var liksom självlysande.

"I den svåraste tiden i jordens historia kommer man att hitta Graalen", förklarade Nikodemus. "Och då kommer den att utföra underverk. Dess healingförmåga är enastående. Men den får inte komma i orätta händer, därför måste vi gömma den väl. Hemligheten begravs med oss och jag förmodar att de två änglarna inte tänker föra den vidare. Däremot åläggs ni att rädda den om den dagen kommer att fel person hittar den."

"Hur får vi veta det? Var är vi då?" muttrade jag.

Nikodemus smålog och Lydia gav mig en ursinnig blick. Då kom jag ihåg att jag bara var "tillfällig" människa. Det är så lätt att komma in alltför starkt i rollen, tänkte jag.

Nästa morgon var dimmig, men ovanför dimman anade man det skiraste solsken och luften var frisk och sval när jag mötte Lydia utanför värdshusets dörr.

"Det är dags", smålog hon. "Nu ska vi begrava Graalen."

Platsen dit Josef förde oss var så egendomlig att jag rös ända in i själen. Först gick vi uppför en hög kulle. Däruppe fanns ett ihåligt torn som man kunde gå in i. Tornet var urgammalt (The Tor anses som en kvarleva från senare delen av stenåldern, se bild sid 7). Utsikten därifrån var hänförande. Jag trodde först att Josef skulle placera Graalen där, men så var det inte. Han tog fram den och höjde den mot himlen just när solen bröt fram ur dimslöjorna och glittrade till på det ännu daggvåta gräset. En stråle föll rakt på Graalen och se! Den tändes som en lampa och ljuset fanns inte bara inne i den utan även runt omkring den. Det var som om den insöp ljuset för sista gången på länge. Vi knäföll och bad tillsammans alla fem.

En säregen stämning av närvaro kändes när vi åter reste oss. Graalen skimrade, nu lite svagare men o, så fulländat skön. Det hördes ett sus, liksom en ton i luften. Jag kan inte kalla det sång, bara toner från sfärerna. Jag märkte att Lydia reagerade starkt på de kosmiska ljuden. Hon tog min hand och vi stod där i stilla vördnad.

Den avbröts dock när Josef med sin stav visade oss att vi skulle gå vidare. Jag tittade på hans stav och undrade varifrån han hade fått den. Den såg ut att vara en gren från ett träd och jag mindes i mitt änglaminne att Josef av Arimatea enligt gammal folktradition planterade sin stav i jorden, där den slog rot och började växa. Den fanns i form av ett hagtornsträd när jag levde på jorden (se bild sid 9).

Vi gick nerför kullen. Det kändes som om vi lämnade en forntid så tät och belagd med så mycket mystik och mörka skuggor att huden på mina armar knottrade sig, trots att jag var ängel. Jag fylldes av frågor som jag tänkte ställa till Josef av Arimatea. Men nu närmade sig den högtidsstund, när Graalen skulle placeras på sitt gömställe. Eftersom jag inte får tala om var det var, så använder jag bara ordet "gömställe".

Den berömda källan i Glastonbury, som ligger på en höjd, Chalice Hill, rinner ner i trappsteg som är byggda av kullersten. Hela vägen runt dessa finns en yppig växtlighet med många sorters blommor (se bild sid 8). Det går en ränna genom trappstegen som gör varje avsats till en idyll för sig. Vi vandrade omkring och lyssnade till den porlande musiken. Till slut bestämde dock Josef var Graalen skulle placeras. När det var gjort samlades vi kring "gömstället". Då hade solen redan begynt sin vandring mot väster och började anta en rödaktig färg, som skimrade som ett rosensken över hela trakten. Vi sjöng en hymn som i högtidliga toner steg mot kvällshimlen. Kanske jag inbillade mig det, men jag tyckte att solnedgångens rosensken sände sina strålar rakt ner till "gömstället" och fick detta att vibrera i ett lysande rosafärgat ljus.

Josef talade. Hans tal står för evigt inpräntat i mitt minne.

"Vi står vid ingången till en ny era", sa han. (Jag hade inte förut lagt märke till hur stark och mäktig röst han hade.) "Graalen ska sova i minst två tusen år. Dess helande förmåga bildar ett kraftfält som förstoras allteftersom tiden går. När detta kraftfält har nått sin kulmen kommer Graalens utstrålning inte att vara gömd längre. En speciell människa kommer att finna den. Då är det dags att världen får sona sin ondska i dess helbrägdagörande strålar. Mästarna kommer att materialisera sig för att bekräfta att tiden är inne. Då är jorden stadd i upplösning och Graalen har till uppgift att vara en länk i dess botande. Jorden blir till ett slagfält för olika religioner som vuxit sig fram med och utanför kristendomen. Broder dödar broder, far dödar son. Människors självtolkade religioner sprider ondska, våld och kvinnomisshandel. Templen rivs eller vanäras. Ingenting förblir heligt. Det blir ärofullt att misstolka, förstöra, ödelägga.

Den urgamla visdomen säger att det alltid finns och kommer att finnas vissa urgamla sanningar som ligger i botten på alla religioner och trossystern som uppstår. Människor är olika och lever olika och därför anpassar de sin tro till sin lokala boplats och ger sina gudar olika namn, trots att dessa i grunden har sitt ursprung i en enda Gud.

Den urgamla visdomen hävdar att det finns en kosmisk värld som innefattar helheten och som inte kan mätas av vetenskap, men som är verklig. Var och en av oss har en gnista av det gudomliga inom oss och kan ta direkt kontakt med Gud. Det gudomliga är grunden för all tillvaro. Medvetandet om detta har inte med någon kyrka att göra, det är någonting som ger frid, fullkomlighet och gudomlig tillit.

Skönheten och kärleken finns alltid kvar. Under allt, bakom allt kommer en hoppets glädjesång att höras. Det är segern över ondskan - skönhetens och kärlekens seger. I den deltar vi alla. Den blir vår kampsång. Och vi blir många. Mästare från Det Stora Vita Brödraskapet kommer att återfödas för att hjälpa människorna. Jorden kommer åter att blomstra så som ni ser att den gör här. Graalens makt kommer att höras långt inifrån jorden. Varde Ljus - och det blir ljus!"

Tysta gick vi ner från kullen. Hand i hand gick Lydia och jag som visste.

22. Tillbaka till Maria Magdalena i Massila

Josef av Arimatea förklarade att han tänkte följa med tillbaka för att ledsaga Maria Magdalena och hennes barn till Egypten. Där skulle de invänta Jesus. Min roll var alltså färdigspelad tills vidare, likaså Lydias. Det var dags för oss att återvända till änglarnas rike för att få nya uppdrag. Jag kände mig lite snopen över att jag inte fick se mer av södra Gallien, men Lydia tröstade mig med att det skulle bli flera "titthål".

"Det finns en annan version av Maria Magdalenas flykt till Frankrike", berättade Kualli när vi hade kommit tillbaka. "Josef av Arimatea hjälpte henne att fly till Egypten direkt efter korsfästelsen. Hon födde barnet i Egypten. När Sarah var tolv år reste de till Frankrike. Barnet omtalas som "svart" och kallades sedermera "Den svarta Madonnan". Det svarta hade med sorg att göra, inte med hudfärg. Hon kallades även för prinsessa, eftersom hon var en ättling av Davids ätt."

"Vilken version är den rätta?" muttrade jag. "Vet du det? Det finns ju många flera versioner som inte alls talar om Maria Magdalena som hustru till Jesus, utan Maria av Betania i stället. Dessutom talas det om dessa kungliga härkomster. Ifall Betania-syskonen var av Davids ätt så bar väl Lazarus det kungliga arvet? Äldst av dem var Marta, den husliga. Hur gick det med henne då? En del folk i Provence påstår numera att både hon och Lazarus var med på båten som Maria Magdalena kom med. Det måste vara fel. Jag såg då inte till dem, men jag träffade den fina pojken Maximin."

"Det är tvåtusen år enligt er tideräkning sen detta hände. Tror du att vi gör dessa Sanningens titthål för att du ska hamna fel?" smålog Kualli. "Vi är långt ifrån färdiga än, men jag förstår att du ställer dig frågor och även tvivlar ibland. Vad tyckte du om Josef av Arimatea?"

"Han var reko", svarade jag förtjust. "En lärd man med skarp intelligens och vida vyer. En förkämpe för sanningen. Ett underbart stöd för Maria Magdalena."

"Kan du tänka dig parallella världar?" fortsatte Kualli att fråga.

Jag höjde ögonbrynen. Det var en irrelevant fråga i sammanhanget, tyckte jag.

"Visst finns det många parallella världar med olika versioner av samma saga", svarade jag. "Kanske var allt jag upplevde en myt i den här världen och verklighet i en annan värld? Vart vill du komma med detta?"

"Människor kan omedvetet dyka ner i parallellvärldar när de ger sig in i sökandet efter det förlorade eller försvunna", påstod Kualli.

"Har jag gjort det?" frågade jag förvånad.

"Inte du, inte!" Kualli skrattade. "Du leds ju härifrån. Tror du att vi skickar ut dig på måfå eller för vårt höga nöjes skull? Men det är lätt att bli förvirrad när man vet eller tror sig veta att samma händelse har flera olika förlopp. Vi måste hålla oss till en verklighet här och nu. Här är änglariket där du är nu. Ditt förflutna finns på jorden, som vi har stark anknytning till. Det är den jorden vi arbetar med, det är den vi gör titthål i och i dem kan saker och ting bara hända på ett sätt. Det är vad du jobbar med hela tiden nu.

Vi kommer att sända dig tillbaka till södra Gallien (nuvarande Provence i Frankrike) 12 år efter ditt förra besök. Det är dags att hälsa på Maria Magdalena igen, så du slipper gå omkring och undra: Hur gick det sen?"

"Så jag ska till den där grottan hon satt i under 30 års tid?"

"Nej, visst inte. Du ska däremot tillbaka till det "romerska huset" där hon bodde kvar med dottern och sina vänner tills hon blev ensam."

"Hälsade hon på Jesus i Alexandria?"

"Det får du fråga henne om. Du har nog många frågor att ställa till henne och hon svarar dig säkert gärna. Men undvik att tala om David."

Med detta besked skickades jag iväg igen till nästa titthål, som jag fann vara en utmärkt benämning på de här utflykterna i forntiden.

Jag stod utanför det vitmenade huset. En skog av blommor och buskar hade vuxit upp sedan jag var där sist, men själva huset var sig likt. Jag knackade på porten, som genast öppnades av en ung flicka i vit klänning. Jag förstod att det var Sarah. Hon hade sin mors vackra hår, men den röda glansen fattades. Håret var djupt brunsvart, men ögonen påminde mig om hennes far. De var stora, med långa ögonfransar och de skiftade. Ansiktet var mycket likt Maria

Magdalenas.

"Vem är du?" frågade hon. Jag gjorde esséernas hälsning för att se hur hon svarade. "Frid vare med dig", sa jag. "Jag är ängeln Jan. Din mor känner mig."

"Frid vare med dig", svarade hon och log. Hon hade djupa skrattgropar i kinderna precis som Maria. "Jag ska hämta henne."

Hon hann inte mer än vända sig om så stod Maria Magdalena där, lika strålande vacker som alltid, men i hennes ögon läste jag sorg. När hon såg mig omfamnade hon mig varmt och förde mig in i huset. Först satt vi en stund och bara såg på varandra. Sen brast vi båda ut i skratt och hon tog mina händer.

"Var har du Lydia?" frågade hon.

Oj, jag hade alldeles glömt bort Lydia. Jag hade inte en aning om ifall hon var med eller icke. Men den tanken hann jag inte tänka ut, förrän hon dök upp från ingenstans i sin sjögröna klänning med den broderade schalen. Maria gav till ett glädjeskrik och de båda kvinnorna föll varandra om halsen. Egentligen, tänkte jag, borde det inte finnas med känslor när vi två änglar besöker gamla tider. Känslor är så lätta att medföra och de inbegriper ofta saknad och sorg, men förstås också glädje och kärlek.

När det första hälsandet och kvinnotjattret var överstökat satte vi oss på en bekväm divan och nu kunde jag ställa frågor. Sarah kom in till oss med en bricka med små söta kakor och glas med uppfriskande juice. Hon frågade lite tveksamt om hon fick sitta med oss och hennes mor nickade.

"Kom de tre männen, Nikodemus, Josef av Arimatea och Benjamin ordentligt tillbaka hit från Britannien?" var min första fråga. "Och var är de nu?"

"Ja, de kom tillbaka och vilade ut här efter sin långa resa", svarade Maria Magdalena. "Nikodemus har givit sig iväg på en missionsfärd runtom i Gallien tillsammans med Benjamin. Maximin finns kvar här. Han vill inte lämna mig, han ser sig som min utvalda beskyddare. Josef den outtröttlige blev vår ledsagare då Sarah och jag reste till Alexandria i Egypten för att träffa min älskade make. Hans namn är inte längre Jesus eller Yeshua. För säkerhets skull kallar han sig för olika namn, eftersom romarna kan ha spioner även i Egypten. Han bor mestadels i Heliopolis, i det magnifika klostret som finns där. Vi möttes i Alexandria hos goda vänner. Sarah var bara två år, hon minns inte mycket av det mötet, men Jesus var överlycklig över att få se henne."

"Och du?" undrade jag eftersom en skugga for över hennes vackra ansikte.

"Jag saknar honom.", viskade hon och tårarna vällde upp i hennes ögon. "Hela mitt liv är byggt på saknad av den människa jag älskar mest och som jag är en del av. Vi kunde inte stanna så länge i Alexandria. Yeshua lever som munk i Heliopolis, det är hans bästa skydd för den mission som återstår honom. Han har lovat att komma hit ifall han får besked från sin himmelske Fader att det är den bästa vägen. Annars ska vi hälsa på honom igen. Och det kommer att ske mycket snart, tror jag."

"Vad gör du här?" frågade Lydia och lade armen om sin väninna. "Hur får du tiden att gå?"

"Tiden går fort", smålog Maria. "Jag har vår dotter Sarah som ska fostras i min makes anda. Jag omvänder människor. Ni kan inte tro så många jag har omvänt till min makes visdomslära. Jag reser också omkring med Maximin och Sarah och talar till folk. Ni hade tur att vi var hemma nu. Vi vilar ut efter en ganska besvärlig resa i norra Gallien."

"Du vet väl ingenting om den heliga Graal?" frågade jag.

"Inte mer än du", var svaret. "Men jag vet att Josef av Arimatea återvände till Britannien sedan han lotsat mig fram och tillbaka till Egypten. Han tycker om att resa den mannen. Han är som fisken i vattnet ombord på båtarna och alla kaptener gillar honom. Han har grundat den första kristna kyrkan i Britannien, i Glastonbury där ni var. Såvitt jag vet är han kvar där. Jag hoppas han besöker oss här när han är färdig med Glastonbury. Kanske vakar han över Graalen. Jag vet inte."

"Hur arbetar du?" undrade jag.

"Jag tycker bäst om att tala till folk", sa hon. "Jag ställer mig på ett torg och börjar prata. Snart samlas människorna omkring mig och de flesta är bra lyssnare. Det händer inte ofta att jag får hånfulla ord eller sopor som viner runt huvudet. Det har hänt, men det är sällan. Som du vet så hjälper jag också sjuka människor. Det har jag gjort väldigt mycket här. Det är så roligt, för det gör människorna glada och då är det lättare att omvända dem."

"Har du skrivit något evangelium, Maria Magdalena?" frågade jag allvarligt. Hon stirrade på mig en lång stund.

"Varifrån har du fått det?" var hennes motfråga. "Det enda jag skriver är brev till min älskade och jag får hans brev med någon båt ibland. Något evangelium känner jag inte till. Allting finns i mitt huvud, i mitt minne. Jag förkunnar ord som jag inte vet om, jag får en omedveten inspiration som leder mig som en stjärna. Jag tror att det är min make som sänder den till mig.”

”Jag har i alla fall en glad nyhet till er båda”, sa Lydia. ”Det var därför jag blev lite sen. Vi, Jan och jag, ska följa Maria och Sarah till Alexandria nu! Jesus möter oss där. Vad sägs om det?”

Maria störtade upp från divanen och omfamnade Lydia. Lyckotårarna rann. Det var bara Sarah som satt blek och stilla med nedslagna ögon. Hon rörde inte en min.

”I nästa vecka fyller Sarah tolv år”, sa hennes mor. ”Vilken underbar födelsedagspresent du får, barnet mitt!”

Vid dessa ord reste sig flickan tyst och gick ut ur rummet. Lydia hindrade Maria från att följa efter henne.

”Flickan behöver få vara för sig själv. Hon har inte träffat sin far på över åtta år, du måste förstå att det kan kännas konstigt.”

”Det är en lång båtfärd”, inflikade jag och jag visste att jag talade för egen del också. ”Den kan bli ansträngande. Hon kanske oroar sig för resan. Men förresten, var är Araben? Kan inte han trösta henne? Han verkade så förtjust i barnet under vår resa.”

”Han har lämnat oss”, svarade Maria. ”När han fick höra att David levde och befann sig i ett esséerkloster i Italien, så begav han sig dit. Vi får hoppas att han blev väl emottagen där. Jag sände ett brev med honom.”

Men det var inte resan flickan oroade sig för. Det var att träffa sin far igen. För henne var han en främmande, avlägsen gestalt som hon hade lärt sig att avvara. Hon bad sin mor att få slippa följa med,

Maximin kunde ta hand om henne. Det gick inte Maria med på. Så vi fick med oss en surmulen liten tös, som knappast talade eller svarade. Maria var förtvivlad, men Lydia försäkrade att Sarah snart skulle sluta tjura. Alltför många spännande saker hände när vi äntligen kom iland efter en båtresa som visserligen var något kortare än den förra, men inte precis njutbar, åtminstone inte i mitt tycke. Jag lyckades få flickan på bättre humör genom att prata med henne och berätta för henne, dels om hennes far, dels om landet vi skulle besöka.

23. Maria Magdalena berättar om sina tidiga år

Vi satt på däck och kvällen var klar och stilla. Det var skillnad på Maria Magdalena nu och för tolv år sedan. Hon hade mognat och hon hade framför allt mer pondus. Den mjuka unga havande kvinnan var borta. I stället var hon en erfaren kvinna, rik på både besvikelser och glädjeämnen. Vart hon än kom fick hon en massa vänner och det förstod jag. Äntligen hade Sarahs tjurighet blåst bort med vågorna och hon låg med huvudet i sin mors knä och tuggade på en dadel. Lydia såg drömmande ut över havet och jag undrade vad hon tänkte på. Kanske funderade hon på samma sak som jag? Plötsligt fick jag en ingivelse.

"Maria, ingen vet något om ditt liv i Magdala", sa jag. "Du var minst 17 år när du kom till Jerusalem. Varför kom du dit? Vilka var dina föräldrar? Du har aldrig talat om dem. Har du lust att berätta för mig?"

Hon såg på mig med sina stora vackra ögon och blåste bort en envis hårslinga som glänste mörkröd i aftonens milda ljus.

"Det är inte så mycket att förtälja", smålog hon, men det fanns stor sorg i hennes ögon. "Mina föräldrar är döda. Men jag ska berätta alltsammans för ängeln Jan och min kära väninna Lydia, ni båda som så troget står vid min sida. Sarah har hört det förut, men hon kan gärna få höra det igen.

"Jag föddes en vindblåst natt i den blomstrande handelsstaden Magdala. Min far som hette Jonathan, har berättat för mig om min födsel. Mor var mycket vacker och mycket klok och han älskade henne oerhört. Jag har aldrig hört annat än att hon också var en mycket god och generös människa. Både far och mor längtade efter barn, men det dröjde innan jag gav mig tillkänna. Och när jag föddes uppstod väldiga komplikationer. Far tillkallade alla helbrägdagörare och goda barnmorskor han kunde få tag i, så det fanns en rikhaltig samling kunnigt folk omkring min födsel. Han satt vid mors huvudgärd och höll hennes händer och smekte hennes lockar. När jag äntligen, efter ett långt och svårt födsloarbete kom till världen, så dog min mor.

"Jag antar att far hade önskat sig en son, men det har han aldrig sagt till mig. En ömmare far kunde inget barn önska sig. Jag har verkligen fått kärlek. Trots att min far var en lysande affärsman och hade skapat sig en stor förmögenhet, hade han tid till att ge mig mycket kärlek. Jag liknade tydligen min mor, med hennes hår, hennes ögon och hennes mjuka sätt. Jag fostrades visserligen till en stor del av tjänare, men var och en av dem var utvald, trofast och pålitlig.

"Far hade en man som var hans allt i allo. Det var Saddhim, Araben. Ibland kallades han bara för Araben, jag vet inte varför. Han blev som en andra far för mig, kanske lite strängare, men alltid rättvis och klar i sina omdömen. Nu ska jag berätta lite om min födelsestad, där jag växte upp så omhuldad och omskött som den finaste drivhusblomma.

"Magdala är det judiska namnet på staden och Tarichea det grekiska, men det vet du väl? Vi hade en stor fiskeflotta och till och med en hippodrom (hästkapplöpningsbana). Namnet Magdala betyder fästning och Tarichea kommer av taricheon som betyder fisktorkeri. Jag berättar detta för att du ska förstå att handeln med torkad fisk var en storartad inkomstkälla som min far var ganska inblandad i. Min hemstad låg invid Galileiska sjöns västra strand (se karta sid 31).

"När jag kom till Gallien blev jag hänförd över växtligheten. Jag fann samma träd och blommor som jag hade växt upp med: fikon- och valnötsträd, olivträd och palmer, för att inte tala om alla vinodlingar. Min far handlade även med färgade tyger, eftersom han ägde ett färgeri. Under min uppväxt var jag nyfiken och vetgirig och därför såg far till att jag fick all den undervisning han ansåg att jag behövde. Jag var inte hans son, men jag betraktades nästan som en man av omgivningen, eftersom jag fick lära mig så mycket som annars bara pojkar fick. Det är jag oerhört tacksam för.

"Egentligen levde även vi under det romerska oket. I vår stad samlades folk av alla sorter, religioner och stammar. Ända sen barnsben såg jag alla tänkbara hudfärger, hörde många språk och fick reda på många sedvänjor. Jag fick genom detta ett slags allseende, vilket gjorde att jag hade svårt för att döma. För mig var alla helt enkelt bara människor! Jag fick vandra i staden och på marknader tillsammans med Araben och ett par kvinnor ur hushållet. Jag fick närvara vid hästkapplöpningar och det var roligt.

"Det bästa jag visste var när far var hemma och satte mig på sitt knä och berättade om mor. Vi kunde gråta tillsammans när han i utförliga ordalag beskrev hennes skönhet och berättade hur klokt hon alltid handlade. Hon var givmild mot de fattiga och alla som kom i hennes närhet älskade henne. En sådan kvinna ville jag också bli. Min mor har varit mitt ideal sen jag var ett litet barn och ändå kände jag henne inte.

"Det var ofta oroligheter och våldsdåd i Magdala. Jag tror att det var av den anledningen som min far en dag när jag var 15 år tog mig i enrum och gav mig en vacker liten dosa.

'I den dosan ligger adressen till din farbror och faster i Jerusalem', sa han. 'Om det skulle hända mig något så har jag ordnat så att din farbror, min käre bror ... tar hand om min förmögenhet tills du har blivit vuxen eller gifter dig och behöver en hemgift. Han och hans hustru är beredda på att ta hand om dig ifall det behövs. I första hand blir det Araben som hjälper dig om jag råkar ut för något. Nästa steg måste bli Jerusalem och min bror. Glöm aldrig detta, min älskade dotter'.

"Jag fick anledning att minnas detta tidigare än jag anade. Det var ofta kravaller ute i staden på nätterna, men inte i närheten av vårt hus, som låg i de rikas kvarter. Där fanns för många vakter. En kväll när jag just hade somnat väcktes jag av högljudda utrop av förskräckelse. Araben kom instörtande i mitt rum och sa åt mig att ögonblickligen klä på mig, packa ihop det nödvändiga och ta på mig en mörk kappa. Tårarna strömmade ur hans ögon och när jag frågade efter min far svarade han inte utan bad mig att skynda på. Han väntade utanför mitt rum tillsammans med två gråtande kvinnor.

"Bakom huset fanns en vacker trädgård. Utgången till den var på baksidan. Vi smög oss ut den vägen. När jag vände mig om såg jag ett oroväckande eldsken.

'Skynda dig, Maria, i morgon ska vi till Jerusalem', viskade Araben och jag kände att hans stora hand, som höll min, darrade. Jag kände efter i fickan om den lilla asken låg där. Den var i gott förvar. Alla fyra skyndade på bakvägar ner till sjön, till en av fiskarnas stugor. Där gick vi in.

"I den stugan bodde en av min fars fiskare. Far hade många anställda fiskare och jag visste att han var en omtyckt arbetsgivare. Jag brukade ibland följa med honom när han besökte sina fiskares familjer. Vi hade med ägg och mjöl och annat nödvändigt till dem. Just den här fiskaren var en av hans duktigaste. Mannen var hemma och hälsade vördnadsfullt på mig. Han utbytte en orolig blick med

Araben, som nickade åt honom.

'Du förstår, lilla Maria', sa fiskaren och så kom han inte längre. En snyftning hejdade honom.

'Var är far? Har det hänt honom något?' utropade jag, medan ängslan spred sin isande kyla och sakta kröp uppför mina ben och armar ända upp till huvudet. 'Var är han? Kommer han hit? Varför brinner det där borta?'

”Fiskarens hustru satte varligt ner mig på den långa bänken framför bordet. Hon satte sig tätt intill mig, beredd att på kvinnors och mödrars vis ge tröst. Och tröst behövde jag. Min far var död. Jag hade inte vetat att han var motståndsmän till den romerska ockupationen. Jag visste inte att han var ledare av en hemlig sammanslutning som ville få bort romarna och våldet från vår stad. Jag kände min älskade far - och jag kände honom inte alls. Jag grät ut min sorg i en främmande, mjuk famn och främmande, milda händer torkade mina tårar. Ett av husen på vår gata hade börjat brinna och ingen visste vem som hade tänt på. Det var bäst att fly. Araben räddade mitt liv.

”Fiskarhustrun bäddade åt mig i sina barns säng, medan barnen fick sova på golvet. Hon bäddade med rent sängtyg och mycket kärlek.

'Du och din far besökte oss när vi hade det svårt', viskade hon i mitt öra. 'Det fanns tider när fisken inte gick till och när svälten stod för dörren. Vi svalt aldrig tack vare er. Nu får vi betala tillbaka lite av vår skuld. Må alla gudar bevara dig, barnet mitt!'

”Jag somnade till slut till den ljuvliga sången av en vacker kvinnoröst. Fiskarfrun sjöng de vaggsånger hon sjungit för barnen när de var små. Det fanns ingen hjälp för mig. Far var död och jag skulle aldrig få se honom mer. Men den varma, låga rösten gav mig den tröst jag behövde i mitt livs svåraste stund. Jag kan fortfarande höra den för mitt inre öra.

”Med beslutsamma steg ledde Saddhim Araben åsnan som tydligen köpts för en eventuell resa. På den satt jag och kramade hårt om den rufsiga manen. Det kändes som om även åsnan tillhörde de vänliga. Från den stunden delade jag upp människor jag mötte i 'de vänliga' och 'de andra'. Inte 'de onda'. Jag visste då knappast vad ondska var. Ibland tror jag fortfarande inte att den existerar. Sorg känner jag till, den är en ständig följeslagare. Men man kan gifta bort sorgen med glädje, så får man bättre tankar och känslor.

”De båda tjänstekvinnorna stannade hos fiskarna, eftersom det var därifrån de kommit. Nu var det bara Araben och jag. Dosan vilade vid mitt bröst, det kändes säkrast. Araben hade försett oss med enkel färdkost: bröd och torkat fårkött och vatten. Så värst mycket strapatser hade vi inte. Vi mötte en och annan vandrare och ryttare, men ingen brydde sig om den unga flickan och hennes arabiske följeslagare. Jag funderade mycket under den färden. Vad skulle hända med vårt vackra hus? Vart tog de andra tjänarna vägen? Var fanns min fars kropp? Varför hade jag inte fått ta farväl av honom?

"Araben kunde inte svara. Han såg på mig med trött och sorgsen blick och svarade att han hoppades att jag skulle få det bra hos mina släktingar. Annars skulle de få med honom att göra, tillade han och jag kände mig trygg när jag tittade på hans högresta, muskulösa gestalt.

"Jag hade träffat min farbror, hans hustru och även mina tre kusiner, när de hälsat på oss i Magdala. De hade besökt oss flera gånger och jag visste att farbror Josefus och min far var väldigt fästa vid varandra. Jag mindes dem som rara och vänliga människor, inte som 'de andra'. Vi blev också mottagna med största förtjusning. När farbror Josefus fick veta anledningen till vårt 'besök', byttes förtjusningen till bestörtning. Brevet som fanns noga hopvikt tillsammans med min farbrors adress var postumt med en bön till mina släktingar att jag skulle få bo hos dem och med anvisningar om var min förmögenhet fanns.

"Min farbror visste hur viktig Araben hade varit för min far, så han förvisades inte till tjänarnas avdelning. Han fick ett eget rum och tillsades att vila ut efter den långa resan. Detsamma sa min faster Anna till mig.

"Nu började ett nytt liv. Det tog tid innan vi lärde känna varandra, min nya familj och jag. Deras barn, två flickor och en pojke, var gifta på olika håll.

'Du är faktiskt giftasvuxen, Maria', sa min farbror och såg skälmsk ut. 'Vi ska nog hitta en bra make åt dig.'

'Skräm inte flickan', sa min faster. 'Hon måste först komma över sin sorg.'

'När det gäller pengar', återtog min farbror, 'så behöver du inte vara orolig. Din far har deponerat ditt arv här, så det var endast huset i Magdala som gick förlorat.'

"Det där med en äkta man som jag kanske inte alls ville ha, tilltalade mig inte alls. Jag beslöt mig för att finna någon som jag kunde älska. Jag visste att jag hade mycket djupa känslor, att jag ville älska och bli älskad. Jag hade också kunskaper som ingen man fick förakta. Jag ville inte hänvisas till att bli en hustru-hushållerska som de flesta kvinnor var. Jag ville ha en man som jag kunde tala med. Och snart skulle jag möta honom."

"Vid dopet", avbröt jag. "Du skickade duvan till honom."

"Men det hände mycket innan dess", fortsatte Maria Magdalena. "Vi hade träffats ett par gånger, jag hade varit med när han talade i Getsemane och på andra ställen. Jag hade hållit mig i bakgrunden. Vid ett tillfälle möttes vi hos Maria, Marta och Lazarus. Anna kände både Jesu mor, Maria och syskonen i Betania. Vi var ditbjudna, som jag fick veta senare, för att Josefus och Anna skulle presentera hednaflickan. Det var jag, det.

"Men en sak var säker: jag blev våldsamt förälskad i Jesus första gången jag såg honom. Då såg han inte mig. I Betania förstod jag att Maria, den yngsta systern, också var förälskad i honom. Jag tvekade inte om mina känslor: honom skulle jag ha, honom och ingen annan. Så blev det också. Kanske överflyttade jag då något av kärleken till min nyss bortgångne far på honom. Men det var bara i början. Jag ville älska och så småningom - nej ganska snart - blev jag älskad. Duvan var bara ett heligt skämt. Jag visste att han älskade duvor och jag tränade en duva till honom."

"Jag fattade att den var levande", avbröt jag henne åter. "Förstod han det budskapet?"

"För honom var den ett budskap om min kärlek. Han såg duvan och kände att den satt på hans axel. I det ögonblicket visste jag att det var Han och ingen annan. Bara Han.

"Nästa gång vi träffades visste vi båda. Det var i Getsemane örtagård, där det händer viktiga saker. Den trofaste Araben hade smält in i den nya familjen och alla älskade honom. Han betraktades inte som en vanlig tjänare, snarare som en vän som man kunde be om allt. Det var han som kom med ett meddelande till mig att Jesus ville träffa mig i örtagården. Hans lärjungar var samlade omkring honom. När jag kom och lite tveksamt stannade utanför den täta klungan av karlar, såg han mig och bad dem vänta. Han kom raskt emot mig och tog min arm. Vi gick till en avsides del av trädgården och jag kände lärjungarnas blickar i ryggen. De var inte enbart vänliga. Fler av dem hörde till 'de andra'.

"Det var då han friade. Det var då jag för första gången fick känna hans armar omkring mig och hans mun mot min. Det var då jag kände att hela världen fick rasa samman bara vi två fick vara tillsammans. Det fanns bara ett ord jag kunde svara honom: Ja! Jag tror inte att han talade om för lärjungarna att vi skulle gifta oss. De hade kanske reagerat negativt ifall Mästaren gifte sig. Jesus kom hem och talade med min farbror. Det dröjde ett tag innan han gav sin tillåtelse. Jag var fri, men omyndig.

"När den dagen äntligen kom då vi vigdes vid varandra, skedde det i yttersta hemlighet i atrium hos mina släktingar. Endast min farbror och faster, Araben och de tre syskonen i Betania var närvarande. Det gjorde ont att se hur Maria led. Hon skyllde på illamående och gick hem strax efter vigseln, så hon var inte med om måltiden."

"Blev du och Maria ovänner?" frågade jag försiktigt.

"Nej, men jag vet inte hur hon kände det i sitt hjärta. Jag tyckte om henne, det var en rar flicka. Efteråt har jag hört att hon var med vid min makes korsfästelse, att hon kom till graven och fann den tom. Jag vet också att hon mötte Jesus på kyrkogården. Han var där i ett speciellt ärende. Hon fick inte röra vid honom, men det var för att han ännu var så svag och så illa tilltygad av korsfästelsen att han hade smärtor överallt.

"Han borde inte ha gått dit, men du vet hur envis han är. De gånger han sedan uppenbarade sig så var det han och ingen ande. Han lät lärjungarna tro att han uppenbarade sig från en annan värld, eftersom han annars säkert hade blivit gripen och korsfäst en gång till. En del av de där pojkarna kan inte hålla tätt, vet du. Dessutom är de så avundsjuka på mig, så de är nog glada att jag försvann. Medan allt det där hände födde jag hans barn. Livet är märkligt, är det inte, Jan?"

"Jo", medgav jag, "det gäller att hänga med. Undras vart den lilla Maria tog vägen?"

"Hon är gift och bor kvar i Betania", svarade Lydia i mitt ställe. "Tack för din berättelse, Maria, den var underbar."

Att gå in i en annan människas tankar och känslor, tänkte jag, är som att dyka in i en tunnel där man vet att det finns både rent och giftigt vatten som rinner från väggarna. Jag kände det som om jag hade varit i den tunneln, men där fanns övervägande rent vatten. Äntligen blev Maria Magdalena mer verklig för mig, ännu mer levande än förut. Det kändes härligt.

24. Jesus som munk i Heliopolis i Egypten

Jag tänker inte berätta mer om båtresan som gjorde endast två uppehåll: ett på Sicilien och ett på Kreta. Minnet av den resan är Maria Magdalenas berättelse från hennes egna läppar. Det gjorde starkast intryck på mig.

I det lilla härbärge i Alexandria dit vi först kom träffade vi Jesus, klädd till munk som jag. Han omfamnade oss varmt och jag såg hur hans glädjetårar rann när han kramade sin dotter. Jag tror att hon blev rörd, för hon sträckte sig på tå och kysste honom på kinden. Jag blev glad när jag såg hennes mors glädje.

Heliopolis hade varit en magnifik jättestad (se karta sid 31). Att med moderna ögon beskåda forntidens mästerverk kändes verkligen märkvärdigt. Vid den tid när Jesus bodde där fanns inte så många tempel kvar, men det stora soltemplet ruvade som en gigantisk gyllene fågelbur mitt i staden. Vi tog in på ett värdshus i utkanten, varifrån vi såg det guldglänsande templets konturer bland en ymnig växtlighet. Jag tänkte att det var sorgligt att veta att all denna skönhet skulle försvinna och resterna av den fagra staden begravas under Kairos förstäder. Så jag njöt i fulla drag av forntidens skönhet och mystik. Än mera njöt jag av mötet med Mästaren från Jerusalem. Både här och i Alexandria kunde han numera gå säker för romarnas hat.

Men begärde han inte mer än så? Frälsarens liv hade blivit en flykt och en munks ensamma liv. Var det verkligen vad han åstundade? Jag beslöt mig för att fråga honom.

”Är du tillfreds med ditt liv nu?” frågade jag när vi satt bänkade kring ett bord i ett ostört hörn av värdshuset. ”Du kan aldrig gå tillbaka till rollen som Jesus Frälsaren. Ger det dig något att leva här i enskildhet?”

”Jag väntade mig den frågan”, smålog Jesus, ”och det finns många svar på den. Ur familjesynpunkt är den en plåga. Att inte få träffa min älskade hustru och se vår dotter växa upp dag för dag, det skapar en saknad som blir till ett stort tomt hål i mig. Jag har många mycket goda vänner både här och i Alexandria och vi träffas ofta och samtalar om det som står mitt hjärta närmast: att förkunna min Faders visdom, att få undervisa och hela. Jag skriver en hel del och hoppas att mina skrifter finns kvar långt framåt i tiden. Det är mitt enda sätt att bidra till framtiden. I tysthet har jag en grupp som jag undervisar i Alexandria. Nästa generation, som den Sarah tillhör, kanske kan föra ut den utan att själva bli lidande. Allt sker i tysthet, så tyst att inte ens fågelns och kattens och hundens öra kan uppfatta det. Förstår ni?"

Vi förstod. Vi förstod så väl att vi satt tysta en lång stund. Sarah smög runt och lyssnade vid dörren och vid fönstret om någon spionerade på oss. Barnet var gripet av den säregna stämningen. Sedan smög hon sig fram till Jesus och kramade honom och kysste honom på båda kinderna. Därefter knäföll hon bredvid honom och la sitt huvud vid hans hjärta. I den ställningen förblev hon länge och jag såg hur rörd vår mäktige Mästare var. Till slut tog han om hennes ansikte med sina händer, kysste henne på munnen och sa:

"Du har kungligt blod. Du måste föra vår stam vidare. Om du kan, så förkunna även din fars ord till de håglösa, de tveksamma och de bittra."

När Sarah kom tillbaka till sin plats vid bordet lyste hennes ansikte av en ny insikt. Jag undrade vad som vällt upp i flickhjärtat vid faderns ord, vad som arbetade i barnets skapande fantasi. Jag beslöt mig för att byta ämne.

"Vi har varit i Glastonbury och gömt er heliga Graal!" sa jag. Jesus såg allvarligt på mig.

"Vilken av dem?" frågade han oväntat. Jag ryckte till. Det fanns väl bara en Graal, eller...? "Bägaren förstås", svarade jag. "Den vackra bägaren av alabaster. Er bröllopsbägare."

"Den är visserligen en av de heliga skatterna", sa han. Nu smålog han. "Den andra sitter där!" Han pekade på Maria Magdalena. Jag hoppade högt. Hans hustru var inte graalen, hon ägde den, tänkte jag. Men Jesus lutade sig närmare mig.

"Graalen är en symbol", förklarade han långsamt, så att jag skulle förstå. "Den är en symbol för det manliga och det kvinnliga i symbios. Har du inte förstått det?"

"För mig är den ett föremål", svarade jag. "Den uppträdde märkligt när vi skulle begrava den på vårt gömställe. Den lyste upp med ett fantastiskt sken som om den tog farväl av världen."

"Det gjorde den säkert också - tills vidare", anmärkte Jesus leende. "Men du måste förstå att Graalen också betyder något annat.

Sammansmältningen av det manliga och det kvinnliga till det gudomliga, till Helheten - säger det dig något?" Jag skakade på huvudet. Han fortsatte: "Du söker Sanningen. Här har du den i ett nötskal, Jan. Det är därför Graalen har varit så eftersökt under tusentals år. Den kan själv förtälja om sin mening till den som håller i den. Den ger insikt, Jan, insikt. Det är vad jag har försökt göra i hela mitt liv: ge insikt. Jag vill inte bilda en ny religion. Jag vill endast berätta Sanningen."

"Du har Sanningen och jag söker den", var mitt svar. "De flesta känner till att vi bär allt vi vill veta inom oss. Men det är så svårt att få kontakt med sin inre visdom. Alltså måste vi söka utanför oss. Din sanning är icke min, vice versa. Visst finns det många sanningar?"

"Den största Sanningen är vår närhet till Fadern", svarade Jesus. "Därefter har vi Ordet, tonen, ljudet. Den sanningen kan inte sköta sig själv, den behöver vår medverkan. Den har en oerhörd kraft. Om den inte har det så begagnas den fel. Du vill veta vad som verkligen hände i din värld - det vill säga din förra värld. Om du återföds i en annan värld i ett annat universum så skiftar sanningen. Då har du inget minne av detta. Tar du reda på sanningen där också?"

"Förmodligen", muttrade jag. "Men nu gäller det den jord jag har inkarnerats på och avlidit på och vad som har hänt där. Så jag sätter bestämda gränser för min sanning. Inga hårklyverier, tack! Jag befinner mig i ett titthål och det är spännande. Är inte alla ni änglar också, egentligen?"

"Jo, det kan man tryggt säga", smålog Jesus. "Det har vi varit flera gånger. Men ni har ju film i ditt århundrade. Tänk dig att titthålet är en film som du kan gå in i. Genom att titta på olika händelser där kan du bilda dig en uppfattning om den sanning som gällde då. Nöj dig med det, Jan. Längre än så kan vi inte komma i sanningssökandet. Men vi kan se oss omkring här så att du får en inblick i hur min värld fungerade under resten av mitt liv i Egypten. Sen kan du skifta århundrade om du vill eller besöka min kollega Issa." Han reste sig upp och vinkade åt oss att följa honom.

Det blev en promenad som jag sent ska glömma. Heliopolis var inte bara vackert och intressant. Det hade en atmosfär som var bedövande mystisk och spännande. Då fick vi ändå bara se det yttre, inte det inre, förutom det tempel som var helgat åt solguden. Maria Magdalena gick tyst och tårögd vid sin makes sida. Hans arm omslöt hennes midja. Hon lutade sig ideligen mot honom. Den starka förkunnaren och helbrägdagörerskan var nu bara en svag liten kvinna, älskande maka och mor. Mitt hjärta rördes av att se dem. Sarah sprang omkring ganska vilt och ställde oupphörligen frågor. Hon var en frisk fläkt. Lydia gick tätt intill mig och viskade:

"Gläds du inte åt familjelyckan därframme?"

"Jodå. Men varför kan inte Maria Magdalena och tösen stanna här?" undrade jag. "Varför splittra familjen genom att hon lever i Frankrike? Förresten, varför flyttar inte Jesus dit? Nu har han ju bott här så länge så han känner till det mesta av vad Heliopolis kan bjuda på."

"Du ska alltid ändra i historien", skrattade Lydia. "Om han hade åkt med Maria så hade hon inte behövt sitta i en grotta hela sin ålderdom. Det gjorde hon ju. Jag tror att Jesus vill stanna i Egypten, där han är väl skyddad från romarna. Priset på hans huvud kvarstår, Jan. Skadorna från korsfästelsen har gjort djupa spår i hans kropp, sår som inte vill läka. Det tar tid. Flickan ska giftas bort med en man av kunglig ätt, så att den kungliga härstamningen kan breda ut sig och kvarstå i framtiden."

"Giftas bort", fnös jag. "Tas det aldrig någon hänsyn till jäntans känslor. Det låter kallt beräknande och jag trodde inte att Jesus eller Maria Magdalena var sådana. Om Jesus har obotliga skador så begriper jag ingenting. Han helade och återuppväckte döda - kan han inte göra sig själv odödlig?"

"Han är odödlig genom sitt namn och vad han åstadkommit, Jan. Nu är det nog dags för dig att bege dig härifrån!" smålog Lydia och innan jag hann tänka tog hon min hand och så flög vi iväg. Jag visste som vanligt ingenting förrän jag vaknade i änglarnas rike.

"Välkommen hit!", sa en välkänd röst och jag såg in i Melchizedeks vänligt leende ansikte. "Vi var tvungna att ta hem dig innan du ställde till med alltför stora förändringar. Maria Magdalena och Sarah åker tillbaka till Gallien efter besöket i Egypten. Vi får kanske göra ett senare besök i Gallien så vi ser vad det har blivit av de båda förtjusande damerna. Just nu har vi andra planer för dig. Det är de stora händelserna i Nya Testamentet du ska titta på om du vill uppdaga Sanningen, så vi håller oss där."

"Vad hände med Issa?" undrade jag. "Besöket hos honom var så fragmentariskt."

"Det är dit du skickas nu: ett titthål i Kashmir, i det sägenomspunna Srinagar."

25. Återbesök hos Issa i Kashmir

Solen sken mig rakt in i ögonen när jag plötsligt stod utanför ett hus i Ishbar, vid sjön Dal. Det var inte samma hus som förut, Issa måste ha flyttat om det nu var här han bodde. Jag knackade på. Dörren öppnades av en medelålders kvinna med ett vackert, vänligt ansikte. Hon frågade vem jag sökte och jag svarade Issa. Det visade sig att det var Issas dotter och hon visade mig in i huset, som var mycket spartanskt möblerat. Lydia visade sig inte, men jag kände hennes närvaro.

Issa var ganska mager och helt vithårig. Hans långa vita skägg böljade över den enkla vita kåpan. Han reste sig upp när han såg mig och omfamnade mig varmt.

"Det var många år sen jag hade änglabesök!" utropade han. "Här är det sig inte likt. Min älskade hustru är död och mina barn turas om att hjälpa mig. Man kallar mig helgon. De får kalla mig vad de vill, jag arbetar med de behövande, de sökande, de som vill lyssna. Jag förkunnar och jag är lärare. Varför har du kommit hit?"

"Jag ville se vad som hänt sedan jag var här", svarade jag. "Har det skett många mirakel?" Issa skrattade till. Han ledde mig ut i trädgården där vi satte oss på en stenbänk under ett blommande träd. Det dröjde lite innan han svarade. Till slut sa han:

"Det kan man nog säga! Jag ska berätta för dig om miraklet Sandiman, som blev korsfäst här på grund av sin tro. Han var en mycket ödmjuk man och min lärjunge. I tio år satt han fängslad eftersom han förkunnade detsamma som jag. Jag borde kanske också ha gått samma väg, men märkligt nog har jag undsluppit både fängelse och korsfästning.

"Det fanns många närvarande när Sandiman korsfästes. Han talade inte, han höll sitt huvud nedböjt och bad. Jag höll mig i hans närhet. Jag hade gjort allt jag kunde för att få honom frisläppt och folket omkring honom älskade honom. Jag kände honom mycket väl och beslöt mig för att återuppväcka honom. På natten, när han blivit nertagen från korset, samlades flera kvinnor kring hans kropp. Jag fanns också där, mycket nära honom. Jag bad och arbetade med att få hans själ att återvända till jorden, ty hans arbete här var inte färdigt. På den tredje dagen kom Sandiman tillbaka till livet. Han var skadad av korsfästelsen, men annars var han lika ödmjuk och kärleksfull som vanligt.

"Naturligtvis väcktes folkets häpnad. Man hade aldrig upplevt att en korsfästelse slutade i återupplivning. Människorna erbjöd honom Kashmirs tron. Han ville inte bli kung, men de var så envisa, så till slut gav han med sig. Han blev en värdig regent."

"Du kan, liksom Jesus i Jerusalem, alltså återuppväcka döda?" frågade jag.

"Inte jag, det är Guds verk", svarade profeten. "Hade Han inte velat det, så hade Sandiman dött på korset."

"Det borde kanske ha varit dig de utsåg till kung", föreslog jag. Jag såg på den vackra utsikten. Huset låg nära den sjö, där en stor del av Srinagars befolkning bodde i sina båthus.

"Det här är mitt kungarike", sa Issa och slog ut med handen. "Båtfolket behöver mig och många andra också. Jag vandrar fortfarande omkring och talar till människor. Så länge jag kan och orkar kommer jag att vara vägledare åt folket här. De behöver tröst och andlig uppmuntran. Fattigdom och sjukdomar slår hårt. Jag botar, tröstar och ger."

"Vart har Thomas tagit vägen?" undrade jag. "Jag hade väntat mig att finna honom vid din sida."

"Thomas har gått sin egen väg de sista 20 åren. Han har stiftat en egen kyrka i södra Indien. Hans anhängare kallar sig för 'de Thomas-kristna'. Han är fortfarande verksam i Madras närhet, i Milapore. Jag har tänkt kalla på honom när min stund närmar sig."

Jag betraktade den raka ryggen, de klara gråblå ögonen och de få rynkorna i hans vackra ansikte.

"Det dröjer nog, får vi hoppas", sa jag. "Jag kanske hinner hit någon mer gång."

"Vill du delta i min enkla måltid?" frågade Issa. Min människokropp ville svara ja, men Lydia knep till i min arm, så jag avböjde. Jag förstod att det här var ett snabbt besök och att vi skulle vidare i bibelns brokiga värld. När vi kom utanför grinden kände jag att jag steg uppåt och att allt svartnade. Det sista jag såg var Issa. Han stod i dörren och vinkade med ett underfundigt smil på läpparna. Han visste nog vart änglar tar vägen!

"Varför fick jag inte stanna längre hos Issa?" frågade jag när jag kom tillbaka. Det var Lydia som svarade.

"Vi har andra, viktiga saker att göra. Du får inte vara här hemma länge heller."

Jag slöt ögonen och tyckte egentligen att man körde med mig. Jag hade gärna stannat i Srinagar och besökt folk i de små husen på flottarna i sjön. Å andra sidan fick jag inte utnyttja mina titthål för nöjes skull, det visste jag. Ett klockrent skratt kom från Lydia, som tydligen intresserat följt mina tankar.

"Har du inte hela tiden undrat över den obefläckade avlelsen?" frågade hon.

"Om!" utropade jag. "I Getsemane sa Jesus att jag skulle få reda på hans härstamning så småningom. Är det dags för det nu?" Lydia nickade hemlighetsfullt.

"Du tycker kanske vi går baklänges", sa hon. "Vi har följt både Jesus och Maria Magdalena under flera olika tider. Vi har däremot inte fått något närmare besked om jungfru Marias eskapader."

"Jag trodde faktiskt att Josef var den riktige fadern", anmärkte jag. "Jag har alltid trott att det där med att hon var havande när hon gifte sig med honom var påhitt."

Lydia skakade på huvudet och tog min hand. Dags för nästa titthål, tänkte jag och blundade.

"Du har både rätt och orätt", viskade Lydia till mig i det ögonblick då jag vaknade. Vi stod utanför ett märkligt tempel. Åtminstone tyckte jag att det var märkligt, eller ännu hellre mäktigt.

"Esséernas Brödraskap är en del av det Stora Vita Brödraskapet som har sitt säte både på jorden, hos Änglarna och uppåt", förklarade Lydia. "Det här är Heliostemplet vid en av de yttre portarna i Jerusalem."

"Var Jesus där?" undrade jag och betraktade den vackra byggnaden.

"Han är inte född än", invände Lydia som nu var helt synlig och iförd en glittrande lång, vit klänning som klädde henne alldeles utmärkt. "Du ska nu få se vad som verkligen hände och jag blir din guide. Jag har skapat ett slags dimma omkring oss båda, för här sker det hemliga saker. Här möts de högsta tjänstemännen, prästerna och magikerna hos esséerna vid mycket hemliga ceremonier."

Jag rös till så ängel jag var. Så olidligt spännande!

"Marias föräldrar känner till den här organisationen", fortsatte Lydia. "Nu har Maria själv kallats hit. Hon är bara tolv år, men fyller snart tretton. Egentligen får ingen flicka gifta sig före tretton år, det säger lagen. Maria är en utvald, men det vet hon inte själv. Däremot vet hennes mor Anna och hennes far Joachim en hel del. Hennes far var överstepräst i det här templet. Han visste att hans hustru skulle föda ett flickebarn som i sin tur skulle föda Messias."

"Det där står det inget om i bibeln", muttrade jag. "Det där om ängeln ..."

"... ska du inte bry dig om just nu", fyllde Lydia leende i. "Vi kommer snart dit. Du känner ju till var den ni kallar för Gud finns, eller hur?"

"I ett annat universum, omgivet av sju mindre universum", svarade jag rappt. "Nära den Centrala Rasen ..."

"Där finns Skaparen. Han vill att hans skapelse, jorden, ska få en gudomlig kraft som vistas på dess sköna kropp. Han vill sända ner en gudomlig själ till jorden ..."

"Jag trodde att alla människor hade en gudomlig själ", avbröt jag.

"Så kan man säga, men den här själen skulle vara verksam med det gudomliga under sin tillvaro här. Samtidigt skulle den gudomliga själen ha en mänsklig kropp, eftersom det enbart gudomliga inte kan ha samma förståelse för människans problem och utsatthet som en som bor på jorden och delar sorger och bekymmer med dem."

"Det kan jag förstå. Men Josef var väl inte far till Jesus och inte en ängel heller? Så hur gick det hela till? Fanns det någon angelisk ställföreträdare i templet? Sov Maria eller var hon vaken?" Lydia såg bara hemlighetsfull ut.

"Varför valdes Josef ut att bli hennes make? Han ville ju inte", fortsatte jag misstänksamt. "Han var änkling och hade barn förut, det är väl riktigt?"

"Ja, men nu är det dags att vi går in", bestämde Lydia och tog min hand. Hon ledde mig uppför trappan och in i templet. Där stannade vi i dörren, ty en strålande, makalös prakt mötte våra ögon. Salen som vi kom in i verkade vara av guld. Alla ornament på pelare, bänkar, väggar och golv var blandade med guld och när solen sken in genom det öppna taket glittrade guldet så det gjorde ont i ögonen. Ingen människa fanns där. I bakgrunden hängde ett draperi av sällsynt skönhet. Lydia viskade att sju jungfrur hade vävt det. Färgerna var grönt, scharlakansrött, purpur och guldtråd. De övriga trådarna var av linne och silke.

Vi gled stilla fram och kikade bakom draperiet. Där fanns endast en enorm himmelssäng, där stolparna bestod av gyllene änglar som klättrade upp mot ljuset. Det fanns ett runt takfönster med vackra målningar ovanför sängen. Det stod öppet mot kvällshimlen. Vi hörde steg och drog oss snabbt tillbaka.

26. Den "obefläckade" avlelsen och Jesu födelse

Ett tåg av präster i full ornat kom in i salen, närmare bestämt sju stycken. De ställde sig på var sin sida om draperiet och den präst som tydligen var högst i rang bland dem stod i mitten. Det var en allvarlig, vithårig och vitskäggig äldre man med finskuret ansikte och klara blå ögon. Det var Joachim, Marias far.

Återigen öppnades den praktfullt sirade dörren och in steg en man och en kvinna, iförda vita, skimrande, fotsida dräkter. Mannen var ståtlig och såg mycket bra ut. Förmodligen var han omkring 45 år. Han hade brunt, lockigt hår och skägg och bruna ögon. Han ingav en känsla av trygghet och pålitlighet. Hans anletsdrag var regelbundna och pannan hög. Det var knappast en kvinna han hade vid sin sida, det var ett förtjusande barn. Hon hade mycket långt mörkbrunt hår och hennes ansikte var utsökt vackert. De stora grönbruna ögonen med täta ögonfransar såg rädda ut. Den vackert tecknade munnen var hårt ihopknipen. Kanske försökte hon hålla igen tårarna. Jag förstod att det var Josef och Maria. När jag såg den späda kroppen med de nyss utvuxna, knoppande brösten och en midja smal som en liljestängel, så undrade jag hur detta barn skulle kunna bära ett barn i sitt sköte.

Josef höll Maria i handen. De gick rakt fram till översteprästen och knäföll framför honom. En lång stund förflöt under bön. Därefter reste sig prästen och lade båda sina händer först på flickans, sedan på mannens huvud. Jag väntade mig att få se duvor flyga, men så var det inte. Däremot uppstod ett egendomligt sken runt det omaka paret. Prästen tecknade åt dem att resa sig upp och sedan drog han ifrån draperiet. Samma märkliga sken lyste därinne och jag kunde inte se någon lampa av något slag. Skenet var svagt grönaktigt.

Lydia drog med mig dit in. Vi ställde oss i ena hörnet, nära draperiet. Josef satte sig på sängen och drog den rädda flickan intill sig. Det syntes att hon var rädd, trots att hon säkert förberetts för detta ögonblick. Josef kysste försiktigt hennes läppar och hon spjärnade inte emot. Hon verkade passiv på något sätt.

Jisses! Att få bevittna ett heligt samlag, tänkte jag förtjust. Det kändes snarare pirrigt än porrigt. Lydias undertryckta fnissning berättade att hon "hört" min tanke. Men allvarets stund var kommen. Jag kände i hela kroppen att något skulle hända, och det gjorde det.

Maria låg raklång på bädden. Jag kunde inte se hennes ansikte eftersom Josef lade sig över henne. Ett eldsken blossade upp, det var som en enorm flamma som täckte hela sängen. Först liknade det eld, sedan blev det gnistrande vitt. Jag förnam snarare än såg att ett väsen gled ner från takfönstret - rakt ner från nattens stjärngnistrande himmel. Detta väsen strålade i ett vitt, skimrande ljus så starkt att till och med en ängel måste blunda. Samtidigt hördes den ljuvligaste musik och när jag tittade upp i taket förstod jag att jag upplevde serafim. Inte ens i änglarnas festligheter hade serafim deltagit. I ett oerhört skälvande ögonblick, i en gudomlig, makalös, vingsusad andning viskades, talades, sjöngs och förmedlades Ordet. Denna förunderliga tavla av två människors sammansmältning blev till en helig akt.

Lydia snyftade stilla. Jag, som förut hade känt mig lite skämtsamt uppspelt inför det vi skulle få se, jag skämdes och fylldes av djupaste vördnad. Det fanns inget tvivel om att Josefs säd gjorde Maria havande med ett mänskligt barn. Det fanns heller inget tvivel om att detta mänskliga barn hade gudomligt ursprung. Jag lade armen om Lydia och hon lutade huvudet mot min axel. Sången från ovan avklingade sakta och ljusskenet blev allt svagare tills det ljusgröna skenet vi sett från början stannade kvar omkring paret på den breda bädden.

Josef reste sig långsamt och räckte handen till Maria. Hon såg ut som en sömngångare, men hon smålog svagt. Hennes vackra vita dräkt var fläckad med blod. Hon var inte längre jungfru, lilla jungfru Maria! Lydia och jag skyndade oss ut genom det vackra draperiet. Förmodligen märktes vi inte, för därute i den stora hallen väntade åtta personer. De sju prästerna fanns kvar och Marias mor, Anna, hade kommit för att ta hand om sin dotter. Marias föräldrar samtalade lågt med prästerna. När Josef och Maria trädde ut från draperiet hand i hand, bugade sig alla de närvarande djupt.

"Det var en vigsel du såg i början, framför draperiet", förklarade Lydia. "Översteprästen förenade Maria och Josef i ett heligt förbund. Det står ingenting om det i bibeln, där hon mer eller mindre görs till sköka i omgivningens ögon. Känns det inte bra att få reda på sanningen, Jan?" Vi hade kommit ut i trädgården som omgav templet och jag sjönk ner på en parkbänk, alldeles tillintetgjord. Lydia skrattade sitt kuttrande lilla skratt och satte sig bredvid mig. Jag tror att vi hade blivit synliga.

”Anna följde sin dotter till Heliostemplet”, fortsatte Lydia att berätta. ”Josef var tillsammans med dem. Hans lugna och kärleksfulla uppförande imponerade på alla. Efter 'vigseln' fick de inta en kärleksmåltid tillsammans med prästerna och i morgon reser de till Galiléen, till Josefs hem. Nu har du fått veta den Sanningen, Jan. Det känns skönt att veta att människorna kommer att få reda på hur det verkligen gick till. Det har tagit tvåtusen år.”

”Men den kungliga härstamningen”, undrade jag. ”Vem hade kunglig härstamning? Hur visade den sig i deras släkt?”

”Josef var av Davids ätt i rakt nedstigande led”, svarade Lydia. ”Tänk dig att David regerade från början av 1000-talet f. Kr. till ca 975. Det är 1000 år sedan. Självklart har ätten grenat ut sig, men man har ändå kunnat spåra de ättlingar som är de klaraste arvtagarna till Israels tron.”

”Maria Magdalena då?” frågade jag. Jag ville ha reda på alla detaljer. ”Det sägs att hon var av Salomos ätt.”

”Det vet jag inte. Men de ätter som följde efter honom grenade också ut sig åt olika håll. Det är lite oklart hur stamtavlan ser ut.”

”De som följde det raka ättesnöret kallades ju för prinsar och prinsessor. Var Josef en prins då?”

”Det fanns säkert hundratalet prinsar och prinsessor och de titulerades inte så om de inte satt på en tron. Josef hade själv valt att bli snickare. Han var en mycket ödmjuk och tillbakadragen man.”

”Han kunde göra barn i alla fall”, konstaterade jag torrt. ”Jesus hade flera syskon. Var hela gänget kungligt?”

”Det var bara den äldsta i varje familj som fick den titeln, fastän ingen mindes så långt tillbaka. Det var bara när folket i Palestina fick reda på att Jesus var Messias, som makthavarna i Israel blev rädda. Messias betyder egentligen 'den smorde'. I Gamla Testamentet uppmanade profeterna ideligen folket att se mot framtiden, mot den dag då Herrens smorde, Messias, skulle komma och upprätta ett fullkomligt rike. Det var dessa profeter som ställde till det så att Jesus blev anklagad. Annars hade han säkert fått hålla på med sin healing och sina predikningar. Det fanns fler profeter än han på den tiden och ingen av dem ansågs farlig.”

”Tack för hjälpen, Lydia. Kan du berätta hur det var när Josef kom hem från ett bygge och fann sin hustru havande och påstod att han inte var fadern. Gick det till så?"

"Kom!" sa Lydia glatt och jag blundade när jag kände att det bar iväg från den vackra trädgården på baksidan av templet. Det grämde mig lite att hon alltid skulle ha övertaget men hon visste tydligen en hel del mer än jag om vad som borde stå i bibeln men inte gör det.

Den här gången hamnade vi framför ett hus som låg lite för sig själv, omgivet av träd och buskar. Det var ett för den tiden vanligt hus av soltorkat tegel. Det fanns en trappa utanpå som ledde till takets terrass. En åsna betade fridsamt i gräset utanför med sitt föl och lite längre bort syntes en rund inhägnad med getter. Det fanns inte bara ett bostadshus, flera mindre hus låg i anslutning till detta. Ett av dem var faktiskt en snickarverkstad.

En bit bakom huset fanns en brunn. Där stod Maria och kämpade med att få upp vatten. Hon var ganska rund om magen och det klädde henne att ha lagt på hullet. Hennes kinder var röda av ansträngningen och håret lockade sig av fukten. Jag ville genast skynda till hennes hjälp, men Lydia tog tag i mig.

"Vi är fortfarande osynliga, Janne", viskade hon. "Du ville veta vad som hände när Josef kom hem från bygget och den stunden är nu! Maria är i sjätte eller sjunde månaden."

Mer hann hon inte säga förrän vi såg en man närma sig med raska steg. Det var förstås Josef. Han mer sprang än gick när han såg Maria. Till min stora förvåning släppte hon brunnsnöret och sprang emot honom. Hon kastade sig om halsen på honom med sådan kraft att han nästan tappade balansen. Vi gick närmare, för jag ville höra vad de sa till varandra. Han klappade henne kärleksfullt på magen och satte huvudet intill och lyssnade. Sedan kysste han henne och höll henne länge i famnen.

"Jag stod inte ut att bo längre hos kusin Elisabeth", sa hon. "Jag längtade hem och jag längtade efter dig. Dessutom ville jag själv sköta våra djur."

"Du borde inte ha kommit hem innan jag återvänt", bannade han. "Du bodde hos Elisabeth för att få vård ifall det behövdes och jag har känt sådan oro för dig. Grannen sköter ju djuren när jag är borta och jag gör honom gentjänster. Det är skönt att allt är bra. Nu skiljs vi inte åt, min kära. Jag stannar hos dig."

Det var som om Maria vuxit i takt med sin uppgift. Visst var hon väldigt rund, men hon hade fått ett mer bestämt drag kring munnen och hennes leende var öppet och glatt.

"Vill du se födelsen?" viskade Lydia. "Kom då, så går vi!"

Alla goda ting är tre, tänkte jag när jag öppnade ögonen igen. Avlelsen, hemkomsten från Elisabeth och nu födelsen. Det var skönt att få se dem på ett sammanhängande vis. Skulle vi bli synliga nu? Lydia svarade med att skaka på huvudet. Kanske bäst så, tänkte jag och såg mig omkring.

Det finns tre olika berättelser om var Jesus föddes: i en krubba i ett stall, i ett hus eller i en grotta. Jag hoppades verkligen att jag äntligen skulle få veta vilken som var den rätta. För mig skedde födelsen i den enkla krubba som min far förfärdigade av trä och halm. Vi barn fick hjälpa till att göra figurerna i krubban av lera och kottar och vad vi annars hittade på. Nu fick jag nöja mig med en helt annan version, som var Sanningen.

Vad mina häpna ögon skådade var en grotta. Jag förstod att det var en esséergrotta. Esséerna gjorde sina grottor mycket stora och väl skyddade för anfall av rövare, som det fanns gott om. Deras grottor var välkända härbärgen i hela Palestina. De var inredda som hem, med putsade golv, dekorationer på väggarna som var täckta med murbruk, oljelampor som hängde ner från väggarna och kanaler för luftväxling. Från källor i närheten bars alltid friskt vatten i lerkrukor in i grottorna. Det är riktigt att den här grottan fanns i Betlehem. Det var ingen primitiv håla i berget jag såg. Vatten rann inte efter väggarna och marken var inte fuktig och ojämn. Maria låg på en bädd inne i ett rum som Lydia förklarade var "babyavdelningen".

Återigen var jag tacksam för att vi var osynliga, för det var ganska trångt. Josef satt vid bädden, men åsnan var inte med. Den betade nog utanför, tänkte jag. Däremot fanns en äldre, ganska mullig kvinna vid barnaföderskans sida. Hon fick förstås inte vara med i bibeln, tänkte jag, för där skulle det bara vara den heliga familjen. När Lydia och jag kom in i rummet låg Maria i födslovärkar. Jag passade då på att glida ut ett tag för att kolla natthimlen. Natt var det och stjärnorna gnistrade som de skulle, men jag såg ingen måne. Jag kunde inte avgöra vilken månad det var, men luften var ljum och gräset grönt och saftigt. Jag mindes att kyrkans tidigare traditioner påstod att Jesus föddes den 20 maj, men en del kyrkofäder ville ha det till den 20 april. Det fanns även de som hävdade att han föddes i slutet av januari.

Kyrkofäderna beslöt att bestämma Jesu födelsetid till midnatt mellan 24-25 december på grund av de uråldriga mystiska ceremonier som blivit till andliga lagar för dem. De flesta avatarer (nedstigna gudar) föddes vid den tiden och i Egypten högtidlighölls den 25 december som flera gudars födelsedag. Osiris, Bacchus och Adonis föddes också detta datum. Det var helt enkelt ett traditionsrikt datum, men nog tyckte jag att marken föga liknade frostbiten vinterjord. I alla fall såg jag en stor, vacker stjärna på himlen. Den rörde sig långsamt. För mig kunde det gärna vara aftonstjärnan, den var en aning rosafärgad. Jag är ingen astronom, så jag avstår från vidare stjärnspekulationer. Jag gick in i grottan igen. Då kom ett långt, utdraget skri.

Jesus, Jeshua, såg dagens ljus. Flämtande föll Maria tillbaka mot kudden och den stadiga damen tog den lille i sina händer och tvättade honom varligt. Det var samma tillvägagångssätt som alltid när en baby kommer till världen, men en sak var ovanlig. Det ljust gröna, vackra ljuset jag hade sett vid avlelsen lyste stilla i det lilla grottrummet.

Josef grät. Han kysste sin hustrus hand och hon smålog. Barnmorskan lade försiktigt den lille nykomlingen till Marias bröst. Lydia viskade:

"Så här gick det till. Änglar finns osynliga härinne, som du och jag. Luften är full av kärlek och tacksamhet. Det övernaturliga är naturligt här och nu, precis som det ska vara."

"Magerna då, eller kungarna?" viskade jag tillbaka.

"De väntar därute", var svaret och jag skyndade ut ur födelserummet. Jag har alltid varit nyfiken på magerna. Herdar fanns där naturligtvis, det fanns fullt med får på slätten utanför. Men vilka var egentligen magerna? Var de heliga tre konungar eller var de någonting annat? När jag var barn hittade jag en guldskimrande tråd på marken. Den knöt jag om en av kottarna som föreställde tre konungar. Men Österns vise män behövde inte vara så fina, jag ville hellre att de inte skulle vara kungar. Nu skulle jag få veta sanningen.

De män som stod utanför grottan och väntade på tecknet att få komma in var sannerligen inga kungar skrudade i guld och ädelstenar. Det var inte tre, utan sju män och de var klädda i gråbruna kåpor, precis som munkar. Men deras ansikten gick inte att ta miste på: de var ädla och visa män med ovanliga gåvor. Jag förstod det på deras uppträdande. Tre av dem gick in i grottan när Josef kom och vinkade in dem. Deras utstrålning var ovanlig och mycket kärleksfull. De bar alla på gåvor, men jag såg inte vad. Jag förmodade att det var gåvorna som skildras i bibeln: guld, rökelse och myrra. Men jag tror också att de bringade viktigare ting till den nyfödde: hälsningar från Mästarna och besked om hur barnet skulle vårdas och uppfostras under sina tidigaste år. Åtminstone var det vad Lydia påstod.

Fler gäster hade skyndat sig till Betlehem. Marias kusin Elisabeth och hennes make, prästen Sakarias, kom dit med sin nyfödde son, Johannes. Det var bara sex månader mellan de båda småbarnen och bägge hade en jättelik uppgift framför sig.

Det var dags att lämna det lyckliga paret med den nyfödde pilten. Lydia tog min hand, jag blundade och så försvann alltsammans.

27. Kusinerna Jesus och Johannes Döparen

"Det roligaste är när vi materialiserar oss och får se människorna på nära håll", förklarade jag för Kualli när vi kommit tillbaka. "Nu känner jag mig bara som en åskådare, men det var samtidigt oerhört intressant att få skåda Sanningen."

"Vissa händelser kan vi inte blanda in dig i", smålog Kualli. "Det var inte lång tid efter födelsen som båda paren fick det besvärligt. Josef och Maria flydde till Egypten, där de bodde hos sina vänner Elihu och Salome på en plats som då hette Zoan. Herodes var orolig för sin tron och hade befallt sina soldater att döda alla småbarn. Elisabet flydde upp i bergen med Johannes, där hon gömde sig i en esséergrotta. När Herodes lät utfråga Sakarias var hans son befann sig, fick han inget svar. Då befallde han en av sina soldater mörda Sakarias när denne stod försänkt i bön i templet. Det där vet du väl redan, så vad tror du nu står på programmet?"

"Jesus har själv berättat om sitt liv för mig", sa jag. "Men jag har inte fått se de viktiga detaljerna, de som de lärde tvistar om."

"Du har fått vara med om början av Jesu liv", fastslog Kualli. "Vill du fortsätta med Nya Testamentets villoläror eller återvända till ditt liv som ängel?"

"Tack, jag väljer att fortsätta", svarade jag rappt. "Och helst tillsammans med Lydia, för hon är en bra kamrat. Hon kan så mycket."

"Tacka för det, hon var docent i religionshistoria en gång och för henne är det lika viktigt som för dig att klarlägga händelserna."

"Jag undrar bara över en sak", sa jag fundersamt. "Du sa att Elisabet och Johannes gömde sig i en grotta när Herodes soldater letade efter pojken. Vad hände sen? Maria och Josef var ju i Egypten med Jesus. Vem hjälpte Elisabet när hennes man mördades? Johannes Döparen sägs vara en inkarnation av profeten Elias. Han var väl också en ganska viktig person?"

"Elisabet var hos esséerna, som höll till uppe i bergen. Josef fick reda på det och ordnade så att Elisabet och Johannes fördes till Zoan. Där stannade Josef och de båda kusinerna Maria och Elisabet med sina små i hela tre år. De undervisades av det visa paret Elihu och Salome. Detta var en slags förberedelse till båda barnens mission och det beredde vägen för en djupare förståelse hos både Maria, Josef och Elisabet.”

”Det fanns en man i början av 1900-talet som kallade sig Levi”, avbröt jag. ”Han berättade mer detaljerat om Jesus och Johannes, deras barndom och uppväxt, men ingen trodde på honom. Han blev ganska utskrattad, fast det fanns personer som tog honom på allvar. Han skrev Den Nya Tidsålderns Evangelium. Jag läste det när jag fanns på jorden och blev ganska chockad. Ska man tro hans ord?”

”Det mesta är riktigt”, svarade Kualli. ”Det är inte många levande som har tillgång till Akashakrönikan, men det hade han. Det var också meningen att han skulle chocka. Det var meningen att människor skulle bli berörda. Du dyker ju ner i Akashakrönikan nu, Janne. Dina titthål är belägna i den. Du ska veta att Josef, kvinnorna och barnen inte färdades tillbaka genom Jerusalem. De kände sig inte säkra, romarna hade spioner överallt. De färdades förbi Döda havet och vidare över Engedi hem till Galileen. Är det något mer du vill veta?”

Tack, jag har fått veta vad som hände de tre första åren, efter att inte ha vetat ett dyft om Johannes Döparen. Kan du i korthet berätta vad som hände barnen före tolv års ålder innan vi fortsätter till titthålet?”

”Elisabet stannade i Engedi hos en släkting, Joshua, som tog hand om henne och pojken. Där fanns en eremit som hette Matheno. Han var egyptisk präst och kom från Sakkara. När Johannes var sju år tog denne Matheno med honom ut i vildmarken. De bodde i en grotta och Matheno undervisade pojken. När Johannes var tolv år dog hans mor och Matheno var den som tog hand om honom. Han sände Johannes till esséernas skola i Qumran, där han stannade en kort tid. Kanske det var mest för att pojkarna, Jesus och Johannes, skulle få vara tillsammans ett tag innan allvaret började.

Matheno hämtade sedan Johannes och så färdades de till Egypten, till templet i Sakkara, där Matheno var Mästare. Johannes fick lära sig dopets reningsceremoni och hur han skulle rena människor genom att döpa dem. Johannes stannade i 18 år i templet i Sakkara, tills det var dags för honom att gå ut bland människorna och bli en förelöpare till den kommande Messias. Under hans tid i templet visade Johannes prov på uthållighet och tålamod. Han hade fått för sig att han var Guds krigare och han såg sig själv dra i fält för att bereda väg för sin kusin. Han använde inga fysiska vapen, men gärna symboliska. Detta senare kanske bidrog till hans ganska hetblodiga anfall på vad han ansåg vara orätt.

Under tiden blev Jesus undervisad av sin mor, Maria. Hon delgav honom all den kunskap hon lärt sig hos vännerna i Egypten. När han fyllde sju år frågade hans morfar, prästen Joakim, vad han önskade sig på sin födelsedag. Jesus svarade att det fanns så många fattiga barn som inte hade mat för dagen. Han undrade om han kunde få bjuda dem på födelsedagsfest. Det skulle han få och han sprang ut för att hämta så många fattiga barn han kunde hitta. Han kom hem med 160 trasiga, smutsiga ungar! Men de fick mat allihop och Jesus var lycklig.

När Jesus var tio år begav sig familjen till Jerusalem till judarnas stora högtid. När Jesus såg den hemska slakt av oskyldiga djur som kallades för offer i Guds namn, blev han förtvivlad. Den högste i Stora Rådet hette Hillel. Jesus gick till honom och klagade på offrandet och sa att Gud var en kärlekens Gud. Kunde Hillel hjälpa honom att finna denna kärlekens Gud? Den gamle prästen blev mycket rörd och bad Jesus föräldrar att få undervisa deras son under ett års tid. Jesus stannade i templet i Jerusalem och återvände sedan vid elva års ålder till sitt hem. Josef lärde honom timra och Jesus var en tålig om än ointresserad elev. Ska vi nu börja i Templet när Jesus är tolv år? Hur det egentligen gick till kanske kan vara intressant att veta."

"Javisst, då kör vi", svarade jag muntert och det gjorde vi ganska omedelbart, Lydia och jag.

"Tro nu inte att babyn du nyss såg reste sig upp, knatade omkring och pratade otadligt", sa Lydia när vi öppnade ögonen. "Hans uppväxt var precis som alla andra ungars. Maria skötte om honom som vilken mor som helst och Josef var en prima far. De första åren fick som du nyss hörde Maria och Elisabet en hög esoterisk undervisning av Salome och Elihu, som de sedan kunde förmedla vidare till sina söner. Den enda skillnaden var att de senare gjorde regelbundna besök i det esseiska templet i Jerusalem, men det är inte där vi befinner oss nu. I det här templet finns det judiska prästerskapet."

Jag erinrade mig att den judiska lagen föreskrev att alla pojkar som uppnått tolv års ålder, troende eller icke, måste genomgå en ceremoni under påsktiden i Jerusalem. Det var en riktig folkvandring till Jerusalem varje påsk och tydligen var Lydia och jag med den här gången. Dessutom var vi synliga. Vi knuffades och skuffades med skockar av folk när vi försökte komma närmare den heliga familjen. Lydia gick som vanligt först och mer eller mindre släpade mig efter sig. Jag såg att jag bar den vanliga munkkåpan, medan Lydia hade en veckrik naturfärgad klänning och ett guldband i håret.

Templet låg på ett ganska högt berg. Vi var redan uppe på tempelgården, men alla pilgrimerna som var där hade varit tvungna att stiga uppför berget. En del stöttade sig på vänner och släktingar, andra bars i bärstolar och återigen andra mer stapplade än gick. Många hade haft en lång vandring hit.

Vissa delar av templet var avdelat för "hedningarna". Dit styrde Jesus och hans familj sina steg. Hedningarna behövde inte närvara mer än de två första festdagarna. Den tredje dagen hölls ceremonier för de som var strängt ortodoxa, den fjärde dagen var "halvhelig" och då fick de som ville återvända hem.

Det var den dagen Jesus skulle sättas på prov och förhöras tillsammans med andra barn. Det måste vara den dagen just nu eftersom Lydia och jag var här. Vi trängde oss så tätt efter Jesus och hans familj vi kunde. Vi ville vara med om förhöret och vi kunde gott gälla för ett föräldrapar. Formellt sett var det en inregistrering, avsedd att förse den judiska kyrkan med en fullständig förteckning över de gossar som fyllde 13 år och deras religiösa tro.

Vi släpptes förstås inte in under själva förhöret, så det var bara att göra sig osynlig. Då kunde vi närvara. De första frågorna som ställdes gällde de religiösa idéerna hos varje pojke - som naturligtvis mestadels kunde härledas från dennes föräldrar. Alla pojkarna fick bestämda frågor som de flesta på förhand lärt sig att besvara. Jesus svarade mycket tydligare och mer detaljerat än de andra. Jag ska inte upprepa frågorna, jag antar de är desamma i dag som på den tiden. De lärda män som ställde frågorna blev överraskade över Jesus svar, som skilde sig avsevärt från kamraternas. Jag tittade på pojken för jag trodde att han skulle se mallig ut. Det gjorde han inte. Han försökte förklara sina svar och det gjorde han med både ödmjukhet och bravur. Gubbarna tittade på varandra i största förvåning och bad honom stanna kvar när de andra pojkarna lämnade skolsalen. Han visade en högre insikt och djupare teologisk kunskap än de andra. Han ombads stanna till nästa dag, när han skulle utfrågas av ett råd, sammansatt av de högsta tjänstemännen, överstepräster och lärare. Det gick han utan vidare med på.

"Jag säger till hans föräldrar att han måste stanna kvar", viskade jag till Lydia som förskräckt grep tag i min arm.

"Nu vill du ingripa i historien igen", viskade hon argt. "Du ska bara vara tyst. I stället kan du och jag ta en promenad och se om vi hittar något bra värdshus att ta in på!"

Jag tänkte missmodigt på det höga berg som Maria och Josef måste klättra upp och nerför igen, men det tycktes inte beröra Lydia det bittersta. Vi hittade inget värdshus. Till slut slog vi oss ner under ett stort valnötsträd utanför templet och därifrån återvände vi till änglarnas rike. Lydia tyckte att vi skulle sova där, för det var långt att vänta till nästa dag. Jag kan inte hjälpa att det var skönt att få dråsa ner i sin egen paulun även om det var bara för några timmar.

Det såg väldigt högtidligt ut när vi nästa dag osynliga stod i lärosalen, där det höga rådet samlats för att se närmare på den lärde unge hedningen. Jesus såg så ung och sårbar ut där han stod i sin vita, nästan fotsida skjorta. Det höga rådet hade hittat på ordentligt invecklade frågor och de frågade honom dessutom om hans närmaste planer.

Utan att sväva på orden berättade Jesus att han var en speciell adept hos esséerna på Karmel och att han gått i deras skola sedan han var sex år. Han sa vidare att han hade för avsikt att följa det esseiska Brödraskapets önskan att besöka högskolor i främmande länder, däribland mysterieskolan i Heliopolis i Egypten. Hans närmaste planer var universitet på Qumran. Han sa också att han inte tänkte återvända till Palestina förrän efter många år. Detta gjorde att han inte kunde besöka synagogor eller bli en ortodox jude.

Vi hörde aldrig att han sa: "Visste ni icke att jag bör vara där min fader är?" Den repliken har tillkommit senare, det är jag ganska säker på. Det var ju prästerna som höll kvar pojken, inte tvärtom. O, sagolika brist på logik!

"Vill du se mera?" frågade Lydia. "Hans föräldrar kommer strax. Maria blev orolig för sin pojke och de gick inte långt innan de vände om för att söka honom."

"Det räcker", svarade jag. "Nu vet jag Sanningen där också. Bibeln gillar nog inte esséerna och vill absolut inte medge att Jesus och hans familj tillhörde dem. Nu fick jag höra hur pojken orädd berättade om sina studier på Karmel, att han skulle till esséerna på Qumran och att han inte tänkte besöka synagogorna längre. Prästerna fick så de teg. Det var inte lätt att vederlägga hans ord, eftersom de inte visste så värst mycket om esséerna. Vart ska vi färdas nu?"

"Du har hört Jesus berätta om invigningarna i Heliopolis. Hans resor i övrigt har han redogjort för, mer behöver du inte veta", svarade Lydia. "Vi kanske ska titta lite på vad han gjorde efter hemkomsten i stället."

"Han gifte sig ganska snart med Magdalena", sa jag glatt. "Det är väl det viktigaste."

"Vi kanske skulle titta lite närmare på det som står i bibeln", föreslog Lydia. "Där står helt andra saker."

"Han har själv berättat mycket för mig", invände jag. "Dem som jag vet minst om, det är Maria från Betania och hennes syskon. Det är tydligen känsliga saker. Likaså vet jag inte så mycket om hans samvaro och resor med apostlarna."

"Då får vi lov att förbli osynliga", bestämde Lydia. "Till Betania!"

28. Möte hos Marta, Maria och Lazarus

Vi såg ett litet hus som var ganska vackert beläget uppe på en kulle, omgivet av många träd och mycket blommor. Några andra hus skymtade i bakgrunden. Utanför huset var det en febril aktivitet. När vi kom närmare såg vi en rundnätt kvinna stå och baka utanför huset samtidigt som hon skrek order åt de omgivande familjemedlemmarna. Jag förstod att det var Marta, den husliga och duktiga äldre systern. Hennes alldagliga ansikte var rött av upphetsningen att få till degen som den skulle vara, medan hönsen sprang kring benen och ett par magra hundar nosade runt på marken. Maria, den yngre systern, sprang ut och in i huset. Hon var liten till växten, svarthårig och brunögd med ganska stor näsa, men i övrigt en söt flicka. Hon verkade inte särskilt trakterad av storasysters kommenderingar, utan stannade hellre och pratade med brodern, som grävde i jorden vid huset.

"Är det här Jesus håller till?" frågade jag förvånad.

"Inte så ofta numera, sedan han gift sig med Maria från Magdala. Det är självklart ledsamt för den här Maria, som dyrkar marken han går på. Jag tror inte du behöver bevittna något svartsjukedrama, därtill är de för rädda för Jesus. Kanske inte rädda, men de vill inte såra honom. Han kommer där borta med Maria från Magdala, sin hustru. Det här är den tid då han är nygift och förkunnar sin tro i trakten omkring Jerusalem."

"Är vi synliga?" flåsade jag i Lydias öra. Hon skakade på huvudet. Nåja, det kanske var bäst så.

"Hur länge stannar ni?" utropade Lazarus och omfamnade dem båda. "Ni äter väl med oss?"

"Ja tack, vi stannar några timmar", svarade Jesus. "Jag tänkte gå till torget och tala till människorna där borta. Jag förbereder en vandring tillsammans med mina lärjungar."

Jag såg två kvinnor se med kärlek på Jesus. Båda älskade mannen i honom, tillika med Mästaren. Bara en av dem fick hans personliga kärlek och fick föda hans barn. Samtidigt tänkte jag på att Maria Magdalena inte var så avundsvärd som Betania-Maria trodde.

Hårda tider väntade Magdalena tillika med den ofrivilliga skilsmässa som blev hennes lott. Maria från Betania fick vara med honom till sista andetaget på korset - eller vad som föreföll vara det sista.

Lazarus var en ung man, nästan skrangligt mager, med rufsigt svart hår och glada bruna ögon. Han tittade också dyrkande på Jesus. Jag funderade en lång stund på vad det var som gjorde att folk tillbad denne Mästare. Man kunde inte låta bli att tycka om honom. De ögonen och det leendet tände en gnista i den som såg på honom: en kärleksgnista. Jag var ändå glad över att han hade sin Magdalena och att hans känslor kunde vara jordiska. När jag hade lärt känna Maria Magdalena bättre förstod jag att de i högsta grad matchade varandra även intellektuellt. Han var Mästaren och Frälsaren, men hon var en kvinna långt utöver det vanliga.

Jag förstod att vi befann oss i en situation som ägde rum efter att Lazarus uppväckts från de döda. Än mer övertygad blev jag när Lazarus frågade:

"Om jag dör igen, Mästare, gör du mig levande än en gång?

Jag hörde Lydias bekanta fnissande, men Jesus svarade allvarligt:

"Du dog aldrig, Lazarus. Du låg i en dödslik dvala. Om du varit död skulle jag inte ha kunnat väcka dig till liv igen. Om det är Faderns önskan att en människa går över gränsen så är det inte min sak att motarbeta Honom. Han har kosmiska skäl som jag inte vet något om. Jag går inte emot Faderns vilja, Lazarus."

"Vad är egentligen döden, Mästare?" frågade Maria, och jag såg att Jesus och hans hustru utbytte blickar.

"Döden är en övergång till ett nytt liv", svarade Jesus. "Döden är ett slags pånyttfödelse och absolut ingenting att frukta."

"Då vill jag dö i en lund full av nyutspruckna rosor i alla färger", sa Maria svärmiskt, men hennes syster Marta smällde lätt till henne på armen.

"Du ska rakt inte dö, du ska hjälpa mig med maten därinne", snäste hon. Maria Magdalena reste sig och gick in i huset tillsammans med systrarna. Hon kastade en blick över axeln till Jesus. Den var full av både kärlek och medlidande med den lilla drömmerskan som helst inte ville hålla på med det praktiska.

Vi kikade in i huset där Marta hade sin arbetsbänk full med lammkött och grönsaker. Hon skulle göra en stuvning och Magdalena hjälpte henne. Den lilla Maria satte sig i ett hörn och tjurade.

”Jag behöver inte hjälpa till när ni redan är två”, sa hon surt. ”Förresten slipper du se mig snart, Marta. Jag har bestämt mig för att följa med Mästaren på hans vandring.”

Marta tappade kniven så att den for ner på hennes bara fot och gjorde en lång skråma.

”Titta vad du ställer till!” skrek hon argt. ”Tror du att Mästaren vill ha med jäntungar på sin långa resa? Du stannar allt här, du.”

”Jag kan se till henne”, lugnade henne Magdalena. ”Hon får gärna följa med oss.”

I det ögonblicket beundrade jag Magdalena. Men Lydia drog med mig ut ur huset. På gårdsplanen utanför, där förut bara Jesus och Lazarus suttit och samtalat, var det nu fullt av folk. Vi såg att det mest var sjuka människor. Tydligen hade de sett när Jesus anlände och skyndat upp till huset. Det var blinda och lama och lytta på alla möjliga sätt. En man låg på en hemgjord bår. Han såg ut som om han var död. Jesus tittade på honom.

”För bort honom”, bad han bårbärarna. ”Den mannen kan jag inte bota. Han är kallad till vår Himmelske Fader.” Därefter vände han sig lugnt till de hjälpsökande, en i sänder fastän de skrek och bad och sjöng och bar sig åt.

Jag tror vi reser någon annanstans”, viskade Lydia. ”Nu har du sett Betaniasyskonen och deras hus. Nu förstår du vad som händer där och roligare blir det inte. Men så mycket kan jag säga: Maria från Betania gav aldrig upp när det gällde Jesus. Hon älskade honom tills hon trodde att han var död. Hon fick inte veta att han överlevt korset förrän mycket senare. Och då hände det saker! Det här är den Sanningen.”

”Visst var det hon som smorde honom med välluktande olja och torkade honom med sitt hår”, frågade jag.

”Nej, det var Maria Magdalena”, svarade Lydia irriterat. ”Det är bäst jag visar dig Sanningen om hur det gick till, för det pratas så mycket om det. Kom med mig!”

Återigen förde mig Lydias lilla tunna hand genom slöjor av tidstöcken. Den här gången gällde det inte så lång tid framåt. När dimmorna glesnade stod vi inne i ett ganska stort rum. Vi var osynliga. Där fanns de närmaste lärjungarna och Jesus själv. Jag kände igen det stora rummet hos de tre syskonen i Betania, eftersom vi nyss hade varit där. Marta styrde och ställde i ett hörn av rummet. De andra satt på golvet och var i färd med att inta en måltid. Plötsligt öppnades dörren och Maria Magdalena kom in.

Vilken uppenbarelse denna kvinna var! Så rak och majestätisk! Hennes långa mahognyfärgade hår var utslaget, som seden var för sörjande kvinnor. I händerna bar hon en flaska. Lydia viskade att flaskan innehöll nardusolja från Indien. Det var redan då en extremt dyr olja, som funnits i tusentals år och som användes vid speciella tillfällen.

Det blev alldeles tyst i rummet. Allas blickar var fästa på Maria Magdalena. Maria från Betania satt ihopkrupen i ett hörn och jag såg att hennes ögon var fulla av tårar. Marta stod stel av förvåning med ett fruktfat i händerna.

Maria Magdalena gick fram till sin make och såg på honom med en blick full av smärta och kärlek. Så hällde hon lite av flaskan i hans hår och masserade in det med ena handen. Därefter gned hon in oljan i hans händer. Den starka, fräna men samtidigt tilltalande doften spred sig över hela rummet. När hon skulle hälla olja på hans fötter gled flaskan ur hennes grepp och flöt i tjocka droppar och rännilar över dem. Hon böjde sig ner och tog fram en liten duk som hon bar i sin veckrika klänning. Hennes hår föll framåt och täckte hela synen. Jag hade dock hunnit se att hon torkade hans fötter med duken, inte med håret som det står i bibeln. Förmodligen fick hon en del nardusolja i håret när hon strök tillbaka de tjocka slingorna. I det ögonblicket föll en aftonstråle från den nedgående solen in genom dörren rakt på hennes huvud. Det var som om en eldslåga brann i hennes mörkröda hår, en eld av kärlek och sorg.

Denna underbara scen avbröts av en arg Judas, Jakobs son, som sprang fram och tog tag i kärlet med den utrunna oljan.

”Vad är det här för sätt?” röt han. ”Varför fick inte de fattiga pengarna som den här dyra oljan kostade i stället? Maria Magdalena slösar medan vår älskade Mästare lider av de falska anklagelser som kommer från romarna.” Några av de andra lärjungarna instämde i förebråelserna. Simon Petrus var särskilt högljudd. Men Jesus knackade i golvet och upphov sin röst:

”Maria Magdalena gjorde alldeles rätt. Hon gav mig den sista smörjelsen inför vad som kommer att hända mig. En av er kommer att förråda mig och det är sannerligen inte hon. Hon har inte använt era pengar och ni vet mycket väl vad nardusoljan står för. Den kan ge mig lite lindring i mina bekymmer.” Han böjde sig fram och kysste Maria Magdalena och lärjungarna vågade inte opponera sig igen. Men den andra Maria satt med händerna för ansiktet tills hennes syster daskade till henne så att hon måste stiga upp. Hon stod vänd med ryggen åt de församlade och jag visste att hon led.

Så gled jag in i den barmhärtiga slöjan av medvetslös transport.

29. Johannes Döparens historia

"Jag vill veta mer om Johannes Döparen!" utropade jag när jag vaknade. "Varför är det så lite skrivet om honom? Vad uträttade han, hur arbetade han, hur såg han på Jesus äktenskap? Han predikade hela tiden om renhet och kyskhet och renhet igen. Man fick inte dricka vin och inte ha sex - bara en hel massa förbud. Han kunde inte ha så många känslosamma upplevelser när han predikade på det sättet. Han verkade alltid så arg. Vad sa Jesus om det?"

"Det fanns mycket att vara arg på", smålog Kualli som kommit in från ingenstans. "Det gör det väl numera också. Det fanns mycket ondska, ingen fördragsamhet, vare sig mot djur eller människor. Du vill lära känna Johannes Döparen. Då gör vi ett titthål i hans liv. Vissa saker får du själv erfara, andra berättar Lydia."

Innan jag hann fråga mera var vi på väg på det vanliga sättet. Vi stod i öknen. Jag har alltid tyckt att öknar inger hopplöshet och ändlöshet. Det gjorde denna säkert också, men här fanns berg med mängder av grottor. Vi stannade framför en av dem. Nu var vi materialiserade till min stora förtjusning.

"Den här grottan kallas Davids grotta, varför vet jag inte", berättade Lydia. I detsamma hukade sig en lång gestalt i grottingången. Ut kom en riktig grottmänniska. Jag kunde inte tro att detta var den berömde Johannes Döparen. Förmodligen rakade han sig när han uppträdde för folk, tänkte jag. Just nu verkade han alldeles igenväxt, men under allt det där håret kunde det finnas en ganska stilig man. Dessutom var han klädd i ett par hopsydda djurhudar, vilket ytterligare betonade vildmannen som folk talade om i trakten. Ett par skarpa ögon tittade på oss och en inte mindre skarp röst frågade:

"Vad vill ni mig? Vem har skickat hit er?"

Jag uppskattade hans ålder till runt 30 år. Lydia svarade i mitt ställe med sin mildaste röst och sitt vackraste leende:

"Vi kommer från änglarnas rike. Vi heter Jan och Lydia. Vi har blivit hitsända från framtiden för att ta reda på hur du arbetar. När tänker du bege dig ut bland människorna?"

Han stirrade på oss med en min som om han inte trodde ett ord av vad hon sa. Lydia gjorde sin vanliga "kupp". Hon försvann och kom tillbaka på samma ställe.

"Tror du mig nu?" frågade hon. Han svarade inte. Då tog jag till orda:

"Jag söker Sanningen. Jag trodde att du kunde ge mig den. Så mycket lögner och falskt tal finns omkring bibeln och Nya Testamentet. Jag vill ändra på detta, men jag behöver hjälp. Kan du hjälpa mig?"

Han muttrade något ohörbart men visade oss in i grottan med en gest.

Jag såg mig förvånat omkring. Det var ett riktigt komfortabelt hem. Ännu mer förvånad blev jag när han bad oss sitta ner på mjuka hudar kring ett lågt bord. Allra mest förvånad blev jag när en söt ung kvinna dök upp från grottans inre med nybakat bröd, honung, frukter och torkat lammkött. Som dryck serverades getmjölk.

"Är ... är du gift?" stammade jag. I gott minne hade jag alla de ilskna ord han fällt om både äktenskap och sex och kärlek människor emellan. Det var alltså bluff.

"Jag har en kvinna, Siwannah, och jag har tre barn, två döttrar och en son. Var det därför ni kom hit? Här ser du med egna ögon en av lögnerna i er bibel. När jag arbetar lever jag i den värld som Herren har befallt mig att upplysa, och när jag vill vara med min familj så vistas jag här. Det är sammaledes med min kusin och bäste vän Jesus. Varför hålla det hemligt?"

"Det ni lär ut överensstämmer inte med verkligheten", svarade jag. "Ni talar om kyskhet och fördömer kroppens lusta, eller hur?"

"Vi talar om kyskhet som betyder något annat än det du antyder", svarade han och jag tyckte mig se en svag krusning av ett leende på hans läppar. "Det är inte frågan om kroppen, det är själens kyskhet. Den är viktigast. Den manar ert tänkande att vara rent och kärleksfullt. Vad är det för fel med det?"

"Inget", skyndade jag mig att svara. "Du bereder vägen för Jesus, eller hur?"

"Ja", samtyckte han, "genom dopet som snart ska ske. Dopet är reningsprocessen. Utan vatten kan människan inte leva. Men när jag ser alla de obotfärdiga som bara är nyfikna så grips jag av vrede och de arga orden rinner ur min mun. Jag kan tänka mig att det är de orden som upptecknas till minne av den vrede profeten."

"Har du varit Elia för cirka 800 år sen?" frågade jag.

"Ja! Hur visste du det?"

"Änglar vet mer än människor", var mitt listiga svar. Det

kunde han inte säga emot. För första gången gav han mig ett brett småleende. Jag kände att jag tyckte om honom. Här var en människa som inte bjöd på sig själv i första taget, men som bar på en oerhört stor börda av mänsklighet och medkänsla.

"Ja, jag trivs med att vara profet!" sa han. "Det är bästa sättet att få bukt med allt elände här i landet. Det är ett kall som folket förstår och de rika räds. Jag tänker snart tala med Herodes. Han behöver lära sig ett och annat."

"Gör inte det!" bad jag förskräckt. "Du kan faktiskt bli halshuggen!"

"Den risken får jag ta. Jag arbetar också för sanningen. Om makthavarna inte får veta sanningen så blir det aldrig någon ordning."

Med en gest visade han oss att det var dags att smaka på det goda som burits in.

"Elia var verksam vid Gilgal", fortsatte han, "och jag för hans verk vidare på samma plats. Hans vrede är min, men hans kärlek är också min."

Jag blev imponerad av denne märklige profet. Vi åt den goda maten i tystnad och den vackra Siwannah passade upp på oss samtidigt som hon gav Johannes kärvänliga ögonkast och småleenden. Det kändes mycket märkvärdigt att sitta vid den vrede profetens bord och höra stojande barnaröster utifrån. Röster som kom från hans egna barn. När vi stod upp och tackade för oss tog han till min häpnad först mig, sedan Lydia i famn.

"Jag är glad över änglabesöket", sa han och uppriktig kärlek lyste ur hans ögon. "Det känns som en god inledning till den väg jag nu ska gå. Jag kommer att döpa Konungen och Frälsaren i morgon."

"Det var värst vad du var tyst", förebrådde jag Lydia när vi kom ut i solen igen. "Vadan denna tunghäfta?"

"Man ska inte störa småpojkarna i deras lekar", var det kryptiska svaret som gavs under resan till nästa titthål.

Jag funderade på varför Johannes blivit halshuggen. Jag ville veta Sanningen om detta också. När Lydia och jag tog en liten paus i änglarnas rike passade jag på att fråga. Jag tyckte det var synd att en så relativt ung man skulle tas bort så tidigt. Han hade så mycket att ge världen.

"Det var en intrig", svarade Lydia. "Johannes råkade ut för människors rena oförblommerade ondska. Först kastades han i fängelse för att han hade vågat kritisera Herodes. Han förhördes många gånger och fördes då inför kungens och drottningens ögon. Det var nämligen så att drottning Herodias, hustru till Herodes Antipas, hade förälskat sig i Johannes Döparen. Herodes själv var häftigt förälskad i den unga vackra Salome, som var dotter till Herodias i hennes föregående äktenskap. Herodes hade baktanken att om han benådade Johannes så att drottningen kunde ta honom till älskare, kunde han själv hänge sig åt sin passion, sin styvdotter. Johannes kallades till palatset och drottningen tog emot honom i enrum. Hon bad och bönföll honom om att bli hennes älskare så skulle han bli fri. Johannes nekade envetet och det var då som Herodias i stället började hata honom. Under tiden lovade kungen Salome att hon fick uttala en önskan så skulle han infria den omedelbart. När Herodias fick veta det sa hon åt sin dotter att önska sig Johannes huvud på ett fat. När så skedde att tjänarna bar fram detta ohyggliga offer så blev Salome stel av förskräckelse, medan Herodias triumferade.

Johannes begravdes nära sina föräldrars gravar. Men vad ingen vet är att Johannes faktiskt var förälskad i en kvinna som han aldrig kunde få. Det var en kärlek utan gränser. Hon var gift med en av hans bästa vänner ...”

”Maria Magdalena!” suckade jag men Lydia skakade på huvudet.

”Nej”, svarade hon. ”Jag misstänkte det först, men det var inte så.”

Jag fick aldrig veta vem det var.

30. Maria från Betania besöker Jesus i Heliopolis

"Det har hänt så mycket utanför historien och inne i människorna", sa Lydia tankfullt utan att svara på min fråga. "Inte ens Jesus gick fri från så mänskliga känslor som svartsjuka och den sortens obehag. Han skickade ju iväg Magdalena till Gallien. Det var hans mening att ägna resten av sitt liv åt att förkunna sin visdom. Någonting oväntat hände emellertid. Jag tror inte du vill göra ett titthål där, så jag föredrar att berätta om detta.

"Maria från Betania gifte sig något år efter korsfästelsen. Det var efter påtryckning från syskonen som tyckte att hon borde bli husmor i eget hus. Det fanns en änkeman som inte hade några barn som länge uppvaktat Maria på ett mycket försynt sätt. Maria brukade driva med honom och hon kunde vara riktigt elak ibland. Han förlät henne allt och han var ytterst enträgen att hon skulle gifta sig med honom. Han hade funnits i kretsen runt Jesus, så han hade samma tro som de tre syskonen i Betania. Hans namn var Samuel. Det blev bröllop. Inte för att Maria älskade Samuel, utan för att hon var trött på hans och syskonens tjat. Det kunde inte vara värre att vara gift med Samuel än att bo hos den fordrande, gnatiga Marta. Det blev inte något lyckligt äktenskap.

"Maria var en dålig husmor. Hon satt mest och drömde. Hon blev inte gravid. Den snälle Samuel tröttnade på hennes ständiga prat om Jesus och vad han hade lärt henne och hur underbar han var. Det blev skilsmässa redan efter några år. Det var sedan hon blev skild som Maria fick reda på att Jesus var vid liv och att Maria Magdalena hade flytt till ett annat land. Då blev det fart på henne. Nu hade hon chansen - åtminstone trodde hon det.

"Utan att berätta för sina syskon vart hon ämnade färdas, begav hon sig till Alexandria. Därifrån var det inte långt till Heliopolis, men i klostret var inga kvinnor välkomna. Maria skaffade en munkkåpa, stramade till sitt hår och sotade sitt ansikte så att hon såg ut som om hon varit på väg länge och genomgått mycket. Hon kallade sig för Marius och undvek att prata mer än vad som var nödvändigt. Därefter begav hon sig till Heliopolis. Hon tog reda på att Jesus tillika med hierofanterna och de andra Mästarna vissa tider brukade besöka det största templet.

"När Maria första gången återsåg Jesus så klappade hennes hjärta vilt, knäna vek sig under henne och hon ville helst ropa ut sin kärlek och längtan. När hon sjönk ner på knä skyndade en av de yngre prästerna i tåget av högtidsklädda män fram och hjälpte henne att resa sig. Hon kom ihåg att Jesus kallades Jeshua därhemma och frågade efter honom. Hon viskade och den unge prästen trodde att den främmande munken var uttröttad och sjuk. Han hämtade Jesus som sträckte ut handen och frågade om hon behövde hjälp. Då drog hon undan huvan, skakade sitt svarta hår och gnuggade bort smutsen på kinderna.

"'Jag har rest ända från Palestina för att träffa dig!' sa hon. 'Jag har mycket att berätta hemifrån.'

"Jesus blev glad. Ack hur aningslösa är inte ni män! Ni anar inte vad som göms i en älskande kvinnas sinne av både lögner och svek lika väl som kärlek och dyrkan. Jesus blev alltså glad. Och han stämde därför möte med Maria från Betania i Alexandria följande afton.

"Först blev det ett glatt återseende. Maria hade gjort sig så vacker hon kunde och hon smög sig in i hans famn med förväntansfulla rysningar. När Jesus märkte hennes närgångna smekningar blev han först arg, sedan fruktansvärt besviken. Han sköt henne från sig, men frågade sedan milt varför hon hade kommit. Hon kunde inte hålla tyst med sina våldsamma känslor och hon sa dessutom något väldigt dumt. Hon förklarade att när han nu hade sänt bort sin hustru så ville hon vara hans partner i allt. De hade ju känt varandra sen barndomen, hon måste ju betyda mycket för honom.

Jesus lyssnade och sköt tillbaka hennes närmanden. Han frågade om sin mor, om Marias syskon och om andra gemensamma vänner. Hon svarade på hans frågor, men fortsatte därefter tala om sin kärlek till honom och sitt misslyckade äktenskap. Jesus kände Samuel och blev ganska förtvivlad för hans skull. Han reste sig upp och förklarade för Maria att han inte var intresserad att vara annat än den vän han alltid varit. Dessutom tyckte han att hon skulle gå tillbaka till Samuel och försöka bli en god hustru åt honom. Denne gode man förtjänade inte att bli bedragen.

Maria återvände till Palestina och till sina syskon, men hon blev aldrig sig själv igen och gick inte tillbaka till Samuel. Hennes bror Lazarus hade gift sig under tiden och hans hustru tålde inte Maria. Marta hade svårt att medla i de ständiga konflikterna. Lazarus dog på riktigt och Maria lämnade sitt hem. Det finns inga spår efter henne sedan.”

”Det var en sorglig berättelse du kommer med, Lydia”, sa jag. ”Spåren efter Jesus slutar också i Heliopolis. Dog han där?”

”Jesus blev 183 år!” svarade Lydia. ”Jag vet att det är svårt att smälta, men det är Sanningen du söker. Han visste att han skulle leva länge och hans mission var inte slut i och med Heliopolis. Han stannade där tills han blev 100 år. Därefter begav han sig ut på vandring. Han vandrade omkring i Kina, Indien och Tibet och på många andra platser. Han grundade kloster och omvände folk, och på något underligt vis var han osårbar.”

”Han måste ha haft bra ben”, kommenterade jag torrt. ”Jag tror inte vi gör några titthål till den tiden. Vad har vi nu på listan?”

”En hel del, Jan. Ska vi ta reda på vad det blev av Jesus barn? Ska vi bege oss till Sydgallien igen? Det är inte alla som går med på att Maria Magdalena stannade där och bodde i en grotta. Det är nog dags att ta reda på hur det egentligen var. Men hon bodde i grottan, det garanterar jag. Du vill säkert se mer av den tiden.”

Det ville jag gärna. Sagt och gjort.

31. Suffragetten i grottan

Det kändes underbart att komma tillbaka till Gallien, eller Frankrike som det heter idag. Mandelträden blommade, hela trakten stod i blomning, havet var lysande blått och himlen molnfri. Jag har alltid känt en svaghet för Frankrike. Ja, tro nu inte genast att det bara är på grund av det goda vinet. Nej, jag har alltid vetat att jag känner Frankrike, att jag känner det franska folkets kynne och att jag lätt skulle kunna anpassa mig till att bo där. När människorna där är glada, så är de det med besked. Då är upprymdheten och barnaglädjen en enda sjungande vind. Är de ledsna så griper sorgen så hårt i deras hjärtan, att de är beredda att krypa uppför kyrkgången och slå sina pannor i altarringens konstnärligt utsmyckade galler. Är de arga - ja, då må man akta sig!

Vi stod på kajen i Massilas hamn och tittade på myllret av båtar och människor och lyssnade till skratt och skrik och sång. Vi var materialiserade. Jag kände mig mycket nöjd. Jag skulle åter få det ljuva sydgalliska vinet att smeka min tunga med sin aromatiska glöd. Lydia ryckte förstås genast bort min tillfredställelse med sin tankeläsning.

”Ska vi till det romerska huset?” frågade jag och gladde mig redan åt att återse alla vännerna där.

”Där finns Maria Magdalena inte längre”, svarade Lydia. ”Hon har flyttat till grottan sen hon blev ensam. Sarah är gift och bor i en annan stad. Så sluta tänk på vin. Vi har viktigare saker att ta reda på.”

Det blev en ganska lång vandring, men jag njöt av landskapets oerhörda skönhet, luftens mildhet och de smekande vindpustarna som nådde ända hit från böljorna i Massilas hamn. Så började klättringen mot Artemisberget där den grekiska gudinnans bild personifierar Kvinnan och Modern. Grottan ligger ganska högt uppe med en makalös utsikt över detta mjuka men ibland vilda landskap, denna grönska, denna blomstring, dessa balsamiska dofter.

Jag väntade mig en grotta som såg ut som de grottor jag har sett tidigare: droppstenar, fuktiga väggar, fuktigt stengolv, stalaktiter och stalagmiter och vattendroppar som hela tiden rinner överallt. Den här grottan var annorlunda. Visst fanns det en bäck med kristallklart vatten därinne. Men för övrigt var grottans innersta omgjord till ett bekvämt hem. En del var sovavdelning, en del var kök. En vävstol av det slag som kallas vertikalvävstol stod till min häpnad i ena hörnet av grottan. Bakom den kom en gestalt fram som jag igenkände som Maria Magdalena. Hon var visserligen åldrad, hon hade rynkor i det vackra ansiktet, men hennes leende präglades fortfarande av sällsam skönhet. Det leendet som tjusat och omvänt så många till Jesu lära. Hon var klädd i en lång, löst sittande, grå klänning och i det yviga röda håret, som var lätt grånat, hade hon flätat in lilafärgade band.

"Om jag ser rätt", utropade hon, "så är det mina gamla vänner Lydia och Jan från änglarnas rike som har kommit hit. Välkomna!" Hon sprang fram och kramade om oss och jag såg glädjetårar i hennes ögon. "Ni är lika unga, lika vackra båda två!" suckade hon sedan. "Jag åldras i min ensamhet. Sarah bor långt härifrån, och mina vänner Nikodemus och Maximin och de andra är döda. Jag har gjort mitt, Jan! Jag orkar inte längre. Tystnaden är numera min bästa vän, när jag inte har mina kära lärjungar omkring mig. Jag har inte hjärta att sluta undervisa dem, men de är inte så många numera."

"Är det unga män?" frågade jag.

"Nej, det är mest kvinnor", smålog Maria Magdalena. "Jag har alltid ställt upp för mina medsystrar."

"Du väver, ser jag", sa Lydia och tittade på väven som satt i vävstolen. Det var en väv som skimrade i underbara färger.

"Det är en lyx jag fortfarande unnar mig", smålog Maria Magdalena. "Jag väver in mina drömmar i tyget, det är därför det skimrar så. När jag inte finns här längre ska min dotter ärva vävstolen och de tyger jag vävt. Det är ett mycket starkt budskap till henne."

"Det sägs att du varken äter eller dricker längre", sa Lydia. Maria skrattade och pekade på den lilla källan som stilla flöt genom grottrummet. Sen visade hon på en eldstad längre in.

"Jag har så mycket vatten jag kan önska", sa hon. "Jag äter mig mätt på det som naturen ger mig och det finns mycket ätbart både på berget och i trakten häromkring: blad, rötter, bär och frukter och nötter. Ibland bakar jag bröd och ibland har mina lärjungar med sig bröd och andra förnödenheter. Det går ingen nöd på mig. Jag trivs med att leva så här. Jag blev trött på människorna. Blir inte ni det också ibland?"

"Jo", svarade jag leende. "Jo, visst blev jag trött på folk ibland.

På maktlystnad och pengadyrkan. Men berätta lite om den tid som gått sen vi träffades senast i Heliopolis." Vi satte oss på några skinn som låg framför eldstaden. Maria gjorde upp en liten brasa och så började hon berätta.

"Sarah var mycket starkt påverkad av resan till Heliopolis. Det var sista gången hon såg sin far. Vi vet att han lever, det händer att jag får brev från honom och jag skriver ofta till honom. Han säger att när han har fullgjort sitt uppdrag i Heliopolis tänker han bege sig ut på vandringar, och då blir det svårare för honom att meddela sig med mig. Men då har jag säkert gått till en högre värld för att invänta honom där.

"Min trofasta Hanna stannade hos mig och det var mest hon som uppfostrade Sarah. Maximin lärde henne att läsa, skriva, räkna och tänka. Tänkandet var inte det minst viktiga, det var hennes innersta som emellanåt måste genomgå ett reningsbad. Jag var ständigt på resande fot. När jag inte hade Maximin med mig så fanns det andra unga, hängivna lärjungar att tillgå. Jag var aldrig ensam och jag fick både frierier och kärleksförklaringar i mängder. Kvinnorna var mer osäkra, men det brukade gå bra när jag samlade dem och talade till dem som till systrar. När jag var hemma förvånades jag varje gång över att Sarah hade vuxit och utvecklats utan min närvaro. Då förebrådde jag mig ingenting. Ångern och förebråelserna kom senare. Det var som om jag ständigt vandrade omkring i en lång mantel med huvan nerfälld. Jag förstod inte då att jag missade det bästa livet ger en kvinna: mitt barn."

"Varför är du inte tillsammans med henne nu?" vågade jag inflika.

"Hon förlåter mig inte. Jag får inte träffa mina barnbarn, inte berätta mina drömmar för mitt enda älskade barn."

Jag tänkte på David, men jag visste inte om jag fick säga något. I så fall borde Lydia berätta att han levde. Räckte det inte med all den sorg Maria Magdalena redan bar inom sig? Och vad kunde hon göra åt detta nu? Han fanns i klostret vid Gardasjön, bland de kristna munkarna som än så länge förde en ojämn kamp mot hedningarna.

"Tänker du dö här i ensamhet utan att ha återsett din dotter eller din son?" fortsatte jag kallt. "Vet du, det tycker jag är en egoism utan like. Hur kan en mor avstå från att åtminstone försöka få förlåtelse? Vill du inte träffa barnbarnen? Försöker du övertyga dig själv om att sörja en man som inte ens är död och att det är din livsuppgift från och med nu? Vad tror du din son David tänker om dig där borta i esséerklostret? Han anar väl knappast att han någonsin haft en mor." Lydia stirrade häpen på mig. Maria Magdalena brast i gråt. Hon gick ner till källan och tvättade ansiktet i det klara vattnet. Därefter såg hon på oss med en min av stor sorg.

"Lämna min grotta!" bad hon. "Jag har kontakt med kärleksfulla änglar som hjälper mig hela tiden. Jag vill inte höra från Jan vad jag ska göra. Jag trodde ni visste bättre än så. Jag förlåter er, men jag ber er att inte komma tillbaka."

"Nu ingrep du i historien igen, Janne, du gjorde en förskräcklig tabbe", bannade mig Lydia när vi gick ut ur grottan. Jag svängde ögonblickligen om på klacken (för jag hade skor under munkkåpan, jag gillade inte att gå barfota). När jag kom in i grottan satt Maria Magdalena och stirrade rakt ut i luften medan tårarna stilla smög sig nerför kinderna.

"Jag vill inte skiljas från dig på det här viset", sa jag och gick fram och tog hennes händer. "Jag menade bara väl med det jag sa. Jag satte mig inte in i dina känslor. Förlåt min klumpighet. Du vet väl vilka busar vi karlar är ibland!"

Nu log hon och reste sig upp. Jag kände Lydia bakom mig.

"Jag förlåter dig", sa Maria Magdalena. "Jag blev väl arg för att du hade rätt i det du sa. Jag ska tänka över saken. Vill ni dela lite frukt och bröd med mig?"

Det ville vi. Och under den stunden fick jag veta en hel del om Maria Magdalena som jag inte haft reda på förut, inte ens anat. Hon hade uträttat ett livsverk som jag inte tror att någon av dem som skildrat hennes liv har vetat om. Jag förstod att det i denna enkla grotta bodde en enastående kvinna, som inte bara var Jesus förtrogna och älskade utan också den allra första kvinnosakskvinnan. En suffragett av oanade mått! Hon får själv berätta:

"Hur tror ni att kvinnorna i vår tid har det? Kvinnoföraktet är utbrett i de flesta länder. Det är en orm, en kobra som reser sitt huvud och väser åt alla håll: 'Kom mig inte för nära, för jag är man. Lyd mig och du får det bra. Om du inte lyder straffas du hårt.' Hur många män misshandlar inte sina kvinnor? Det finns goda, kärleksfulla män här också liksom dominerande kvinnor som ser till att de behandlas väl. Men det är inte många. Kvinnorna föds till männens slavinnor. De ska föda söner, inte döttrar. Döttrarna måste omskäras så att de inte opponerar sig, så att de följer en enda herre. Kvinnor är obegåvade för allt annat än att vara en man till lags. Jag anser att detta är dikterat av Ondskan själv.

"Jag har arbetat med kvinnor i hela mitt liv. Det var svårare i Palestina än här. Jag stötte på mycket motstånd i Jerusalem, men här blev det lättare när jag mötte Sarah, zigenardrottningen. Av henne lärde jag mig mycket. Jag gick direkt ut och förkunnade. Jag tog till mig kvinnorna, samlade dem och talade till dem. Jag har en trogen skara kvinnor som fortfarande följer mig. Flera av dem kommer att gå vidare med kvinnorörelsen efter min död."

"Jag trodde att du förkunnade Jesu lära?" sa jag förvånad. Lydia skrattade i mjugg.

"Det har jag också gjort. Numera strävar jag dock mest efter att stötta kvinnorna, det vill säga att uppmuntra deras mod och deras önskan att förkovra sig på samma sätt som män. De som vill kommer hit till grottan. Här står inga protesterande män omkring oss, som på torgen. Vi utför det arbete vi ska, men vi vill också ha chansen att gå vidare och studera. Jag har studerat, männen såg det med förskräckta ögon, kvinnorna beundrar mitt mod. Jag försöker tala om för dem att det inte bara krävs mod utan också viljan att inte vara slavinna, inte bara föda barn och laga mat. Jesus var den ende som förstod och uppmuntrade mig. Min far var den förste som gav mig sitt stöd." Nu började tårarna åter rinna utmed hennes kinder.

"Jag har inte velat störa min son. Han skulle skämmas för sin mor om han visste att jag talar för kvinnorna. Jag kanske inte ens skulle bli insläppt i klostret. Vad tror du?"

Jag svarade inte, bara gav henne en kram. Suffragetten i grottan, tänkte jag. En galjonsfigur för kvinnans frigörelse! Det kändes högtidligt, nästan som en extas. En kvinna för kvinnorna, jämbördig med mannen i det första århundradet av vår tideräkning, och ingen som lagt märke till detta. Det smällde betydligt högre än att bli helgon!

När vi gick ut ur grottan för andra gången efter en riktigt trevlig stund med vår värdinna, det blivande helgonet*, sa Lydia: "Det var det sista du såg av Maria Magdalena. Nu har vi andra Sanningar att söka upp. Men jag undrar om du förstår oss kvinnor riktigt på djupet? Det vanligaste är att vi ständigt går omkring med dåligt samvete. Det gör oss arga ibland. Vi känner omgivningens tryck på oss, fordringar som vi kanske inte kan eller orkar tillgodose. Att kräva något av någon annan är väldigt svårt och när vi gör det så trampar vi alltid på ömtåliga tår. Vi ska låta bli att kräva och låta bli att tycka så mycket."

"Men tycker inte du också att hon därinne i grottan borde gå ut och titta på världen igen?" frågade jag. "Utan krav, bara för att hon vill det. Söka upp sina barn och njuta av dem." Lydia nickade och groparna i hennes kinder blev väldigt djupa.

"Det gjorde hon sedan", sa hon. "Kanske vårt besök har haft den inverkan på henne i alla fall!"

Därhemma i änglariket var det sig likt. Jag satte mig en stund utanför mitt hus i den lilla trädgården där äppelträden stod i blom. Vår alltså? Jag visste mycket väl att det var en chimär, en slags holografisk trygghet för mig. Lydia satte sig bredvid mig. Jag tittade på hennes mjuka profil och frågade:

"Vem är du, Lydia?"

*Enl. boken *Marie Madeleine* av Jacqueline Dauxois, Pygmalion, Gérard Watelet, Paris 1998

32. Lydias historia

"Jag föddes i England i mitt senaste liv", berättade hon. "Min far var läkare först i London, sedan distriktsläkare i Wales. Min mor födde honom åtta barn, av vilka två dog i scharlakansfeber. Jag var nummer tre i syskonskaran och de andra var tre pojkar och två flickor. Min far trivdes med att bo i en liten by i det sägenomspunna landskapet och min mor hade fullt upp med oss ungar. Jag föddes i början av 1900-talet.

"Livet på landet var lugnt och fridfullt så när som på att både folk och fä var sjuka både inom och utanför min fars distrikt. Min uppväxt var präglad av arbete, jag fick passa de mindre syskonen och de äldre syskonen måste passa mig. Det var inte mycket tid till lek, men far var en glad och humoristisk person och när han var hemma skojade och lekte han med oss allihop. Mor var den stränga.

"Men jag hade en hemlig vän. Den vännen var mors fiende och betraktades av far som en lustig häxa. Det var en gammal kvinna som bodde i utkanten av byn. Innan vi kom och byn hade vuxit sig större, hade hon varit den enda för byborna att vända sig till i händelse av sjukdom. Många bybor sökte sig fortfarande till henne. Jag stötte ihop med henne en gång i skogen, när jag såg efter min lillebror som då var tre år. Jag blev våldsamt intresserad av hennes fantastiska kunnande. Hon lärde mig om läkeväxter och allt möjligt annat. Men allra mest tyckte jag om när hon berättade om gamla tider. Hennes förråd av historier var outtömligt. Det var den kunskapen som sedan gjorde mig till forskare i religionshistoria.

"Först gick vi syskon i byskolan för att lära oss läsa och skriva. Därefter skickades vi till olika ställen för att förkovra oss vidare. Jag skickades tillsammans med en yngre bror till en farbror och faster i London. Då var jag tio år. Där upplevde jag för första gången människors ondska. Lika glad och livad som min far var, lika dyster och tillknäppt var min farbror. Hans hustru var kuvad. Hon kurade ihop sig och slog ner ögonen och sa: 'Ja, käre Dick' och 'Nej, käre Dick.' Så värst många fler ord hörde jag aldrig från henne. Men min farbror hade mörka avsikter med mig, som jag alls inte förstod i början. Jag blev utsatt för övergrepp.

"Först vågade jag ingenting säga eftersom min farbror hotade mig till livet om jag sa ett enda knäpp. Andra gången han kom in i rummet där lillebror och jag sov började jag skrika. Faster kom inspringande. Jag såg på henne att hon förstod vad som var i görningen, men hon sa som vanligt inte ett ord. Hon lämnade rummet och min farbror fullbordade sin hemska gärning. Nästa morgon rymde jag hem till Wales med lillebror. På morgonen hade faster kommit in till oss och lämnat mig en liten penningsumma. "Åk hem, barn!" sa hon. Det gjorde vi.

"När vi kom hem berättade jag sanningen för mina föräldrar. Min far undersökte mig och jag såg på honom att han var oerhört upprörd. Jag hade bara sett far arg när vi var väldigt olydiga, men den här vreden var hemsk. Nästa dag reste far utan ett ord till London. Jag misstänker att farbror fick en omgång som han inte glömde.

"Det var bara lillebror och jag som var hemma nu, förutom de minsta två pojkarna. Mor gav oss lektioner i geografi, historia och annat. Jag var väldigt intresserad av historia och lånade allt jag fick tag i på biblioteket. Jag läste bibeln från pärm till pärm och jag var begåvad med ett enastående minne. Allt jag läste la sig i ordentliga fack i mitt huvud. Till slut förstod min far att jag måste läsa vidare. Han skickade mig till en skola i London. Där fick jag genomgå en hel del prov och de gick bra. Rektorn för skolan ansåg att jag borde bli historiker.

"I stället för att drömma om pojkar som mina kamrater gjorde, drömde jag om de spännande händelserna i historien, särskilt då i religionshistorien. Det hjälpte inte. Äktenskapet hotade och jag mer eller mindre lurades in i det. Jag träffade en pojke på middag hos en väninna. Han var officer och innan jag visste ordet av var jag gift med honom. Han var min första kärlek om man bortser från mitt svärmeri för kejsar Claudius eller aposteln Johannes, den mörkögde romantiske yngling som kallades för älsklingslärjungen.

"Jag blev besviken. Den första tiden var underbar, men ruset tog slut efter några månader. Jag var med barn och började bli tjock. Min make såg på mig med oblida ögon. Han drack mer och mer och kom hem full och slog mig. Den gamla vanliga visan. Jag födde dottern Ophelia och min man besvärade sig inte ens med att besöka oss på sjukhuset. Det blev skilsmässa. Jag åkte hem till mina föräldrar i Wales med min lilla tös och stannade där under hennes första levnadsår. Det var både roligt och jobbigt. Jag läste så mycket jag kunde, jag ägnade all ledig tid åt Ophelia och jag hjälpte min mor så mycket jag kunde. Min far, som kom att betyda allt mer för mig, var inte nöjd med min situation. Han var min förtrogne och han förstod mig. Han ansåg att jag kastade bort min begåvning i en glömd liten by i Wales.

”Utan att jag till en början visste om det använde min far sina kontakter till att ordna min karriär. Och karriär blev det. Jag kom in på Eatons lärarhögskola i Chester och kunde äntligen ägna mig åt min passion här i livet: religionshistoria. Jag upptäckte en hel del brister och missuppfattningar, förbiseenden och andra felaktigheter i religionshistoriska böcker, inte minst i bibeln. De överensstämde inte med varandra och den ene utelämnade vad den andre ansåg för viktigt.

”Jag gjorde påpekanden, skrev artiklar och studerade hela tiden, från morgon till kväll. Under tiden hade mina föräldrar hand om min lilla dotter. Hennes far frågade aldrig efter henne, inte heller fick jag något underhåll, vilket var vanligt på den tiden. Min far hjälpte mig och han lyckades få en advokat att ordna så att min före detta make måste lämna ifrån sig en summa till mig varje månad. På det sättet rann åren iväg.

”När Ophelia var sju år blev jag förälskad för andra gången. Då var jag redan en ansedd religionshistoriker och blev då och då tvungen att uppträda i massmedia i den stora världen. Dessutom höll jag föredrag och kurser. Den här gången föll jag för en ansedd, rik affärsman som hade varit gift förut. Han hade två halvvuxna barn. Jag blev nu tvungen att sadla om helt - men vad gör man inte för kärleken? Han hade ingenting till övers för religionshistoria, men han hade ett palats i Londons förnäma affärsvärld. Där pusslades jag in tillsammans med Ophelia, som numera kallades Offy.

”Inte ens för kärleken ville jag ge upp min karriär. Jag passade inte som charmant värdinna i det charmanta hemmet tillsammans med mina charmanta styvbarn. Efter ett år som uttråkad lyxhustru återgick jag till mina studier. Det gillade inte min man, så han ställde ultimatum. Jag skulle följa med honom på en två månaders kryssning till Söderhavsöarna. Det kunde jag inte motstå. Han sa, att om jag fortfarande valde religionshistoria framför honom när vi kom hem, så skulle våra vägar skiljas.

”Jag älskade verkligen min make, fast vi var så olika. Vi var kanske ändå lika på många sätt. Vi älskade båda äventyret, de okända, främmande, spännande upplevelserna. Och det blev en märklig resa, som förde oss till det slutliga målet: döden. Jag hade kommit på att jag skulle skriva en bok om mina ofta ganska kontroversiella synpunkter när det gällde bibeln, men även religionshistoriska händelser. Det gick min make med på och han till och med uppmuntrade mig.

"Vi befann oss i Polynesien där en av hamnarna vi besökte låg på Tahiti. Observera att detta var på 1950-talet, efter andra världskriget. Jag väljer att inte prata om kriget och vad som hände då, det här är bara en resumé av mitt eget privata liv. Det var väl det du ville veta? Vår båt skulle ligga ett par dagar i hamnen och vi var intresserade av att se valar, så vi hyrde en gammal sjöman med en liten fiskebåt. Han var angelägen om att få med oss, så vi lejde honom för en dagstur tillsammans med ett amerikanskt par. Det blev vårt öde. En plötslig storm gjorde slut på både oss och fiskebåten. Där har du mitt liv i ett nötskal. Jag fick aldrig riktigt lära känna Offy. Men här får jag uppleva något helt annat. Mina kontroversiella tankar är inte längre så kontroversiella. Jag har alltid velat veta Sanningen."

"Och du är en mycket sansad person till skillnad från stormiga Janne", skrattade jag. "Men nu är det dags för nästa titthål. Jag har alltid undrat en hel del över Johannes, Jakobs bror. Du nämnde honom nyss. Vad blev det av honom efter korsfästelsen?"

"Det tar vi reda på nu!" svarade Lydia och vips blundade jag. Hon tog min hand. Flygturen, eller vad man ska kalla den, varade inte länge.

33. Johannes, älsklingslärjungen, lämnar Patmos

"Vi befinner oss på ön Patmos i den grekiska övärlden", berättade Lydia. "Hit är Johannes förvisad under ett och ett halvt år. Vi ska se hur han har det."

Bakom oss kluckade havet mot den vita sanden. Skrovliga klippor utan mycket växtlighet reste sig så långt ögat såg. Vi var synliga, eftersom Lydia tydligt avtecknade sig mot den grå stenen. Hon bar en lång vit klänning och ett guldband i håret. Kring axlarna hade hon draperat en mörk slängkappa. Jag tittade ner på mig själv. Samma gamla munkkåpa och samma sandaler. Det var tydligen min uniform för titthål.

Det gick en stig upp mellan klipporna. Stigen var kantad av vajande strandgräs och efter en kort stund kom vi till bebyggelse. Innanför en mur låg en stad. Vi gick in genom en port i muren. Där fanns höga byggnader och gator och torg. Det var en ganska kal och enformig bebyggelse och inga planterade träd eller blommor. Lydia ledde mig så lätt som om hon hade varit här förr. Senare förklarade hon att hon alltid går enbart på intuition. Hon hittar utan att leta. Det är något alla skulle behöva lära sig även i symbolisk bemärkelse: att hitta utan att leta.

Det fanns en kyrkliknande byggnad i den här staden. Vi gick in där. En äldre man reste sig upp från sin knäböjande ställning när vi närmade oss altaret. Det måste vara Johannes, tänkte jag. Hans runda ansikte var visserligen fårat, men det hade rena linjer och ögonen var klara, mörkt bruna och skarpa. Ögonbrynen var svarta, men håret hade många vita strån. Han smålog mot oss och visade en rad vackra vita tänder. När han log lyste hela mannen upp och man kände sig varm om hjärtat.

"Välkomna!" utropade han. "Jag ser att ni kommer långt bortifrån."

Som vanligt förklarade vi att vi var änglar från änglarnas rike och att vi sökte Sanningen.

"Varje människas sanning är en sanning för henne själv", sa han gåtfullt och visade oss in i ett inre rum i byggnaden. Där var spartanskt möblerat, men några konstfärdigt broderade gobelänger hängde på väggarna och det fanns flera låga pallar, täckta med vackra dynor. På ett altarliknande bord stod vaxljus.

"Den sanning ni söker gäller kanske inte för alla människor", fortsatte han. "Det finns många världar och många sanningar. Jag förstår att ni vill veta vad jag har haft för mig efter korsfästelsen. Jag har tvivlat, kära barn, jag har tvivlat!"

Lydia och jag tittade häpna på varandra. Johannes hade satt händerna för ansiktet, men tog snart bort dem igen. Han var tårögd.

"Det är kanske sent att tvivla nu, efteråt", sa han. "Tvivel innehåller också sanning, annars går det ju inte att tvivla. Jag har funderat på om jag följde med strömmen eller inte. Ett blad förs med vattenfallet vidare genom strömvirvlarna och ut i havet. Innan det kommer så långt måste det antingen ta sig in mot land eller drunkna. Så har jag känt det. I ungdomen brinner lågan med förtärande kraft. Den dämpas när man blir äldre och risken finns att den dör ut. Det hann det aldrig göra hos mig, men jag har verkligen tvivlat."

"Talar du om Jesus?" frågade jag. Han nickade.

"Jag ifrågasatte", svarade han. "Kärleken till en människa kan göra en blind. Jag var ganska blind, men jag har forskat djupt i de kunskaper som gavs då och de kunskaper jag har inom mig och kanske alltid har haft."

"Är de inte desamma?" frågade jag.

"Både - och", var svaret. "Livet ger sitt och i början kanske vi inte märker det. Insikten kommer när vi blir äldre - i bästa fall. Jag blev förvisad hit och tyckte i början att det var outhärdligt. Så började jag se på mig själv. Vem var jag egentligen? Jag insåg att jag var lövet som ryckts med av strömmen och nu puttade jag det i land. Det sköljde upp på mossig mark, men det var min mark. Det var mitt löv på min mark och jag kunde lugnt gå vidare. Nästa steg blir Efesos och längre kommer jag inte. Där blir jag en trumpet som förkunnar. Alla lyder kanske inte trumpetens ljud, men många lyssnar till signalen och går mig till mötes."

"Har du skrivit Johannesevangeliet nu?" frågade Lydia. Profeten ryckte till.

"Jag har inte skrivit något evangelium och tänker inte heller göra det", svarade han förargad. "Vad skulle det tjäna till?"

"Det finns ju i bibeln i alla fall", sa jag som ville stöda Lydia.

"Och vad är bibeln för något, om jag får fråga?" frågade Johannes misstänksamt.

"Något som kommer att få stor betydelse i framtiden", svarade jag. "Johannesevangeliet berättar Jesu historia."

"Man undrar vem som har skrivit det", funderade Johannes och tog sig om hakan. Så spratt han till och lyste upp i det leende som vi förstod alltid charmade hans åhörare. "Vet ni, om vi lärjungar skulle skriva ner Jesu historia så skulle det bli lika många berättelser som lärjungar", sa han. "Ibland skulle de säkert inte ens likna varandra. Människor ser saker så olika och där har vi just det här med Sanningen. Jag har slutat leta efter den. Jag talar som vinden blåser och som solen smeker min lekamen, för jag talar med hjärtat, inte med huvudet. Det är hjärtat som behöver utvecklas först. Huvudet kan alltid lära sig sin läxa, men hjärtat har inga läxor."

"Du talar klokt", instämde Lydia. "När reser du härifrån?"

"Ni kom i sista stund", smålog Johannes och klappade Lydias hand. "Jag reser härifrån i morgon. Ska ni följa med till Efesos?"

Lydia såg på mig och nickade tyst och jag skyndade mig att svara:

"Om du vill ha oss med, käre mästare, så vill vi ingenting högre. När går båten?"

Och så kom det sig att när solen gick upp följande morgon satt vi på båten, som lade ut från hamnen på Patmos med destination Efesos. Det var Johannes, Lydia och jag, men även flera av Johannes lärjungar. Ännu ett spännande äventyr, tänkte jag belåtet och sträckte ut mig bredvid den äldre mannen. Lydia stod lite längre bort vid relingen och såg den lilla grekiska ön Patmos försvinna vid synranden. Mindre Asien väntade på oss! Där hade vi inte varit.

Den magnifika hamnstaden Efesos, som låg vid floden Kaystros mynning, steg fram ur de svepande dimmorna den morgon vi anlände dit. Det var en imponerande syn. Jag hade inte reflekterat över antikens byggnadskonst, men nu häpnade jag. I den tid jag levde senast på jorden använde vi ordet "modernt" och då menade vi något som inte var gammalmodigt, något som vi kunde vara stolta över för att det var nytt och fint. Nu befann jag mig i antikens Mindre Asien och trodde att jag skulle komma till något värre än ett u-land.

"Nåå", sade en röst bakom mig. "Det här ser väl inte så dåligt ut? Här finns nog åtskilliga människor som behöver höra Sanningen." Detta åtföljdes av det godmodiga skratt som jag hade lärt känna och tycka mycket om under båtresan. Johannes hade sänt vänner i förväg som skulle ordna bostad åt oss. Jag såg fram emot att kliva iland i denna mångomtalade hamn.

34. Johannes uppgift i Efesos

Fruktbarhetsgudinnan Artemis tempel var en fantastisk sevärdhet även för en ganska bortskämd ängel. Med sina 127 kolonner var det en bjässe. Tyvärr visste jag att det skulle förstöras av goter ett par hundra år senare. I denna stad fanns även den största antika teatern i tiden, med plats för 50 000 åskådare. Johannes vandrade runt med ett stolt småleende på sina läppar och förevisade även det stora, innehållsrika biblioteket. Stadsbiblioteket i Stockholm kunde gömma sig och försvinna vid sidan om detta, tänkte jag. Vart har denna sköna byggnadskonst tagit vägen i "modern" tid?

Den visaste, härligaste människan jag hade träffat i historien gick vid min sida och höll Lydia under armen på ett förtroligt vis. Han berättade på ett oerhört underhållande sätt gamla legender och historiska fakta från Efesos. Berättelserna blandade han med visdom och en god portion underfundiga anmärkningar. En vis man med ögon som glittrar av humor, tänkte jag.

"Ni måste lära er att skilja på kunskap och visdom", sa han plötsligt som om han hade läst mina tankar. (Det kanske han hade!) "Kunskap är inlärning, visdom finns i hjärtat, men också i cellminnen från föregående liv som vi människor bär med oss. Vi lever många liv för att lära oss och utvecklas mer och mer. I varje liv finns visdom att tillgå om vi så önskar, men det är vår fria vilja som gäller. Vår fria vilja kan förstöra, förgöra men också förkovra oss."

"Vad hade hänt om vi inte haft fri vilja?" frågade Lydia.

"Då hade vi varit slavar under något annat", svarade Johannes. "Vi behöver vår fria vilja även om vi inte kan hantera den. Men vi kan lära oss att behärska den så att den blir vår slav i stället för tvärtom. Då kan den åstadkomma mirakel. Vi behöver den för att lära oss behärska materien."

"Vad menar du, Johannes?" frågade jag och studsade till. "Behärska materien? Är vi magiker eller alkemister utan att veta om det?"

"Vi har dolda potenser som vi inte använder", svarade den förre aposteln. "Det dröjer till din framtid eller kanske längre innan vi lär oss att använda dem. Innan dess har uppfinningar gjorts som kommer att förändra världen och som kan komma att förgöra människan. Jag kan ibland se in i framtiden och då blir jag ganska förskräckt."

"Vissa böcker från min tid hävdar att du for hit med Jesu moder Maria och att hon ligger begravd här", anmärkte jag.

"Det är sant", svarade Johannes. "Min förra resa till Efesos gjorde jag tillsammans med Maria, Jesu moder. På något sätt kändes det då som om Jesus genom korsfästelsen hade svikit oss båda. Varför kunde inte han, som besatt större andliga krafter än vi vanliga dödliga, förhindra korsfästelsen? Varför hängde han där slak och blödande i stället för att dundra och blixtra och skrämma slag på sina fiender?

"Ni kan tro att frågorna susade i mitt huvud och säkert också hos hans mor och Maria från Betania. Jag kan inte förstå att den unga kvinnan hade mod att övervara korsfästelsen. Jesus hade ju skickat bort sin hustru, Maria Magdalena, för att förskona henne från den synen. Jesus var besatt av idén att han skulle frälsa folket och genom korsfästelsen få sin visdomslära att växa sig starkare och breda ut sig. Det sa han till mig. Både jag och flera av de andra försökte få honom att avstå från denna frivilliga död.

"De allra mest förtrogna visste också att hans död på korset inte var äkta trots hans självpåtagna lidande och att han befann sig i koma när han togs ner. Han hade förbjudit oss att någonsin nämna detta. Nu gör jag det trots hans förbud, för jag står inte under hans ledarskap längre. Han informerade vissa av oss om att vi skulle träffas några gånger till innan han försvann helt. När han försvunnit fick vi inte lov att söka efter honom. Jan, jag vet att han lever och att du tiger av hänsyn till mig. Det behöver du inte göra. Jag är fri nu. Fri att förkunna min Sanning."

Jag berättade för Johannes att Jesus var vid god hälsa i Heliopolis. Han lyssnade uppmärksamt och jag såg glädjetårar i hans ögon. Jag berättade också om Maria Magdalena och Sarah och lille Davids "död". När jag slutat kramade han om oss båda och andades en djup suck av lättnad.

"Jag ska berätta för er om Moder Maria", sa han när vi satt och åt vår första måltid i Efesos. Vi befann oss i ett litet trevligt hus som jag inte vet hur han fått tag i. Det verkade som om han hade många vänner här sen förr. "Vi reste hit ganska snart efter korsfästelsen. Jag reste hit för att förkunna och jag förkunnade Jesu lära! Det gjorde även Maria. Hon var som en mor för mig och det visste vi båda att Sonen ville. Vi omvände många här i staden och på landet runt omkring. Vi vandrade mycket. Till slut blev det för mycket för Maria. Hon visste inte att sonen levde, även om hon kanske anade det. Hennes hälsa var vacklande och jag funderade på att resa tillbaka till Galiléen med henne. Det ville hon inte och om ni så önskar kan vi besöka hennes grav i morgon."

När vi följande dag stod framför Moder Marias enkla grav var Johannes till en början tyst. Han sträckte sina händer över graven och jag förstod att han välsignade den. Jag bugade mig och Lydia knäföll andäktigt, jag såg att hon var djupt rörd. Vi promenerade därefter i långsam takt mellan popplarna på den smala vägen från gravarna.

"Vet ni om en sak, mina barn", sa Johannes och lade sina händer på våra axlar. Han gick mellan oss och mötte först mina ögon, sedan Lydias. "Nej, ni vet säkert inte att min dyrkan från början inte gällde Jesus. Jag dyrkade en helt annan man och var en av hans trognaste och tillgivnaste lärjungar: Johannes Döparen. Jag var ung, fortfarande i tonåren, och här såg jag min idol. Mannen i den grova grå kamelhårsklädnaden, med mörka lockar som stod åt alla håll och brinnande ögon som kunde etsa sig in i en som vassa, genomträngande spjut, var för mig inkarnationen av hängiven gudsdyrkan, renlevnad och botgöring. Han var en imponerande människa, en förlossare, en stor mästare.

"När jag senare lärde känna mannen, vännen och barnafadern blev jag mycket förvånad. Jag följde honom till hans grotta, träffade hans förtjusande kvinna och de tre barnen och funderade fram och tillbaka på vem han egentligen var. 'Jag är en förelöpare,' upprepade han ofta. 'En förelöpare till Messias, Kristus, Guds son och människornas förlossare.' Jag, som tyckte att denne fantastiske man var en förlossare, begrep inte hur han kunde säga sig bana väg för en annan. Vad kunde väl vara viktigare, renare och skönare än det Johannes Döparen förkunnade? Jag beslöt mig faktiskt för att tycka illa om den där Gudasonen som skulle komma snart. Vad säger ni om det, mina kära barn?"

Återigen gnistrade Johannes vita tänder i ett stort och varmt leende. Lydia skrattade högt och jag smålog osäkert. Det här hade jag inte väntat mig. Jag har alltid föreställt mig aposteln Johannes hängande som en kelsjuk hund omkring Jesus och lite svartsjuk på att det fanns en hustru i idolens liv. Johannes leende övergick i ett glatt skratt som skakade hela mannen. Jag kände bekräftelse på att han också läste mina tankar eller att Lydia trollade in dem i hans huvud. Hon var en riktig spjuver ibland.

"Nåja", återtog Johannes sedan han torkat sina skrattårar, "jag beslöt mig för att ta reda på vem den där mystiske kusinen var. Så när Jesus döptes fanns jag i bakgrunden. Det enda jag såg var en ung man som såg ödmjuk och vänlig ut. Min ledare, vän och mästare döpte denne unge man. Kunde det vara den omtalade Jesus? På stranden stod en vacker flicka och vinkade till honom. Ja, så tolkade jag Maria Magdalenas gester. Jag såg att Jesus log mot henne. Men det var också en förunderlig stämning därute i vattnet. Solen bar sig konstigt åt. Den lyste till väldigt starkt omkring själva dopet, och även Maria Magdalena fick ett ljussken omkring sig för en kort stund. Jag förstod att någonting oerhört var i görningen och publiken som fanns runt omkring oss var ovanligt tyst och stilla. Det verkade som om tiden stod stilla, som om hela världen hade stannat."

"Har du inte skrivit och berättat om det?" frågade Lydia.

"Det enda jag har skrivit är om mina visioner. Dem skrev jag om på Patmos, för där upplevde jag sällsamma ting. Dem har jag naturligtvis med mig hit. Kanske jag skriver något mer så småningom, det får vi se."

"Har du aldrig varit gift?" frågade Lydia igen. Johannes stannade till. Han lyfte händerna som i bön. Sedan frågade han tyst:

"Hur vet du det? Vet änglar allt om människorna? Jag ska berätta om mitt liv för er två. Det kanske är till gagn både för er och mig. Det är mycket jag har funderat på under fångenskapen på Patmos. Den gjorde mig faktiskt gott."

"En fråga till", skyndade jag mig att säga. "Det står i bibeln att när du och jungfru Maria stod vid korsets fot sa Jesus: 'Moder se din son, och son se din moder!' Var det inte så att Maria och Josef hade rätt många barn? Hade du inte dina egna föräldrar?"

Det dröjde till kvällen innan Johannes besvarade den frågan. Han ville först visa oss de sevärdheter den vackra staden bjöd på. Vi beskådade en fantastisk teater och därefter ett lika fantastiskt bibliotek. Tala om modernt! I våra "moderna" tider byggs inte något sådant. Vi gick runt och beundrade allt tills solen började sin vandring mot skuggans stund och det var dags att återvända till den trevliga lilla villan i Efesos utkant.

Efter ett utsökt kvällsmål, serverat av några kvinnor som tillhörde den församling Johannes hade startat vid sitt första besök här, var det äntligen tid för en pratstund.

"Ni ska inte resa tillbaka till framtiden och änglariket utan att ha hört Sanningen om mig", började han. "Er bibel har jag inget intresse av. Efter vad jag förstår har ingen nutida författare utom Lukas bidragit till att skriva den. Mina kamrater och medstuderande hos Jesus har rönt skilda öden, men tyvärr är de redan döda. Romarnas grymma förföljelser har drabbat dem. Jag är lycklig nog att ha klarat mig ända hit. Vi var en viss klick som stod Jesus nära och som är de enda som kan berätta Sanningen. Så ni får försöka tro mig nu, Jan och Lydia."

"Vi pusslar ihop bit efter bit", svarade jag. "Du lever, men också Jesus och Maria Magdalena lever fortfarande. Vår bibels Nya Testamente går upp i rök. Vi vill veta varifrån den röken härleder sig. Den röda tråden i historien känner vi igen, men vi har ingen grund, ingenting att verkligen luta oss mot."

"Min far var fiskare och hette Zebedeus och min mor hette Salome, som är ett vanligt kvinnonamn i Palestina. Vi var fattiga, men hade det ändå bra på många sätt. Vi bodde vid Gennesarets sjö, inte långt från Kapernaum. Min bror Jakob, som var mycket äldre än jag, var ute och fiskade med far redan när jag var liten pojke. Mor var en kärleksfull kvinna, full av omsorg och empati trots att vi ibland levde av nästan ingenting. Jag hade tre systrar.

"Förändringen kom när jag mötte Johannes Döparen. Jakob blev aldrig hans lärjunge, men jag struntade i fisket och följde med Johannes i stället. Då var jag bara femton år. Min förstående mor övertygade far om att det var ett övergående svärmeri från min sida och att jag måste få leva ut det. Dessutom blev det en mun mindre att mätta därhemma. Och jag svalt hellre med Johannes Döparen än med familjen.

"Jag lärde mig mycket under tiden med Johannes. En gammal skriftlärd man som beundrade Döparen och som följde honom överallt, lärde mig att läsa och skriva. Jag hade lätt för att lära. Jag hade alltid åtrått kunskap och nu fick jag den. Jag visste att mina föräldrar ville att jag skulle gifta mig och jag var med på min bror Jakobs bröllop. Detta skedde innan vi hade mött Jesus. På det bröllopet fanns en vacker flicka som var dotter till en vingårdsarbetare min far kände. Jag blev förälskad och vi blev trolovade. Hennes namn var Elisa. Hon var ljus och blåögd och hade en mun som log mycket. Hon hade gropar i sina rosiga kinder. Kort sagt, hon liknade min föreställning av en ängel.

"Jag försvann dock tillbaka till Johannes Döparen och hans grupp innan mina föräldrar kunde hindra mig, men trolovningen fanns kvar. Min mor försäkrade Elisa att jag snart skulle komma tillbaka. Det gjorde jag, men det dröjde ända tills Döparen förlorat sitt huvud. Då var det min trofasta Elisa som fick trösta mig. Det blev bröllop. Jag var fortfarande mycket ung. Det var en hederssak för en man att vara gift. Han räknades inte som man innan han gifte sig. Så var det på den tiden och så är det säkert fortfarande.

"Min far ville att jag skulle återuppta fiskandet, som jag lärt mig redan som liten. Det ville jag absolut inte, nu var jag läs- och skrivkunnig och hoppades på en karriär som skriftlärd. Men då kom Jesus Kristus in i mitt liv. Han kom även in i Jakobs liv. Det förändrade allt. Så länge Jesus vistades i trakten av Gennesaret kunde vi vara hos våra familjer, men på hans vandringar lämnade vi dem. När jag kom tillbaka från den första vandringen med Jesus möttes jag av ett ohyggligt meddelande. Vi hade vandrat från Kapernaum till Betsaida och tillbaka igen. Väl hemkommen skyndade jag mig hem för att hälsa på min hustru som väntade vårt barn. Min älskade Elisa var död. Hon hade dött i barnsäng och fött en liten flicka. Barnet levde, men mor var inte säker på att hon skulle klara sig. Man hade döpt henne till Myriam. Det röda, skrynkliga spädbarnet intresserade mig inte. Jag flydde från alltsammans till nya vandringar och samvaro med Jesu lärjungar. Kom ihåg, mina vänner, att jag var runt tjugo år och inte mogen att ta ansvar för min familj. Mor tog hand om barnet. Jag frågade inte efter om det skulle överleva eller ej.

"Jesus tröstade mig i min sorg. Han försäkrade att min dotter var i goda händer och nu var det tid att ägna alla krafter och allt tänkande åt den gode Fadern. Jag var fri att viga mitt liv åt att bli förkunnare av den heliga visdomen. Jag trodde honom då, men jag vet inte om jag gör det nu. Han befriade mig från ansvaret att ta hand om min egen dotter. Jag vet att hon överlevde, blev en präktig, vacker flicka och att hon gifte sig tidigt. Jag vet också att hon fick en bra man. Myriam finns i framtiden och endast som ledare och hjälpare kan jag ha kontakt med henne då."

"Om du vet att hon lever i Palestina kan du väl kontakta henne nu?" avbröt Lydia. "Varför har du inte gjort det?"

"Om jag gör det blir jag fasttagen av romarna igen. De har koll på alla Jesu lärjungars efterlevande. Jag tror att hon måste få leva sitt liv i fred. Jag vet att hon har minst fem barn. Ska jag utsätta dessa för förföljelse? Myriam skulle inte känna igen mig och vad skulle vi tala om? Ett hav av känslor skulle kasta upp sina bränningar - till vad nytta? Jag har en uppgift här och den tänker jag slutföra."

"Jag tror att du är en stillsammare profet än Döparen och Jesus", sa jag fundersamt.

"Ibland måste man ryta till!" log Johannes. "Det behövs lejon, men inte för att döda martyrer. Jag är ingen botgörare utan lärare. Jag vill leda bort människor från avgudadyrkan och gamla hemska, hedniska sedvänjor. Jag vill kärlek."

"Kan du definiera ordet kärlek? Vilken är din uppfattning?" frågade Lydia.

"Det finns ju så många olika sorters kärlek", svarade Johannes. "Kärleken mellan yin och yang eller mellan föräldrar och barn vill du väl inte få förklarad? Kärleken till naturen ingår i en större kärlek, som i sin tur stiger upp från jord och hav. Den öppnar sig till en ofantlig klocka, som i sig tar upp sfärernas musik. Sedan klingar den ut mot det oändliga universum. Någonstans däruppe i världarna bor den Kraft som vi kallar Gud. Den kraften är vår Fader och vår Moder. Den kraften är ren, klockren Kärlek. Hos den Kraften slutar vi att förundras och fråga. Där är vi hemma, dit hör vi, eller hur, änglar?"

"Det är lite mer komplicerat än så", svarade jag, "men så långt kan folk förstå. Det är viktigast. Men hur var det nu med modern och sonen, det vill säga Jesu Moder och dig?"

"Jag förstod själv inte det där när vi knäböjde framför korset", svarade Johannes. "Oss emellan tror jag att Jesus var lite förvirrad just då. Han kan möjligen ha menat att jag skulle hjälpa till att ta hand om modern efter hans så kallade död. Det gjorde jag också. Josef hade dött för flera år sen. Han dog när Jesus var ute och reste. Sönerna hade alla sina yrken och jag vet egentligen inte vad de trodde om sin äldste bror. De var födda ur samma sköte, ändå var Jesus en främmande fågel. De förstod nog inte sin mor heller.

"Jag hade hört talas om det hedniska Efesos i Mindre Asien och det var ingen lång resa. Där möttes så många nationaliteter. Det var en lovande plats att verka på. Jag föreslog Maria att följa med mig när jag reste dit. Jag tyckte att det skulle vara bra för henne att komma ifrån ett litet tag. Hon samtyckte och så begav vi oss hit. Vi stannade här i några år och lyckades få ihop en ganska stor samling människor. Ni har sett Marias grav i dag. När hon dött reste jag tillbaka till Jerusalem och där började jag förkunna. Det bildades en liten grupp runt mig. Den blev allt större och romarna blev rädda. Då förvisade de mig till Patmos. Eftersom jag inte hade gjort något ont ville de inte kasta mig till lejonen. Men de visste inte att jag var ett lejon!"

Natten hade hunnit ikapp oss under vår underbara resa i Johannes liv. Stjärnorna tycktes så nära. Vi gick till sängs med ännu fler frågor i tankarna, men de fick vänta till nästa dag.

35. Filosofiskt samtal med Johannes

Den ena pusselbiten efter den andra lade sig tillrätta. Det kändes befriande.

"Du gör ju en ny bibel!" skämtade Lydia nästa morgon, när vi satt vid en välsmakande frukost i Johannes villa. Vi var inte ensamma. Folk sprang ut och in i rummet, några satt vid bordet och Johannes syntes inte till ännu.

"Jag vet inte än vad som fattas, men det måste vi fundera över", viskade jag tillbaka. "Vi måste återvända hem i dag, men det är säkert något mer Johannes vill säga oss."

"Morgonen strör sitt guld över markerna! Låt oss ta en sista promenad tillsammans. Jag vet att ni måste resa i dag."

Johannes stod bakom oss och kanske han hörde vad jag sa. Det verkade som om han hörde med mer än öronen. Det är väl det som gäller för en profet: att höra mer än med öronen, att se med mer än ögonen, att tala med mer än munnen. Vi reste oss upp och följde med honom ut ur villan. Jag ska alltid minnas honom som jag såg honom den där morgonen: i en violett mantel och med en lång, förgylld stav som hade en gyllene örn upptill. Vi vandrade upp på ett närliggande berg, varifrån vi hade en enastående utsikt över den myllrande folkmassan i den stora hamnen.

"Du har en örn på din stav och talar om att du är ett lejon", skojade jag med honom. Han smålog till svar.

"Jag har lärt mig att trolla lite", svarade han. "Jag kan vara både örn och lejon när det behövs. Örnen betyder skarpsynthet och magisk kraft. Lejonet betyder anfall och försvar. Tror du inte det passar mig?" Jag svarade med ett leende och en nick och han fortsatte:

"Det känns lite magiskt att tala med änglar om livet. Å andra sidan var det väl inte längesen ni befann er mitt i de pulserande strömmarna som kallas liv. Längtar ni tillbaka?" Vi skakade båda på våra huvuden. Han fortsatte: "Det jag förkunnar har fått namnet kristendom. Det är inte mitt påfund och det kommer absolut inte från Jesus. Det är ett namn som kommer att åstadkomma schism. Tro behöver inget namn. Tro kan vara vilken tro som helst, alla har vi rätt att ha en tro och ingen behöver trängas under namnet tro. Vad jag befarar är att när man kristnar och döper folk så kommer de obönhörligt in i en tro. Dopet är fint, men det behövs inte för att man ska tro. Det enda som behövs är att man inom sig vet att det finns ett högre Väsen, en högre Kraft som ger trygghet och framförallt kärlek. Man kan bygga vad man vill omkring den tron, men egentligen anser jag att varje människa borde behålla sin egen flamma i sitt hjärta och inte tvinga någon annan att dela den flamman. Om det vore så skulle det inte bli några fiender eller krig."

Jag lyssnade förundrad till hans ord. Det var precis min uppfattning också. Tänk att vi inte hade kommit längre på 1900-talet, när jag levde. Vi stod kvar med ett ben i hedendomen och ett i den s.k. kristendomen. Jag förmodar att det är samma sak på 2000-talet, när mitt medium skriver ner mina ord. Den biten av utvecklingen har förmodligen inte hunnit så långt på de dryga fyrtio åren jag varit hos änglarna. Mer märkvärdigt skulle jag få höra. Johannes fortsatte:

"Jag lever i det som har skett, jag lever i det som sker och i det som kommer att ske. Det enda jag önskar mig av livet just nu är att min dotter förlåter mig. Jag ser inte framtiden som ett stort välkomnande ljus utan som ett stort vibrerande mörker. Alla de osanningar som sägs och som grundlägger den religion de kallar för kristendom ska alltså prägla framtiden. Maktmissbruk och Mammondyrkan kommer att regera världen. Ingen går fri. Kristendomen blir en helveteslära med hjälp av den där bibelboken ni talar om. Det kan hända att den så småningom avtar som en låga som ej helt brunnit ut. Jag önskar att jag slapp se framtiden, men jag måste varna er och be er föra varningen vidare. Be människorna att älska varandra. Knyt vänskap över jorden. Tänd alltid ett ljus för Sanningen."

"Du ställer ingen uppmuntrande prognos för världen", invände jag. "En hel del bra saker kommer också att ske."

"Jag vågade återvända till Efesos på grund av att romerske kejsaren Nerva fått makten", sa Johannes. "Han är en bra kejsare om också nästan alltför mild. Han har inte den järnhand som egentligen behövs. Men för min del går det bra här. Min kristna grupp växer tillsammans med min egen erfarenhet av människorna. Men eftersom jag kan se in i framtiden så vet jag att kristendomen inte håller i längden här i Mindre Asien. En annan profet kommer att födas och hans lära sprids snabbt ..."

"Muhammed", avbröt jag. "Han föds om 500 år! Det är kanske bäst att du skriver ett evangelium ändå, eftersom Johannesevangeliet finns i vår bibel.”

”Jag gitter inte höra om er bibel”, dundrade Johannes. ”Om jag skriver något så blir det på mitt sätt och inte som ett kapitel i er bibel. Men jag förstår att falska profeter kommer att finna näring i de gamla skrifter som finns att tillgå i Jerusalem och Alexandria. Men nu, mina kära änglar, ser jag på er att det är dags att fara iväg. Jag skulle önska att ni kom tillbaka hit om några år, innan jag lämnar jordelivet.”

”Vi gör ett nytt titthål hit så fort vi kan”, smålog Lydia och omfamnade Johannes. Han höll henne länge i famnen och jag såg att han var rörd. Sedan blev det min tur att tacka honom för ett enastående samarbete. Och jag sa: ”På återseende”, inte ”Farväl”!

Lydia höll sitt löfte. När vi kom tillbaka frågade hon Kualli om vi fick hälsa på Johannes några år senare. Det fick vi och det är lika bra att jag berättar om den resan i anslutning till den förra.

Den här gången hamnade vi inne i Johannes hus. Det verkade inte som om det var särskilt förändrat. Det fanns ingen människa på den pelarförsedda verandan där myrten trängdes med andra okända växter och vinden viskade i akaciornas kronor. Vi stannade till för att njuta av stillheten och den nedgående solens skimrande röda ljus.

”Mina kära änglar. Så glad jag blir att ni har hittat hit just nu. Så roligt att se er igen!”

Johannes var inte ensam. Bredvid honom stod en kvinna som såg ut att vara i 40-årsåldern. Hon var mycket vacker. Hennes ljusa hår stod som en sky omkring henne och de stora blå ögonen var fulla av kärlek. Hon gick arm i arm med den gamle profeten. Han hade åldrats betydligt sedan vi såg honom sist. Hans hår och skägg var snövitt, men glädjen i hans nu ganska rynkiga ansikte var inte att ta miste på.

”Min dotter Myriam har kommit!” ropade han lyckligt. ”Min övergivna dotter har tagit båten över det stora havet för att äntligen möta sin far. Det bästa av allt är att hon har förlåtit mig.”

”Det var inte svårt”, Myriam kysste sin fars kind. ”Jag förstår far. Det har inte gått någon nöd på mig. Mormor och farmor har slagits om att ta hand om mig, så jag har haft det lite för bra. Sedan kom min älskade make och mina underbara barn. Jag har haft ett bra liv, men jag har hela tiden saknat far. Så började vi brevväxla. Även om breven tog lång tid på sig att komma fram, så blev de en grund till förståelse och förlåtelse. Jag måste snart återvända hem och då har jag goda nyheter till hela min familj. Kanske far kommer och hälsar på oss i Kapernaum? Jaså, ni är de två änglarna som far berättat om?"

Det blev en angenäm afton med en nästan upprymd profet och hans söta dotter. Det kändes skönt för oss att se och lyssna till honom än en gång.

"Det bästa av allt är förlåtelsen", sa han. "Att förlåta både sig själv och andra känns som en lavaström genom kroppen. Den rullar varm och tung för att till sist finna en plats att lägga sig tillrätta på berget. Förlåtelsen är ett elixir som alla människor borde intaga. Den står i samband med kärleken, för att kärleken har så många ansikten. Glädjen hör också dit. Jag har aldrig upphört att drömma om min och min dotters återförening. Jag har sänt glädje rakt över det stora gapet som fanns mellan oss. Och se, miraklet skedde!"

"Jag ville tala lite mer med dig om Jesus Kristus", sa jag. "Du har både tvivlat och trott. Var står du nu?"

"På den absoluta trons grund", svarade han genast. "Jag har tänkt igenom alltsammans tusentals gånger, ältat och funderat. Jesus sa i sin Bergspredikan att det egentligen bara behövdes fyra viktiga lagar i en människas liv: ödmjukhet, omsorg om andra, hjärtats inre godhet och att leva rättfärdigt. Jag instämmer inte helt med honom. Det behövs mer. Att bli herre över sin rädsla är något så oerhört viktigt, att ni inte anar innebörden av det. Rädslan bryter ner människan och gör henne till en viljelös, skälvande cell."

"Det har människan inte fattat ännu", inflikade Lydia. "Allt är ju energi. Kan man inte dela upp energin i olika grupper, t.ex. positiva och negativa?"

"Jo. Energi är ett mångfasetterat ord som missbrukas i många sammanhang. Jag tycker inte att Jesus tillräckligt bra förklarade vad han menade med energi - ett ord som han för övrigt inte använde. Han talade om människans Högre Jag."

"Vad har det Högre Jaget för relation till själen?" frågade Myriam ivrigt. Jag smålog för jag visste svaret, men Johannes var den som svarade.

"Din själ finns i ditt Högre Jag när du har lämnat jordelivet. Ditt Högre Jag är den nya 'kropp' du får efter döden. Jag är snarare en aspekt, precis som ni båda är nu, men tiden och rummet har spelat sig själva det sprattet att låta oss framträda fysiskt. "

"Aspekt?" undrade jag ivrigt. "Det är väl detsamma som synvinkel eller perspektiv?"

"För mig är aspekt en relationsmässig inspiration", svarade

Johannes.

"Så vi är relationsmässiga inspirationer som sitter och pratar med varandra?" Lydia frustade av skratt.

"Så kan man uttrycka det, ja", log Johannes. "Jan, ditt medium på jorden har en relationsmässig inspirationskälla i dig. Men låt oss inte förlora oss i hårklyverier. Låt oss njuta av samvaron den här korta stunden. Jag vet att ni är borta i morgon, eftersom andra uppgifter väntar. Men vi kanske ska fortsätta där vi började sist ni var här. Varför har jag tvivlat ibland?"

"Ja, jag fick aldrig något riktigt uttömmande svar på det", sa jag.

"Har ni aldrig tvivlat? Har ni aldrig tänkt: Är det verkligen så här? Det kan ju vara på ett annat sätt. Därför är det så viktigt att man har vissa grundstenar att hålla sig till, som t.ex. kärlek, glädje, förlåtelse, mod etc. Jesus var modig, men jag har ofta undrat varför han även var dumdristig. Han hade inte behövt hamna på korset. Han var av Davids ätt, javisst, men hur många i vår tid är inte det? Den ätten är väldigt utspridd. Kan man säga att han lyckats frälsa människorna ända in i er tid?"

"Nej, verkligen inte", svarade Lydia. "Han har åstadkommit ett visst kaos."

"Som beror på människornas maktlystnad och Mammons härjningar, ja." Johannes log med hela ansiktet. "Ordet 'kristen' borde inte ha etablerats. Han borde ha begripit vad han ställde till med. Men ser ni, han ställde inte till det medvetet. Han ville väl hela tiden, precis som Döparen. Om Döparen hade fått leva så undrar jag vad de där två hade uträttat tillsammans.

"Nu var det faktiskt jag som fick överleva länge och som har försökt skapa ett flöde. Jag har lagt fördämningar där det behövs och låtit det bli ett vattenfall där det finns klippor. Sen har det också fått flyta lugnt på de flesta ställen. Och nu kan man se återspeglingar i det blanka vattnet. Så hoppas jag att det fortsätter, men tyvärr vet jag att det inte gör det."

"Du tror väl på reinkarnation, Johannes?" frågade jag.

"Det är en kosmisk lag", svarade han. "För mig är den det naturligaste som finns. Självklart måste vi tillbaka till jorden och utvecklas genom varje liv. Jag var ju Johannes Döparens lärjunge. Han talade ofta om att han hade varit profeten Elia. Det var hos honom jag lärde mig att liv följs av ett nytt liv."

"Vad är viktigast för dig att förmedla till oss innan vi far tillbaka?" frågade jag.

"Gud", svarade den gamle profeten. "Gud är viktigast. En enda gigantisk kraft som vi kallar Gud. Allt det andra följer i Hans spår. Han finns inom oss och han råder över oss alla. Förresten, Jan, så vet du ju var Han finns och behöver inte fråga!"

Jag nickade och log och tänkte på det oändliga universum där den Store Anden eller Gud vistades och på allt annat jag fått lära mig om Honom under mina förra resor. Aldrig skulle jag tvivla mer, aldrig, aldrig!

"Ska vi be till Gud?" frågade Lydia. "Jag menar be till Honom direkt och inte till Jesus eller någon annan profet?"

"Ni får be till vem ni vill", smålog Johannes och tog hennes hand i sina båda. "Jag vill att allt som rör religion ska vara individuellt. Samtidigt vördar jag Gud som den störste Anden, Fadern och Modern och Sonen i ett. Ni kan inte skilja er från Gud även om ni vill. Ni är Hans skapelser. En gång i framtiden kommer man att blanda ihop Jesus med Gud. Han blir den avgud många dyrkar. Då börjar mörkrets era.

"Jesus är en förkunnare som jag, som Döparen, som många andra. Hans 'simulerade' död på korset var en falsk signal. Den kom inte från honom, men från hela det uppbåd som räddade honom tillbaka till livet. Jag klandrar inte honom, men kanske att han innerst inne hade valt att komma till vår Faders rike. Jag vet inte om han redan på korset visste att han skulle överleva eller om vissa av esséerna hade förberett en räddningsaktion. De var skickliga läkare. Det har jag också funderat mycket på. Människor behöver en idol. Jesus påtog sig den rollen.

"I framtiden kommer man att kalla honom Guds son och korset kommer att bli hans symbol. Det talas om hans död och hans död kvarstår in i framtiden. Men det var väl Kristus som dog och inte Jesus? Lever inte Jesus nu i landsflykt och gömmer sig i ett kloster? Varför ville han inte veta av oss längre, de trogna, de kärleksfulla lärjungarna? Var hela händelsen med Judas iscensatt av honom själv? Judas kan inte längre svara. Han tog sitt liv.

"Skulle Jesus svara på dessa frågor om han blev tillfrågad? Han var ju den som aldrig fruktade, aldrig vek åt sidan. Men sitt äktenskap med Maria Magdalena höll han hemligt så länge han kunde. Vi behövde inte hålla våra äktenskap hemliga, men han fordrade att vi skulle vara med honom, inte hos våra hustrur och barn. Jag har verkligen funderat, kära änglar. Jag älskar honom fortfarande, men jag har inte slutat att ifrågasätta.

"Det har gått för långt redan. Varje människa har Gudsenergin inom sig, i varenda cell, och det är den som för oss vidare. Det som Jesus lärde oss och som jag nu är den ende som för vidare, blir förvanskat i framtiden. Hans namn kommer att stå på krigsfanorna, hans och Faderns. Men det vet ju ni änglar, som levat i en senare tidsålder."

Det vet vi med besked, tänkte jag. Johannes sanningar gällde lika mycket i dag som för tvåtusen år sen. Fortfarande sker lyssnandet på och inlärningen av dem utan mycket resultat.

Så fortsatte vi att prata medan fullmånens runda ansikte såg på oss med sitt eviga leende. Myriam satt tätt intill sin fader och lutade sitt huvud mot hans axel. Vinden hade gått till vila och luften därute på terrassen var lite kylig. Det var dags för Lydia och mig att återvända till änglarnas rike.

Både Lydia och jag var ganska skakade efter besöket hos Johannes. Han kändes så äkta och så varm, samtidigt som hans förutsägelser stämde med den verklighet vi båda lärt känna när vi vandrade på jorden. Precis som andra höga Mästare jag träffat lade han de stora möjligheterna, lösningarna på alla problem i människornas egna händer. Visst kan vi hjälpa varandra också - men gör vi det? Hjälper vi oss själva, hjälper vi varandra och hjälper vi därmed också Gud att staka ut vår levnadsbana rätt? Jag tror inte det.

Hans tvivel väckte också många känslor både hos Lydia och mig. Hade Jesus blivit en slags avgud som ledde till både ont och gott? Om onda människor använde hans namn, var det i grunden hans eget fel? Frågor, frågor, frågor som inte kunde besvaras. Kanske skulle vi få träffa honom igen, så att han fick svara. Han måste förstå hur viktig Sanningen är.

36. Prästmötet i Konstantinopel och reinkarnationsläran

"Nu har ni mött de viktigaste personerna och händelserna från Nya Testamentet", sa Kualli. "Ställer ni er fler frågor som behöver besvaras innan vi går vidare? Vi har både allt och intet i bagaget. Har inte Johannes gjort klart för er att människans fria vilja styr jorden?"

"Jo tyvärr", svarade jag. "Vi har verkligen blivit fundersamma. Vi vet ju det som människorna inte vet, så vi tvivlar inte. Men vi sörjer för människornas del och för den framtid som väntar. Det behövs ett uppvaknande."

"Kyrkan har inte precis bidragit till Sanningen", sa Lydia. "De som läser science fiction kommer närmare den."

"Parallellvärldar!" skrattade jag. "Och visst är jag lik Fantomen?" Jag flaxade runt i rummet och båda drog på smilbandet. Annars var stämningen allvarlig.

"Men oj!" utbrast jag plötsligt. "Vi har inte pratat så mycket om reinkarnation. Det är ju ett nästan förbjudet ämne i den moderna tiden. Blev inte inkarnationstanken förbjuden på Nicaea-mötet?"

"Den blev förbjuden under mötet i Konstantinopel på 500-talet", invände Kualli. "Ska ni inte fara dit också?"

Det hade vi ingenting emot. Lydia nickade, jag tog hennes hand och vi försvann ...

Så detta var Konstantinopel! Det namnet hade jag drömt om mången gång, det hade en outsägligt lockande klang för mig. Vi stod på en terrass med utsikt över havet. Den bländande vita staden i det bländande solljuset såg ut som en saga, en chimär. Det var så vackert att det knöt sig i halsen. Hit skulle vi alltså för att ta reda på vem som utfört nidingsdådet att ta bort reinkarnationsläran. Man kunde inte tro att denna vita stad inrymde någon ondska.

Nedanför oss var en mycket lång trappa. Tusentals fötter trampade den säkert dagligen, för den var lika sned och vind som terrassen ovanför var slät. Det blåste ganska kraftigt. Vinden förde oss till en bred gata som slutade i ett öppet torg. Där låg en magnifik byggnad som med säkerhet inrymde biskopar. Det sa jag till Lydia

som förtjust fnissade och närmade sig en av de två stränga vakterna
som stod därutanför. Hon sa att hon var främling i staden och att hon
undrade vad detta var för en byggnad. Vakten såg strängt på henne
och sa att där pågick ett viktigt koncilium och att ingen annan tilläts
komma in än höga ämbetsmän från olika länder. Lydia vinkade på
mig och stänkte med fingrarna mot båda vakterna som omedelbart
föll i sömn.

"Så får vi inte göra", viskade jag när vi skyndade oss in genom
den tunga porten.

"Men så gör vi i alla fall", svarade min glada väninna. "Annars
kommer vi inte in. Nu ska vi se vad gubbarna håller på med." Hon
lyssnade vid ett antal dörrar. När vi stod utanför en ovanligt praktfull
port, kom två vakter springande.

"Jag tror vi väljer att vara osynliga", viskade Lydia och jag
samtyckte. "Gubbarna därinne surnar väl till annars!"

Efter dessa vanvördiga ord stod vi i prelaternas glamorösa
helgedom. Och prelater fanns det där - det bokstavligen kryllade av
dem. Trots att jag var munkklädd skulle jag inte ha passat in
tillsammans med dem, ty deras dräkter var lysande eleganta,
broderade i olika färger och snitt, för att inte tala om deras magnifika
huvudbonader. De var bänkade kring ett enormt långt bord och
stolarna de satt på var så fulla av ornament att inte ens en änglapilt
hade fått plats mellan krusidullerna. Nu gällde det i första hand att
lyssna. Stojet kring bordet var öronbedövande. Minst femtio gubbar
försökte överrösta varandra. Vi ställde oss vid var sin ände av
bordet. Någonstans ifrån ljöd en mäktig gonggong och det blev lite
lugnare. En pytteliten gubbe som såg argsint ut och som hade en hög
huvudbonad, lika hög som halva hans lilla person, reste sig upp och
slog näven i bordet.

"Det här med själavandring och inkarnation", skrek han. "Vill
vi inte ha bort dessa ogudaktiga föreställningar?"

Ett samfällt "Ja" hördes över hela salen. Man fick anta att det
var ett jakande ord, eftersom det skreks på flera språk. En lång gubbe
i grann röd guldbroderad mantel reste sig.

"Jag anser att envar som stöder den förfärliga läran om själens
tidigare existens och den därav följande märkliga tron på dess
tillbakavändande, han må vara bannlyst."

Ett enhälligt samtyckande som i mina öron lät som tjatter hos
djungelapor, följde på detta uttalande. Den första lilla gubben reste
sig igen och skrek ut sin fråga:

"Är vi då alla eniga om följande dogmer:

1. Läran om ett enda liv på jorden, som följs av evig tillvaro i paradiset eller i helvetet.
2. Syndernas förlåtelse genom en frälsares blodsoffer.
3. Läran om att den gudomliga uppenbarelse som grundades genom kristendomen är helt unik."

Skränet som svarade på hans ord var outhärdligt. Jag höll för öronen och såg att Lydia gjorde likadant. Detta var alltså Konstantinopel år 553; en skön, stilla vilande stad vid havet där hemska beslut fattades som skulle få konsekvenser under tvåtusen år. Så tänkte jag och jag blev förfärad. Var detta teologi? Var detta ekumeniskt? Var detta kristna (läs kosmiska) lagar?

Återfödelse och karma hade fått sin dom. Det är läror som buddhismen upptagit som sanna. Jag mådde nästan illa. Jag övervägde en stund om jag skulle göra mig synlig och höja min röst mot den otrevliga församlingen. Som vanligt uppfattade Lydia vad jag tänkte och viftade avvärjande med armen borta vid andra ändan av salen. (Vi såg varandra som dimfigurer och knappt det.) Ilskan mullrade i mig men jag visste ju att jag måste behärska den. Så det var bara att mullra ner och lyssna igen. En man som föreföll yngre än de andra sträckte upp handen och reste sig.

"Kan vi bevisa att dessa dogmer är de sannaste? Vi vet ju egentligen inte vad som hände för femhundra år sen?" sa han och naturligtvis blev han genast utbuad.

"Vi har bevis nog från biskopsmötet i Nicaea!" ropade den lille. "De hade tillgång till de rätta evangelierna. Det måste vi rätta oss efter."

"Enligt vad jag hört så fanns det väldigt många evangelier, sisådär ett hundratal", protesterade den yngre prästen till min förtjusning. Det fanns i alla fall någon som vågade opponera sig. Han fortsatte utan att bry sig om det dova sorl av missnöje som hördes från alla håll och kanter.

"Jag finner det föga troligt att människan stannar i himlen eller i helvetet. Det måste finnas andra former eller utvägar. Universum är oändligt. Jag är stjärnforskare och jag tror det finns fler planeter än vår som har liv av något slag. Är det inte att förhäva sig när man stiftar sådana lagar som era?"

Nu blev tumultet outhärdligt. Den yngre prästen jagades med

hugg och slag ut ur salen. Hans mantel blev sönderriven, ansiktet var blodigt och vi såg att han stupade utanför den tunga dörren som stängdes med en smäll inifrån. Vi skyndade oss till hans sida. Han låg orörlig och nerblodad på det kalla stengolvet.

Lydias kunskaper i helbrägdagörelse kom väl till pass. Om hon trollade eller inte vet jag inte, men den stackars unge prästen piggnade till och reste sig upp.

”Vi är vänner”, viskade jag som nu gjort mig synlig. ”Vi kommer från änglarnas rike och du behöver inte vara rädd, vi håller med dig.”

”Men du passar inte in här”, tillade Lydia och strök honom över pannan. ”Hitta din egen församling och håll dig till den. Du har rätt, en av de kosmiska lagarna är människans återfödelse från liv till liv. Men skynda dig nu ut härifrån, du riskerar ditt liv annars.”

”Jag heter Geronimus och jag är er stort tack skyldig”, viskade den unge prästen. ”Jag ska inte längre tiga med mina åsikter, jag ska finna min egen församling.” Han sprang ut från byggnaden så fort hans ben kunde bära honom. Vi kollade att vakterna därute fortfarande sov.

”Kvinnohatare och blasfemiker!” viskade Lydia och hötte med näven mot den höga skulpterade dörren. ”Nu har vi fått veta hur inkarnationslagen utplånades ur människornas medvetanden.”

”Om vi går in dit igen kan jag inte tiga”, lovade jag och tog henne om axlarna. Det var lika bra att åka hem. Nu hade vi i alla fall konstaterat att biskopsmötena var förrädarnas, lögnarnas och de maktlystnas mötesplats.

37. Biskopsmötet i Nicaea år 325

Jag började tycka att mina resor i forntiden var så spännande att jag helst inte ville vakna upp från dem. Till slut vaknade jag emellertid av att någon ruskade mig hårt och ropade: "Janne, vakna Janne!" Det var Kualli. Jag stönade och satte mig mödosamt (för att vara ängel) upp och stirrade på honom.

"Jaså, är det bara du!" muttrade jag. "Jag har verkligen upplevt något annat än det som bibeln berättar. Jag har varit i Gallien på Jesu tid, närmare bestämt i det som nu kallas Provence. Eftersom jag aldrig var i Provence när jag levde på jorden, så njöt jag mycket av resan. Det var ett vackert landskap och intressanta människor. På grund av allt det här börjar jag känna mig jordisk igen och jorden förefaller mig som en härlig plats att leva på, även om de bråkar lite här och var. Jag har fått en ny syn på bibeln. Tänk om mina föräldrar hade anat att de var med om ett kanonbedrägeri!"

"Vänta bara, så ska du få vara med om mer bråk", skrattade Kualli. "Bedrägeriet som utgörs av er kristendom måste vi syna i fogarna ännu mer. Nu åker du till Nicaea år 325."

"Biskopsmötet!" skrek jag. "Jisses! Ska jag deltaga som biskop?"

"Nej, bara som iakttagare", smålog Kualli. "Du är som vanligt klädd i din munkkåpa. Den är ett bra skydd. Lydia följer med dig. I Nicaea är det nog bäst hon är osynlig."

Så kom det sig att jag, vare sig jag ville det eller inte, plötsligt trampade de ojämna stenarna i Nicaea, den lilla staden i Turkiet som låg vid Ascaniasjön. Jag hamnade mitt ibland stimmande, skrikande människor, till synes helt oordnade. Runt omkring staden fanns en mur, in emot mitten såg jag stora byggnader. Jag trängde mig inåt och av pustandet vid min sida förstod jag att Lydia var med. Snart märkte jag att en viss vördnad visades mig på grund av munkkläderna. Vissa personer underlättade för mig att komma fram genom att vika åt sidan, nicka vänligt och klappa mig på axeln. Det var möjligt att Lydia blev klappad hon också, på ställen som inte var önskvärda, för jag hörde en irriterad fnysning från henne.

Ju längre fram mot innerstaden jag kom, desto mera välklätt och mindre högljutt verkade folket. Jag började se präster överallt.

Det var präster av alla slag och av olika rang. Deras kläder berättade om de var biskopar, ärkebiskopar eller bara vanliga predikanter. Jag lät mig ledas av strömmen rakt in i en stor byggnad, förmodligen storkyrkan, in till själva biskopsmötet. Där blev jag motad av en vakt vid ingången, som pekade på en undanskymd plats för munkar. Jag såg en massa grå- och brunklädda kåpor som hukade sig tillsammans i ett hörn. Den lägsta kasten av präster, tänkte jag med ett änglafniss, och Lydia instämde.

"Försök komma närmare mötet", viskade hon och jag kände hennes lilla hand i min. Hon drog mig förbi munkarna som tydligen var så försänkta i bön att de inte reagerade på mitt knuffande och mina armbågar. På det sättet fick vi till slut en bra utkiksplats längst fram bakom en pelare, så att församlingen därinne inte kunde se mig. Jag antog att Lydia ämnade spatsera mitt för näsan på dem och tjuvlyssna till vad som sas. Hon var helt osynlig, men det var inte jag. Jag hörde en del och jag såg lite mer. Det verkade inte som om de höga gubbarna var särskilt sams. Det var ordning i salen nu, eftersom en grant utstyrd person kom gående med en radda av hovfolk efter sig. Det var Konstantin I och han satte sig i det praktfulla högsäte som stod redo för honom. Det första han gjorde var att stryka sig över näsan och ge ifrån sig en nysning. Jag hörde en välkänd röst i mitt öra som berättade att hon hade gått fram till kungen och pussat honom på näsan. Hon kunde inte låta bli. Lydia vågade vara busig här, tänkte jag förvånad. Men att vara osynlig inbjuder naturligtvis till handlingar som inte alltid är så aktningsvärda. Ett varningens ord var dock på sin plats. Jag uttalade det till pelaren, eftersom jag inte visste vart Lydia försvunnit igen.

"Om du missbrukar din uppgift får du inte följa med mig längre", sa jag.

"Det gör jag inte alls", kom det harmsna svaret. "Jag lyssnade på vad de håller på med och jag ville vilseleda kejsaren eftersom han förordar att bibeln ska berätta rena sagorna. De sitter och fablar ihop det ena efter det andra. Vi vet ju hur det gick till på riktigt. Det är svårt att tiga. De pratar just nu om Jesu underverk. De ska skrivas så att folk känner beundran och vördnad. Det är så att man mår illa."

"Håller de på med bibeln?" frågade jag som hade svårt att höra i allt sorlet där borta.

"Ja, det är vad mötet går ut på. De håller på att skapa en saga. Två skrivare sitter och skriver ner vad de hör. Några gubbar är oeniga om det mesta. Det här är egentligen fruktansvärt."

"Finns det något vettigt?" frågade jag. "Varifrån får de detta?"

"Från evangelier. Det finns ett otal evangelier, säkert ett hundratal. Det här är förarbetat. Några präster har tydligen ägnat sin tid åt att ta reda på gamla skrifter och dra ut kontentan ur dem. Just nu diskuteras Johannesevangeliet. De vet inte om det ska vara med, det ska ske en omröstning. Ingen bryr sig om ifall det är Sanningen de kommer med, de tänker skapa en bibel som gör människor rädda och underdåniga och som ger kyrkan makt."

"Det lyckades de bra med", påpekade jag bistert.

"Människorna behövde en gemensam tro som de inte ett ögonblick ifrågasatte. Luska ut mer, snälla du!"

Jag såg hur den ene efter den andre av biskoparna reste sig upp och talade. Ibland blev han motsagd av en argsint kollega och då gick diskussionens vågor höga. Konstantin talade inte så ofta, men när han gjorde det så lyssnade alla andäktigt. Jag blev nästan bedövad av rökelseångorna och av att se allt glitter i de fantastiska biskopskläderna. Det var skönt när Lydia kom tillbaka och viskade i mitt öra.

"Det här mötet ska hålla på länge", flåsade hon. "Säkert flera veckor. Kejsaren deltar inte mer än ett par dagar, så han får säga sitt. Det verkar som om man går in för en gemensam kristendom och skapar en trosbekännelse, ägnad för präster och lärare, inte för allmänheten. Vad kan ha hänt sedan?"

"Bedrägeri och bedrägeri", muttrade jag argt. Munken närmast oss gav mig en frågande blick. Jag måste vara försiktig. "Kvinnorna förnedras", viskade Lydias upprörda röst. "Om jag vågade skulle jag ge den där Athanasios en snyting. Han är ärkebiskop i Alexandria och ganska skurkaktig. De talar om Paulus som har sagt att kvinnan ska tiga i församlingen. Jag tror jag vill skrika!" Jag hyssjade på henne men jag märkte att munken närmast mig återigen kastade ett frågande ögonkast på mig. Han trodde väl att jag pratade för mig själv.

Det var en brokig syn som mötte mina ögon. Flera av biskoparna hade rest sig upp och det verkade som om de tänkte slåss. Konstantin slog med en stav i bordet och det blev ordning igen.

"De bråkar hela tiden om innehållet i evangelierna, om det ska vara två eller fyra och vilka som har skrivit dem", viskade Lydia. Så blev det tyst en liten stund, sedan kom hennes röst tillbaka.

"Jan, det här är inte klokt. Kejsaren säger att han tänker låta biskoparna koka ihop en historia och att det viktigaste är att folk tror på den och att den innehåller många mirakel. Kyrkan måste ha makten, säger han, och makten kan bara regera genom tuktan och lydnad."

"Det var det värsta", utropade jag. "Makten har genom lögn, våld och tvång förts vidare genom alla århundraden fram till min nutid och där fortsätter den. Även om den protestantiska kyrkan har tappat fotfästet så är den katolska fortfarande stark och betvingande."

Nu anade munken som satt en bit ifrån mig oråd. Han stirrade argt på mig, muttrade något till en annan munk och båda skyndade sig åt utgången till. Men jag rusade fram till det långa biskopsbordet, där den ena ölstinna gubben efter den andra belåtet rapade med händerna på sin tjocka mage. Nåja, det fanns kanske vin i bägarna också. Luften var kvävande.

Plötsligt flög en liten ful en in i mig mitt i biskopsståhejet. Raskt skörtade jag upp min kåpa och hoppade upp på bordet. Innan gubbarna hann säga ett knyst sparkade jag sejdel efter sejdel mot deras rödbrusiga, häpet stirrande ansikten. Det hela gick med änglafart, även om orden jag öste ur mig var långt ifrån änglalika. Jag tänker inte upprepa dem här. Jag hann till andra ändan av bordet när Lydia uppenbarade sig. Hon förblev alltså osynlig. Hon tog tag i min arm och drog ner mig från bordet innan de skräckslagna biskoparna hann reagera. Reagera tar tid för biskopar, tänkte jag förtjust när jag öste ur mig ytterligare några sanningar om vad jag tyckte om deras blasfemiska handlingar.

"Akta dig, de hämtar en vakt", viskade Lydia. "Vi måste härifrån!"

Jag kände hennes osynliga hand dra iväg med mig mot en sidoingång. Vi kom inte långt förrän vi blev omringade av munkar och vakthavande officerare som antagligen tillhörde Konstantins följe.

"I kejsarens namn, munk, du är vår fånge!" Jag förstod den latinska repliken och svarade till min egen förvåning på samma språk:

"Jag har inte gjort något. Jag är inte härifrån ..."

Det skulle jag inte ha sagt. Det var inträdesbiljetten till en cell, som jag mycket snart befann mig i. Vakten som ledde in mig där var mycket brysk.

"Du ska förhöras i morgon", fräste han. "Vi misstänker att du är spion. Spioner har inte kvar sina huvuden länge här i staden!"

Det var det sista jag hörde men också det sista som vakten såg av mig. Det sista jag såg var hans häpna min när jag på bästa änglamanér tunnades ut och försvann inför hans ögon. Jag hörde Lydias förtjusta skratt.

"Den gubben lurade vi!" fnissade hon. Och jag slog upp ögonen och såg Kualli sitta på sängkanten. Han såg ganska bister ut.

"Du gick till ytterligheter har jag hört. Egentligen skulle du bestraffas för att du gav dig in i historien på det sättet." Sedan brast han i skratt.

"Nu har du säkert fått veta en del om det berömda nicaenska biskopsmötet", fortsatte han belåtet. "Du har fått bevis på hur falsk bibeln är. Endast vissa ledtrådar finns i den som hör sanningen till."

"Hur ska jag kunna överbevisa bibeltrogna människor om den saken?" undrade jag torrt. "De kommer inte att tro den här kätterska berättelsen. Bibeln och katekesen ligger fortfarande människorna varmt om hjärtat även om de tio Guds bud inte efterlevs längre."

"Det får tiden utvisa. Båda Jesus-profeterna och Thomas och Maria Magdalena och de andra som du träffat är medvetna om vad som hände sedan. För att du ska kunna besöka dem i deras egen tid och i deras händelseförlopp måste de ju ha kontakt med dig. Därför hoppar du in i ett slags upprepning av händelserna när du gör det här. Det är svårt för dig att förstå. Därför är det också svårt att överbevisa någonting. Men de som har förstånd och som söker sanningen förstår att det budskap du förmedlar är rena rama Sanningen."

"Det är nog en Sanning till som behöver komma fram", sa jag. "Det är något jag misstänker. Kan jag få hälsa på Jesus i Heliopolis en gång till? Jag vill ställa en mycket viktig fråga till honom."

"En fråga som är viktig för kristendomen", tillade Lydia som tydligen alltid fanns där jag fanns och som olovandes hade läst mina tankar. "Då kör vi!"

"Ni får sätta er i trädgården utanför huvudbyggnaden", uppmanade oss Kualli. "Jesus kommer till er. Det blir din sista bibelresa, Janne!" Och så försvann han.

38. Jesus berättar sanningen om sin lära

Bougainvillea, kameliaträd och gardenior i täta buskage bildade nästan en häck omkring en stenbänk och ett stenbord. Där slog vi oss ner. Den här gången var vi synliga. Jag såg till min förvåning och lättnad att jag hade en vit lång kåpa och Lydia var strålande vacker i en vit, silvermönstrad klänning. Det var skönt att slippa den bruna munkkåpan. Det hördes fågelsång, humlor surrade och mångfärgade fjärilar dansade runt våra huvuden. Kort sagt: det var helt enkelt ljuvligt.

Plötsligt stod han där. Jesus stod rak och majestätisk framför oss, även han klädd i vit mantel. Han omfamnade oss båda och satte sig mellan oss på bänken. Jag förnam honom som mera levande än någonsin. Hans utstrålning var lika varm som solen, hans leende kärleksfullt och det gråsprängda håret svallade långt ner på axlarna och ryggen. Han hade ett kort skägg men ingen mustasch.

Det var som om allting blev stilla. Humlorna och fjärilarna satte sig orörliga på blommorna och iakttog oss. Blommor och buskar som förut sakta rört sig av en mild bris, stannade upp och vände sina vackraste sidor mot oss.

"Och vad förärar mig ett nytt besök från dig, Jan från änglarnas rike?" frågade Mästaren.

"En tanke som har slagit mig och som ingen annan än du kan besvara", svarade jag. "Jag har funderat på det här länge. Det som du har förmedlat till dina lärjungar och som bildat grunden för din lära, även om det har förvanskats en hel del ... Mästare, är det buddhisternas lära?"

Jesus skrattade. Han skrattade så hjärtligt och så länge att jag började känna mig dum. Men så talade han:

"Äntligen börjar Sanningen klarna för dig, Jan. Jag undrade hur lång tid det skulle ta. Men du har fel på en punkt: det är inte bara delar av buddhisternas lära jag förkunnar, utan också delar av hinduismen och mycket från Det Stora Vita Brödraskapet. Det som jag främst förkunnat hela tiden är kunskaper från de allra äldsta indiska lärarna, från många tusen år tillbaka. Jag vandrade länge i

Indien i min ungdom och jag vistades i närheten av många stora lärare på den tiden. Jag fick mycket kunskap, mycket visdom av dem att fördela som jag själv fann för gott.”

”Jag känner igen bitar från Vedaböckerna och Upanishaderna”, avbröt jag ivrigt.

”Ja, men de allra äldsta kunskaperna har förmedlats och förmedlas fortfarande muntligen från visdomslärare till lärjunge. Det kommer alltid att ske på det sättet, även i framtiden. Förutom det som har antecknats under min tid i Palestina, som vanligt folk begrep, finns ingenting nedskrivet”, berättade han.

”Så kristendomen består till stor del av orientaliska läror?” frågade jag. ”Det visste biskoparna väl ingenting om när de tillverkade bibeln i Nicaea och Konstantinopel?”

”Jag har aldrig anbefallt någon ny kristendom!” Hans röst var nu mycket bestämd och allvarlig. ”Jag var rädd att något sådant skulle inträffa när jag försvann, men jag kunde inte göra något åt det. Jag har försökt lära människor att vara kärleksfulla och att förstå att Guden däruppe är allas vår Fader och att vi är delar av Honom. Jag har berättat om karmalagen och lagen om återfödelse, som båda är grundstenar i de orientaliska lärorna, där det ni kallar kristendom ingår.”

”Var det i Indien du lärde dig att gå på vattnet?” infogade jag.

”Ja, i Tibet, längst upp i norr. Man börjar med att sitta på marken och gradvis stiga uppåt med hjälp av sin egen koncentration. Detta är i början ganska knepigt, för man kan komma upp någon decimeter och ramla ner pladask så snart uppmärksamheten inte är total. Det kan dröja många år innan man lär sig gå på vattenytan. Det tog ett år för mig. De gamla visa männen i Indien kan gå på vattnet allesammans. Men det är ett koncentrationsprov, inte en visdom.”

”Visdomen är väl att lära sig behärska sin kropp till att åstadkomma detta fenomen”, påpekade jag. ”Kan du berätta om andra saker du har lärt ut som härstammar från Indien?”

”Javisst. Det gör mycket av det. Jag brukar berätta att allt liv är ett enda inför Gud. Om du tänker dig havet, så är det samma hav vare sig det ligger stilla och spegelblankt eller om vågorna går skummande höga. Så är det också med människosjälen. Den uppgår i ett enda Gudsmedvetande trots att den behåller sin individualitet. Jag kanske inte förklarade exakt med de orden, men meningen var densamma.

”Forntidens yogier talade om ett litet rum bredvid hjärtat som är fyllt av andlig medvetenhet. De kallade rummet för 'hjärtats lotus'. Om man tänker på detta uttryck ska man lättare kunna meditera. Så började jag. Jag blev medveten om att detta rum helt påtagligt fanns i mig och jag utgick alltid därifrån när jag lärde mig något nytt.

"I begynnelsen var Ordet. Ordet var egentligen OM eller AUM och det är Vedas heligaste ord. Jag utövade det som ni kallar yoga. Det är en hård men nyttig träning. Tanken måste bli klar och koncentrerad därför att behärskade tankar och känslor har en skapande kraft. Det går ut på att förena det enskilda jaget med det högsta, allomfattande Jaget. Man förenar subjektet med objektet, dyrkaren med det dyrkade. Förstår du? Om jag inte hade genomgått yogins lärdomar så hade jag inte kunnat förmedla det som jag trodde på."

"Så du trodde på föreningen med det Högsta Jaget, nirvana?" frågade jag. "Det är ju inte vad du lär ut, eller hur?"

"Nej, jag tror inte på nirvana. Man tar till sig det som känns riktigt. Jag tror på föreningen med min Fader, den Ende Guden. I den föreningen går jag in i mitt innersta Jag. Däremot förlorar jag inte mig själv, så som en del buddhister tycks göra. Men jag erkänner utan vidare att jag i mycket annat påverkades starkt av de läror jag upplevde i Indien - inte av en lära, utan av dem allesammans. Väldigt många bitar därifrån finns i det som jag lärde ut i Palestina."

"Då kommer verkligen kristendomen i ett nytt läge", sa jag med ett segervisst leende. "Det är precis vad jag hoppats på när jag vill förmedla Sanningen. Den är en helt annan än vi tror."

"Var och en skapar väl sin egen sanning", fortsatte Jesus, "och jag har förstått att jag skapade min för att dela ut den till så många som möjligt. Det lyckades jag med, eller hur?"

"Inte helt", svarade jag och blinkade åt Lydia som hela tiden försökte få ordet medan Jesus och jag bollade med våra meningar. Hon sträckte upp handen och vrålade:

"Kan jag få säga något?" Hon fortsatte utan att hämta andan: "Du talar om Gud. Du nämner ofta hans namn. Vid sista nattvarden sa du enligt bibeln: 'Guds namn som väcker kärlek... Jag har kungjort för dem ditt namn och ska kungöra det på det att den kärlek som du har älskat mig med må vara i dem och jag själv är i dem ...' Vad menar du med det? Det hade väl inget indiskt i sig?"

Det var klart att en religionshistoriker kunde citera bibeln, tänkte jag roat. Jesus funderade en stund, sen svarade han:

"Fader vår som är i himlen, helgat vare ditt namn ... Jag döper dig i Faderns, Sonens och den Helige Andes namn ... Där två eller tre är församlade i mitt namn, där är jag mitt ibland dem. Det var tre exempel på hur jag använde Faderns namn. Har du glömt kärleksmakten i Guds namn? Guds namn och Logos, Ordet, har en mycket stark och genomträngande kraft. En kärlekskraft. Det är en av de viktiga lagarna i min lära som ni kallar kristendom. Det som gör mig sorgsen är att jag förstår att i er förra levnadstid på jorden innehöll denna kristendom massor av saker som inte kom från det heliga namnet, inte från det jag lärde ut, men ändå bär mitt namn med tillägget Kristus, som jag aldrig velat kalla mig därför att Kristus står för Gudagnistan och den bär vi alla inom oss."

Jag böjde mig fram mot honom och tog hans ena hand i mina händer. Jag såg honom in i ögonen och han såg tillbaka in i mina med stort och djupt allvar.

"Lydia har rätt", sa jag. "Hur mycket är österlandet och hur mycket är det Stora Vita Brödraskapet?"

Jesus skrattade till.

"Nu ska ni få veta något", sa han och jag tyckte nästan att han plötsligt såg spjuveraktig ut.

"Buddha är en av Mästarna i det Stora Vita Brödraskapet!"

"Va!" skrek jag som inte var så värst hemma på det området. "Hör Buddha ihop med dem? Och du då? Du räknas säkert till Mästarna där också?" Jesus nickade och ett förstulet småleende lekte på hans läppar.

"Jag har använt en massa kunskap från de österländska lärorna, det stämmer", sa han. "Mycket i er bibel är säkert från dem. Ni säger att inkarnationsläran och karmalagen inte finns med i bibeln. Nåväl, den kunskapen kommer från båda hållen, Mästarna och lärorna. Buddha är en erkänd Mästare som står högt på listan hos de Uppståndna. Han var visst inte främmande för inkarnationstanken, tvärtom."

"Då kanske det inte blir så rörigt ändå", suckade Lydia. "Det är en samlad visdom du har gett åt människorna, käre Mästare. Biskoparna i Nicaea och Konstantinopel plockade till sig det som kunde ge dem mest makt över människorna. Resten, som är det viktigaste, ville de inte låtsas om."

"Den där bibeln du talar om är en ung företeelse", invände Jesus. "Den ursprungliga kristendomen härstammar, som jag nämnde när vi träffades i Getsemane, från långt tillbaka i tiden, från esséerna. Det kanske är på plats att jag talar om varifrån esséerna kom - om det nu går att härleda dem. Men en bit bakåt kan jag i alla fall berätta om, för Sanningens skull. Kristendom är verkligen ett sent tillkommet namn på den lära som endast erkände en Gud och som företrädde änglahierarkin."

"Människor tror inte på änglar längre", avbröt jag. "Bara ett fåtal av hela mänskligheten tror att vi finns."

"Käre ängel", smålog Jesus, "du får göra dig synlig lite oftare. Men det var Ursprunget vi skulle tala om, och esséerna. Lyssna då!

"Från så långt tillbaka att vi inte längre kan räkna i år, har en märklig lära funnits, som är universell i sin tillämpning och som innehåller evig visdom. Man har faktiskt hittat fragment av den i den sumeriska skriften och på stenar och tegelplattor som är hur gamla, Lydia?"

"Åtta tiotusen år", svarade Lydia. "Nu börjar jag förstå och nu har du kommit in på min mammas gata!"

"Ingen vet hur många tusen år tidigare än så denna lära existerade", fortsatte Jesus.

"Överallt, i alla länder och religioner har man funnit spår av den läran", avbröt Lydia. "Är det den som är det du kallar för den första kristendomen?"

"Absolut", svarade Jesus snabbt. "Enligt mina lärare finns ingen tid utsatt för dess början, men däremot siade de om hur den skulle förvanskas och till slut totalt förändras."

"Den kan spåras till det mystiska brödraskap som kallade sig esséerna och som levde redan 2000-3000 år före din tid", fortsatte vår lilla religionshistoriker ivrigt. "I Palestina och i Syrien hette de esséer och i Egypten hette de terapeuter. Där höll de till vid sjön Mareotis, i Palestina fanns de vid Döda Havet och Jordan."

"För vår käre ängel Jan ska jag berätta att vi inte har några tidigare namn på brödraskapet. Man tror att det kommer från profeten Enoch eller från Esrael på Mose tid. Jämför gärna Buddhas heliga bodhiträd med esséernas livsträd."

"Zarathustra har under tusentals år företrätt esséernas sätt att leva", fortsatte Lydia entusiastiskt. "Det här kan jag, förstår ni. Jämför också livsträdet med det tibetanska livshjulet! Jag doktorerade på detta. Zarathustra eller Zoroaster påverkade brahmanerna, Vedaböckerna och Upanishaderna och till och med det indiska yogasystemet. I gamla Grekland följde pytagoréerna och stoikerna samma lagar som esséerna. De återfanns även hos fenicierna och den filosofiska skolan i Alexandria. I västerlandet återfinner vi esseiska tankegångar hos frimurarna, gnostikerna, kabbalan och litegrann i kristendomen. Du, Jesus, framförde dem på ett sublimt sätt i din Bergspredikan." Hon hämtade andan. Jesus skrattade.

"Jag hade inte behövt förbereda mina historiekunskaper om jag hade vetat hur duktig du är, Lydia", sa han. "Du kan gå mycket längre än jag. Jag kan bara hänga med till min tid."

"Det sägs", fortsatte Lydia utan att låta sig hejdas, "att esséerna var mycket kunniga i kaldeisk och persisk astronomi och egyptisk healing. De var dessutom siare. Jag kan nämna några kända esséer: Elias, Johannes Döparen, Johannes, lärjungen, och du, Jesus. En hel del av deras arameiska texter finns i Vatikanen i Rom. Habsburgarna i Österrike lär ha kommit över esseiska dokument med slavisk text som räddades undan Djingis Khan på 1300-talet ..."

"Stopp!" utropade Jesus skrattande. "Nu kan jag inte följa med. Du har kommit in i framtiden. Jag förstår varför du blev utvald att följa med på de här resorna. Du är ett vandrande historiedokument. Du glömde att säga att esséernas hälsning följt med årtusendena, nämligen: 'Frid vare med dig!' Den hälsningen kommer från Mose tid."

"Puh", suckade jag. "Det klarnar vid horisonten. Jag börjar förstå hur allting hänger ihop och hur fånigt det är med dessa olika religioner, särskilt kristendomen ..."

"Kristendomen är inte fånig", protesterade Lydia, som hade kommit igång nu. "Inte den gamla och inte heller de bitarna som Jesus förkunnade. Det är biskoparnas påhitt och förbud som är fåniga. Är vi ense om det?"

"Ja", svarade jag. "Men jag anser fortfarande att Gamla Testamentet endast duger ur historisk synpunkt och att alltför lite av det ursprungliga har kommit med i det Nya Testamentet. Förresten behövs det ingen bibel. Snarare behövs det en bibelbomb!"

Nu skrattade både Jesus och Lydia. Men då kom jag att tänka på en sak.

"Kyrkorna", utropade jag. "Vad gör vi med dem?"

"Jag har inte sett någon annan kyrka än våra tempel", sa Jesus. "De utnyttjades av rabbinerna och de användes av månglare och annat löst folk ..."

"Kyrkor är nutidens tempel", förklarade Lydia. "De kom till i samband med kristendomens införande. Många av dem är gigantiska byggnadsverk, det ena vackrare och ståtligare än det andra. Ett har de flesta gemensamt: vid altaret där framme hänger du på ett kors med spikar i händer och fötter. Blodet rinner och huvudet hänger slakt. Jag har alltid hatat bilden av Jesus på korset. Varför inte ge människorna en bild av dig där du välsignar och helar?"

"Man skulle kunna använda kyrkorna till allt möjligt annat", föreslog jag förtjust. "I kyrkan kan man samlas för meditation eller för något viktigt föredrag eller viktig undervisning. Prästerna skulle åtminstone i vår tid på jorden passa som en slags samtalsterapeuter. En del av dem skulle kunna berätta sagor med kosmiskt innehåll för barnen ... Och man kunde ha glada fester där."

"Så kommer det att bli om ni får råda." Jesus nickade allvarligt. "Men först måste nog jorden in i en slutfas av ondska. Så är det sagt."

"Den tror jag pågår just nu", påpekade jag och nu nickade Lydia.

"Har du något mer påtagligt att ge läsarna?" frågade jag Jesus. "Kan någon av de urgamla lärdomarna göras aktuell på 2000-talet? Kan kunskap från över 8000 år sedan återinpassas i ett samhälle fyllt av makt och våld, naturförstöring, ondska och grymhet? Kan ordet kristendom få en djupare, renare betydelse långt utanför bibelns gränser?"

"Jag kan inte påverka människorna längre, eftersom er bibel har givit dem villoläror och lögnaktiga uppgifter från min levnadstid. Men jag redogör gärna för de lagar som gällde ursprungligen, långt tidigare än Atlantis och Lemurien fanns på era kartor. Det är de kunskaper som förmedlats från människa till människa och som blivit grundvalen för esséer och terapeuter och många, många andra. Det är de kunskaper som borde ha blivit er bibel och ert enda rättesnöre.

"Gud skapade jorden och människorna för att åstadkomma en positiv utveckling. Han ville att jorden skulle blomstra och dess invånare leva i fred och kärlek. Så gav han människan den fria viljan. Den använde ni till att förgöra och förstöra, inte till att bygga upp."

"Allt är inte bara negativt, käre Jesus", protesterade jag. "Det finns fortfarande mycket som är vackert på jorden, som är fruktbart och som vill det rätta. Men vi har tappat grundvalen som vi borde stå på. Kan du ge oss den tillbaka?"

"Det kan jag. Men sen är det er sak att begagna den rätt." Jesus reste på sig och sträckte armarna mot den solljusa, klarblå himlen i en ödmjuk bön om att förmedla Sanningen.

39. Grundvalen till Sanningen

"Ge livet det liv som från begynnelsen var menat att levas", började han. "Ta bort alla gamla föreställningar och se det oändliga kosmos skälva under födelsen av en ofattbart vacker jord. Låt ordet AOM eller OM ljuda i samklang med Skapelsens Mästare och Skönhetens Skapare. Låt Kärleken flöda och välla över bräddarna av sin egen storhet och godhet." Han tystnade ett ögonblick och satte sig åter mellan oss.

"Gud", sa han milt och ödmjukt. "GUD skapade alltsammans. Gud är den Kraft som allting rör sig om och den ENDE som människan ska tillbe."

"Gud finns i högsta grad i vår tid", insköt jag. "I Guds namn utkämpas de flesta krigen, i Guds namn sker de hemskaste terrordåd, i Guds namn överförs makten till de onda maktjägarna och i Guds namn hatas det över hela linjen. Vad har du att säga om det?"

"Jag lever inte i ditt nu. Jag kan bara beklaga att Guds namn har fått en falsk klang och är totalt missförstått. Jag önskar att den gamla visdomen återupprättas och att människorna börjar tänka om. Men hur ska det gå till? Jag nämnde förut att världen måste nå botten för att något nytt ska kunna växa. Vad tror ni?"

"Kan du inte hjälpa oss att göra en sammanställning av grundtankarna i den ursprungliga 'kristna' läran?" bad jag. ivrigt.

"Jag vill gärna försöka." Mästarens blick var långt borta och jag kände att han gjorde en lång resa inom sig för att få fram det rätta. Lydia satt på spänn och trummade lätt med foten i marken. Jag kände mig som en stilla sjö i väntan på stormen.

"GUD!" utropade han till sist. "Gud är innehållet i den första och högsta grundtanken. Ni får kalla detta yin-yangväsen för KRAFTEN eller SKAPAREN eller URKÄLLAN om ni så vill. Allt som inryms i denna oändliga Fader-Moderenergi är den största vägledaren för människan. Det finns ingen genväg. Från Gudskraften kommer Ljudet, AOM. I ljudet inryms både mildhet och tordön. I ljudet finns Kärleken inrymd. Gud är Kärleken. Kärleken är Gud. Det förkunnar Ordet, Ljudet, AOM. Ordet AOM innefattar ordet Gud. De är Ett, de hör samman oupplösligt och evigt. Därför hör det ihop med den första grundtanken. Det går inte att skilja på dessa tre:

de är Treenigheten. Gud, Ordet och Kärleken är Treenigheten.

"Ärkeänglarna, änglarna, de angeliska härarna kommer som nummer två. Hos buddhisterna finns gudar och gudinnor. Man kan sätta ett likhetstecken mellan änglar och gudar. Människor är olika, de måste få ha olika uppfattning om heliga ting. Rangordningen spelar ingen roll, den är bara ett människopåhitt. Den fanns inte från början. Avguderiet fanns inte heller från början. Att inte gå direkt till Urkällan är avguderi. I Urkällan ryms Allt. Men Änglavärlden är full av hjälpare. De är följeslagare på vägen, de hjälper människan att finna och nå fram till Urkällan.

"Som nummer tre kommer Naturen. Vad vore människan utan Naturen? Naturen står också i omedelbar förbindelse med Urkällan. Människan är en blek avbild av Naturen, hon föds, lever, dör och återföds på samma sätt som ett träd. Livsträdet är symbolen. Naturen innehåller både växter och djur. Människan delar upp jorden i mineralriket, växtriket, djurriket och människoriket. Där stannar hon. Människan är för människan den sista länken i evolutionskedjan. Naturen försöker tala om att utan de fyra elementen, jord, vatten, luft och eld, skulle människorna stå sig slätt. De fyra elementen skapades först på det ni kallar jorden. De fyra elementen har en lång skala av utvecklingsfaser före människans tillblivelse. Därför är Naturen viktigare än människan och ingår i de tre första grundtankarna. När människan en dag äntligen kommer i samklang med naturen i stället för att förstöra den så inlemmas hon i den. Det återstår bara att leva efter de ovan nämnda grundtankarna så att de blir basen för ett bra liv. Det har inte många lyckats med. Känslor och egenskaper hör till människan. Deras hantering har hon ännu inte lärt sig. Det är känslor och egenskaper som kommer att störta världen, men också att återuppbygga den.

Där har ni den ursprungliga visdomen i ett nötskal. Esséerna och terapeuterna har bevarat och utformat vidare kunskap genom årtusenden."

"Har du något matnyttigt från esséerna?" undrade jag.

"Deras principer kan gälla när som helst och var som helst", svarade Jesus. Lydia sträckte upp armen:

"Får jag, får jag!" ropade hon. "När jag studerade esséerna blev jag så förtjust i deras Credo att jag lärde mig det utantill. Det har förstås tillkommit mycket senare än de ursprungliga lagarna, men det gäller i vår nutid och ändå känner få människor till det. Hör här:

1. Vi tror att vår dyrbaraste ägodel är livet.

2. Vi tror att vi ska utnyttja alla livets krafter med kärlek och insikt.

3. Vi tror att ömsesidig förståelse leder till ömsesidig gemenskap, att ömsesidig gemenskap leder till Fred och att Fred är mänsklighetens enda möjlighet att överleva.

4. Vi tror att vi ska bevara i stället för att slösa bort våra naturliga tillgångar, som är våra barns arv.

5. Vi tror att vi ska undvika förgiftningar av vår luft, vårt vatten och vår jord, som är livets grundvillkor.

6. Vi tror att vi ska bevara vår planets vegetation: det enkla gräset som uppkom för 40 miljoner år sen och de majestätiska träden som kom för 20 miljoner år sen för att förbereda vår planet för mänskligheten.

7. Vi tror att vi helst ska äta färsk, naturlig, ren, fullvärdig föda utan kemikalier eller artificiella framställningsprocesser.

8. Vi tror att vi ska leva ett enkelt, naturligt och skapande liv och tillgodogöra oss alla de källor av energi, kunskap och harmoni som finns i och omkring oss.

9. Vi tror att förbättringen av livet och mänskligheten på vår planet måste börja med individuella ansträngningar, eftersom allt beror på de atomer som bildar livets kärna.

10. Vi tror på Guds Faderskap, Naturens Moderskap och mänsklighetens Broderskap.

"Det kände jag inte till", smålog Jesus. "Jag är imponerad. Något liknande har väl förekommit i de gamla tiderna, med andra ordalydelser. Det redogör i alla fall klart för deras mål och mening och passar säkert utmärkt i er nuvarande värld."

"Varje människa borde lära sig dessa bud i stället för tio Guds bud, som är en samling antika självklarheter", sa jag.

"Esséerna har en underbar dikt", tillfogade Lydia. "Den kan jag också utantill:

Jag har nått in i den innersta visionen
Och genom din ande i mig
Har jag hört din underbara hemlighet.
Genom din mystiska insikt

Har du fått en källa av kunskap
Att välla fram i mig:
En fontän av kraft
Som sprider levande vatten.
En flod av kärlek
Och allomfattande visdom,
Strålande av evigt ljus.

(Från *Hymnernas bok,* som ingår i Dödahavsrullarna.)

Epilog

Man kan undra varför Jesus inte följde med Maria Magdalena och dottern till Gallien för att förkunna sin lära där. Varför stannade han i Heliopolis i ensamhet utan att träffa sina barn eller sin maka? Han hade kunnat besöka sin son i det romerska esséerklostret. I stället isolerade han sig i klostret i Egypten. Han undervisade där under många år innan han gav sig ut på nya vandringar i Tibet och Indien. Detta är den slutsats författaren har dragit efter ett mycket intensivt och omstörtande researcharbete.

Jesus orkade inte leva tillsammans med sin mycket dominerande hustru. Han ansåg att de gjorde mer nytta på var sitt håll än tillsammans. Maria Magdalena samlade också en krets omkring sig. Vad var det för nytta med två profeter på samma plats? Ty Maria Magdalena ansågs, och anses i fortfarande i Frankrike, som en profetissa. Jesus kände att hon hade för stort inflytande över honom när de levde tillsammans. Det hindrade honom från att fortsätta med den mission han kommit till jorden för att bedriva.

Han älskade Maria Magdalena men föredrog att sublimera sin kärlek till ett annat plan. Maria sörjde den jordiska kärleken fastän hon var älskad och vördad av så många elever och anhängare. Sarah kände knappast sin far. Han tyckte att det var bäst så. Efter korsfästelsen var han endast och allenast ett redskap åt sin himmelske Fader.

Jag kan förstå om ni inte tror på den här Sanningen. Som Jesus uttrycker det: Var och en har sin sanning. Samtidigt har jag alltid gillat när logik kommer med i spelet. Bibeln är inte logisk. Den är nog den mest ologiska bok jag vet. Ändå tror jag helt och fullt på att Jans titthål har lett honom till sanna bilder ur den historia som skildras i bibeln.

Vi tänker oss människorna väldigt olika oss själva i forna tider. Det tror jag inte alls att de var. Jag tror att de i mångt och mycket tänkte ungefär samma saker som du och jag. Jag har använt de bästa källor till historia och kunskap som jag har fått tag i. Med en underbar, outtröttlig bibliotekarie till hjälp har jag lärt mig mer på kort tid om de tidsepoker och länder jag skildrar här än under hela mitt liv. Jag har tyvärr inte suttit i Vatikanens underjordiska bibliotek och letat, men det har andra gjort före mig. Jag har däremot fått både franska och engelska böcker till min disposition, som har gett mig mycket information om Jesu tid.

Jag förstår att många läsare inte accepterar kanalisering, men för mig är den seriös trots att den inte går att bevisa. Jag har arbetat med kanalisering i mer än 50 år. Allt ska vara vetenskapligt bevisat. Vad är då Vetenskap?

Jag kommer inte från en vetenskaplig familj. Min far var grosshandlare och min mor var bara mamma. Inte förrän jag gifte mig med min förste man, som var läkare och forskare, konfronterades jag med vetenskapen. Jag betraktades av min make och hans vänner som oerhört lågt stående intellektuellt sett. Ändå hade jag tagit studenten med glänsande betyg och varit verksam som språklärare i några år när vi träffades. Jag hade dessutom sysslat med studentutbyte och studenternas studieresor på Högskolan.

Min man såg ner på mig för att jag var så ovetenskaplig. Jag frågar än en gång: Hur går det att vara vetenskaplig, när man har fyra barn att fostra? Min man hade två barn från ett föregående gifte och tillsammans fick vi två döttrar. Jag ägnade mig åt sagor i stället, skrev två barnböcker som gavs ut på Gebers. Det resulterade i en klapp på axeln och 'ser man på!' i blicken. Jag började måla. Jag har alltid tyckt om att måla. Men jag har också tyckt om något som till slut orsakade skilsmässan från min första man: det ockulta, det övernaturliga, det fördolda. Att jag själv var medial hade jag stoppat ner i en djup kruka och lagt på locket.

Efter skilsmässan flyttade jag till landsorten, eftersom Stockholm var för bullrigt och krävande för mig och mina barn. Jag hade några utställningar. Så småningom gifte jag om mig med en man som var inne på samma tankar som jag. Jag fortsatte måla utan att egentligen ge järnet. Vid ett tillfälle sa min yngsta dotter: "Sluta måla, mamma, du skriver mycket bättre än du målar!" Då började jag skriva igen. Det har jag gjort sen dess och har aldrig ångrat det. Tillsammans med min andre man fick min mediala gåva äntligen komma till uttryck. Det blev en hel del böcker. Mina kontakter i en annan dimension fick mig att skriva böcker som relaterade till deras verklighet. Jag lärde mig lyssna mycket noggrant till 'Gänget däroppe', som jag kallar dem.

Jag fick lära mig mycket och jag fick gåvan att förstå den värld som finns på andra sidan om nuet. Det är en värld med många fasetter. Den världen skrattar åt människans ständiga verklighetssökande. Det finns så många verkligheter. Nu är det snart vetenskapligt bevisat att det finns parallellvärldar. Det skrattade man åt för ett par år sen.

Jag har känt min vän Jan på "andra sidan" i flera år. Han är ärlig och rättfram och han är en sanningssökare fastän han bor i en annan verklighet. Han har massor av humor och vi trivs så bra med vårt "förhållande", när han förmedlar kunskaper som ännu inte är vetenskapligt bevisade. De situationer som skildras i boken är sådana som jag har funderat på under årens lopp. Jag har läst böcker så motsägelsefulla, att man till slut skrattar åt alltihop. Därför känns det så skönt att Jan har förmedlat det som för honom och mig verkligen är Sanningen. Men det finns också ett rikt verklighetsunderlag till boken, som jag hämtat från urgamla böcker och skrifter.

Få, om ens något, av evangelierna som hittats är skrivna av den som utger sig som författaren. Det hindrar inte att de är bra skrivna och intressanta att betrakta som bilder från en svunnen tid. Det var inte många som var skrivkunniga under Jesu tid. Det fanns skriftlärde som skötte den saken, men de fanns knappast bland fiskare och tullare som Jesu lärjungar till stor del var. Det fanns en läkare, en farisé och en skattmas bland de nämnda lärjungarna, vars antal definitivt inte stannar vid tolv. Det finns de som påstår att det rör sig om ett sextiotal lärjungar, både kvinnor och män.

Maria Magdalena och Maria från Betania rörs ofta ihop, men deras identitet hoppas jag blir klarlagd i boken. Båda följde honom och båda älskade honom. Han var en stor man, men det är eftervärlden som har gett honom epitetet Messias, Kristus, Guds son m.m. Människan Jesus ville man inte tala om, eftersom man eftertraktade något högre, mer onåbart. Jag har försökt skildra Människan Jesus.

Jag undrar hur länge det dröjer innan människorna upptäcker hur grundlurade de är. Gamla Testamentets Dundergud har aldrig funnits, eftersom Gud är Kärleken. Det sitter djupt i mig eftersom jag en gång för länge sen vaknade mitt i natten av att en röst talade till mig, en fullkomligt tydlig röst som sa: "Gud är Kärleken." Då förstod jag inte att jag den natten upplevde en märklig så kallad initiering, men den var början till en stor förändring för mig.

Nya Testamentet är ett hopplock av diverse skrifter som kom i biskoparnas händer när de hade mötet i Nicaea år 325. Alltsammans blev en lögnaktig historia med inslag av den rätta historiens gång - inte tvärtom.

Jag bryr mig inte om ifall jag väcker känslostormar av negativt slag. Det kommer säkert även dylika av positivt slag. Jag är bara intresserad av att förmedla vad jag upplever som Sanningen. Jag hoppas att läsarna under alla förhållanden har haft en trevlig och underhållande läsning.

Jesus sa: "Sanningen ska göra er fria." Det är syftet med den här boken.

Frid vare med er!

Mariana Stjerna

P.S. Hälsning från Jan: Om ni vill veta mer så går det att göra fler titthål!

Litteratur

Bibeln, Nya Testamentet.

Den tibetanska dödsboken av W.Y. Evans-Wentz, Bergh, Stockholm 1988

Thomasevangeliet, Maria Magdalenas evangelium och *Nikodemus-evangeliet* (stenciler)

The Woman with the Alabaster Jar av Margaret Starbird, Bear & Co, USA 1993

Marie Madeleine av Jacqueline Dauxois, Pygmalion, Gérard Watelet, Paris 1998

L' Évangile de Marie Madeleine av Daniel Meurois-Givaudon, Editions Le Perséa, Montréal 2000

Esséerbrevet om Jesu verkliga liv, av okänd författare. Manuskriptet hittat i Alexandria och författaren uppger sig vara en av Jesu samtida, tillhörande esséernas orden.

Did Jesus Write this Book av Charles Francis Potter, University Books, New York 1965

Faktaordbok till bibeln, Förlagshuset Gothia, Göteborg 1985

Bibelns länder och folk av Nelson Beecher Keyes, Readers Digest AB, Stockholm 1965

Beyond Belief av Elaine Pagels, Random House, New York 2003

De gnostiska evangelierna av Elaine Pagels, W & W 1979

Jesus dode i Kashmir av Andreas Faber-Kaiser, Lanser Forlag, Oslo 1981

Jesu mystiska liv av Spencer Lewis, Rosencreutzareordens Förlag, Malmö 1936

Esséernas frihetsevangelium av Edmond Bordeaux Székely, Ad Astra, Sundsvall 1989

The Teachings of the Essenes av Edmond Bordeaux Székely, The C.W. Daniel Co. Ltd, London 1977

Den nya tidsålderns evangelium av Levi, Bokförlaget Excelsior AB, Stockholm 1954

The Book of the Secrets of Enoch sammanställd av R.H. Charles, Oxford at the Clarendon Press, Oxford 1999

Jesus and the Essenes av Dolores Cannon, Gateway Books, Bath 1992

Bloodline of the Holy Grail av Laurence Gardner, Element (Harper-Collins), London 2002
A Buddhist Bible utgiven av Dwight Goddard, Beacon Press, Boston 1966